KB162640

조선시대 왕실 흉배 연구

이 책은 이화여자대학교 한국문화연구원의 출판지원으로 이루어졌습니다.

이화연구총서 32

조선시대 왕실 흉배 연구

송수진 지음

역락

이화연구총서 발간사

이화여자대학교 총장 김 은 미

이화는 1886년 여성교육을 위한 첫 발걸음을 내딛었습니다. 소외되고 가난하고 교육의 기회를 갖지 못한 여성을 위한 겨자씨 한 알의 믿음이 자라나 이제 132년의 역사를 갖게 되었습니다. 배움을 향한 여성의 간절함에 응답하겠다는 이화의 노력을 통해 근현대 한국사회의 변화·발전이 이룩되었습니다.

이화여자대학교는 한국 근현대사의 중심에 서있었고, 이화가 길러낸 이화인들은 한국사회에서 최초와 최고의 여성인재로 한국사회, 나아가 세계를 선도하는 역할을 수행해 왔습니다. 오랜 역사 동안 이화는 전통과 명성에 안주하지 않고 항상 새로운 길을 개척하며 연구와 교육의 수월성 확보를 통해 세계적 경쟁력을 갖춘 대학으로 거듭나고자 매진해왔습니다.

이화여자대학교의 성취는 한 명의 개인이나 한 학교 차원에서 그치는 것이 아니라 사회적 책무를 다하려는 소명 의식 속에서 더 큰 빛을 발해왔다고 자부합니다. 섬김과 나눔, 희생과 봉사의 이화정신은 이화의 역사에서 일관되게 나타났습니다. 시대정신에 부응하려 노력하고, 스스로를 성찰하고, 민주적 절차를 통해 미래를 선택하려한 것은 이러한 이화정신의 연장선에 놓여 있는 것입니다.

섬김과 나눔의 이화 정신은 이화의 학문에도 반영되어 있습니다. 이화의 교육목표는 한 개인의 역량과 수월성을 강화하는 것에서 머무르지 않고, 사회적 약자와 소수자를 외면하지 않고 타인과의 소통과 공감능력을 갖춘 인재를 배출하는 것입니다. 이화는 급변하는 시대의 변화 속에서 뚜렷한 가치관과 방향성을 갖고 융합적 지식을 갖춘 인재를 양성하려고 노력해 왔습니다. 또한 학문의 지속성을 확보하기 위해 차세대 연구자에게 연구기반을 마련해줌으로써 학문공동체를 건설하려고 애써왔습니다. 한국문화의 자기정체성에 대한 투철한 문제의식 하에 이화는 끊임없는 학문적 성찰을 해왔다고 자부합니다.

한국문화의 우수성을 국내외에 알리고자 만들어진 한국문화연구원은 세계와 호흡하지만 자신이 서있는 토대를 굳건히 하려는 이화의 정신이 반영된 기관입니다.

한국문화연구원에서는 최초와 최고를 향한 도전과 혁신을 주도할 이화의 학문후속세대를 지원하기 위해 매년 이화연구총서를 간행해 오고 있습니다. 이 총서는 최근 박사학위를 취득한 신진 학자들의 연구논문 가운데 우수논문을 선정하여 발간하는 것입니다. 이를 통해 신진 학자들의 연구를 널리 소개하고, 그 성과를 공유하여 이들이 학문 세계를 이끌 주역으로 성장할 수 있도록 도움을 주고자 합니다. 신진연구자들의 활발한 연구야말로 이화는 물론 한국의 학문적 토대이자 미래가 되기 때문입니다.

앞으로도 이화연구총서가 신진학자들의 도전에 든든한 발판이 되고, 학계에 탄탄한 주춧돌이 되기를 기원합니다. 이화연구총서의 발간을 위해 애써주신 연구진과 필진, 그리고 한국문화연구원의 원장을 비롯한 연구원들의 노고에 진심으로 감사드립니다.

책머리에

선녀 머리에 고운 한복을 입은 드라마 속 주인공에게 매료되었던 아이는, 어머니가 모아 놓은 천 조각으로 인형 옷 저고리를 만들고 지점토를 뭉쳐 한복 차림의 인형을 만들기도 했습니다. 직접 한복을 입는 것도 좋아했고, 특히 어머니가 손수 지어 주신 분홍색 색동 한복은 지금도 기억 속에 생생하게 남아 있습니다. 이렇게 한복을 좋아하던 아이는 결국 20여 년이 흐른 뒤 우리의 전통 복식을 공부하기로 결심하고 대학원에 진학했습니다.

복식사를 연구한다는 것은 비유하자면 책장의 책을 정리하는 과정 같습니다. 사실 복식사라는 책장은 이미 책이 빼곡히 차 있는 상태입니다. 복사기도 인터넷도 없던 시절 손으로 사료를 필사해 가며 학문적 기틀을 마련하신 선생님들의 헌신적인 연구 덕분입니다. 한편으로 이렇게 가득 찬 책장에서 빈 곳을 찾는 것은 어려운 일이라, 뒤늦게 공부를 시작한 후학들이 그동안 연구된 적이 없는 새로운 주제를 찾는 것은 매우 어려운 측면이 있습니다. 하지만 새롭게 발견된 작은 단서들을 근거로 책장의 책을 다시 정리하는 것은 가능합니다. 저에게 복식사 연구란 이러한 정돈이자, 그것을 통한 성찰의 과정이었습니다.

문무관의 관복에 붙여 품계를 나타내는 흉배는 남아 있는 유물도 많고 초상화에서도 찾아볼 수 있어, 복식사에서 꾸준히 연구된 주제

중 하나입니다. 제도의 변화와 문양의 조형성, 제작 기법 등 1960년대부터 다양한 방향으로 연구가 이루어져, 흉배의 변화 과정을 유추하고 유물을 감정하는 기준이 마련되었습니다. 이처럼 많은 연구가 축적된 주제를 학위 논문의 주제로 잡게 된 것은 따지고 보면 소소한 궁금증 때문이었습니다. 조선의 흉배 제도는 명(明)의 제도를 따른 것으로 조선 전기까지는 명의 흉배와 유사한 조형성을 보입니다. 그러나 남아 있는 유물은 대부분 19세기 이후에 제작된 것으로 이 시기 흉배는 전체적으로 푸른빛을 띠는 청의 흉배와 색감에서부터 큰 차이를 보입니다. 이러한 차이에 대한 궁금증에서 시작된 흉배 연구가 석사학위 논문의 주제로, 이어서 박사학위 논문의 주제로 이어진 것입니다.

왕과 왕비가 사용한 흉배는 용보(龍補)라고도 합니다. 용보는 국말 유물과 어진, 사진 자료를 통해 구체적인 형태가 밝혀져 일정한 양식으로 재현되고 있습니다. 그리고 현재까지 왕의 것은 24개의 곡선으로 이루어진 테두리를, 왕비의 것은 정원형(正圓形)의 테두리를 두르고 있는 것으로 구분했던 선행 연구를 그대로 따르고 있습니다. 그동안 국립고궁박물관(舊 궁중유물전시관)에서 소장하고 있는 흉배본에 대한 연구도 있었지만, 일부만 다루고 있어 왕실 흉배의 변화 과정을 구체적으로 밝히는 데 한계가 있었습니다.

2010년부터 국립고궁박물관은 다양한 소장품을 분야별로 정리한 소장품도록을 연속해서 발간하고 있습니다. 그중 왕실에서 문양을 직조하거나 수를 놓는 데 사용한 복식본과 금박을 찍는데 사용한 문양판을 모아 두 권의 책으로 정리하였는데, 여기에는 지금까지 창덕궁 소장 수본(繡本)으로 일부 공개되었던 흉배본을 포함하여 100점에 가까운 왕실 흉배본이 총망라되어 있습니다. 흉배본에는 육십갑자로 표기한 제작 연도와 용도, 사용자에 대한 기록이 남아 있어 정확한 사용자를 추적할 수 있었습니다. 특히 한 벌의 용보를 만들기 위해 그린 4장의 흉배본을 모두 공개하여 부착 위치에 따른 특징도 함께 확인할 수 있었습니다. 처음에는 다 비슷해 보이던 흉배본에서 작은 차이점을 찾아내고 이를 통해 사용자를 유추해 가는 과정은 추리소설을 쓰는 것처럼 흥미로운 작업이었습니다. 그리고 이러한 작업을 통해 비록 조선 전 시기의 특징을 확인할 수는 없었지만, 막연히 19세기로 추정했던 흉배본의 정확한 연대를 밝혀낼 수 있었습니다.

왕실 흉배를 본격적으로 연구할 수 있었던 것은 여러 박물관에서 귀중한 소장품들을 공개해 준 덕분입니다. 특히 연구자들이 편하게 이용할 수 있도록 고화질 데이터를 온라인으로 공개해 준 국립고궁박물관과, 출판에 필요한 사진을 제공해 준 그 밖의 박물관들에 깊은 감사를 드립니다. 대학원에 다니면서 연구자로 성장할 수 있도록 이끌어 주시고, 부족한 논문을 지도해 주신 홍나영 교수님, 항상 존경하고 감사합니다. 잘 다니던 회사를 그만두고 새로운 공부를 한다고 했을 때 묵묵히 지켜봐 주시고 박사 논문을 마칠 수 있게 도와주신 부모님과 논문에 실린 사진 자료들을 보정해 준 언니한테 사랑하는 마음을 전합니다. 부족한 논문을 이화연구총서로 선정하고 출판해 주신 이화여자대학교 한국문화연구원과 도서출판 역락에도 깊이 감사드립니다.

2022년 9월
송수진

차례

이화연구총서 발간사 5

책머리에 7

제1장 서론 13

제2장 왕실 흉배 제도 고찰 23

1. 왕·왕세자·왕세손 25

2. 왕비·왕세자빈·왕세손빈 39

3. 대군·왕자군 56

4. 기타 60

   1) 후궁 60

   2) 공주·옹주 63

제3장 용(龍) 흉배·견화 67

1. 조형성 분석 71

   1) 18세기 71

   2) 19세기 83

   3) 20세기 116

2. 용도에 따른 특징   135

    1) 남성용   135

    2) 여성용   154

3. 시대에 따른 특징   174

    1) 용 문양   174

    2) 배경 문양   178

제4장   봉황(鳳凰) 흉배   193

1. 조형성 분석   197

    1) 18세기   197

    2) 19세기   203

2. 시대에 따른 특징   211

    1) 봉황 문양   212

    2) 배경 문양   218

제5장   기타 흉배   233

1. 기린(麒麟) 흉배   235

2. 백택(白澤) 흉배   241

3. 수자(壽字) 흉배   248

제6장   결론   253

참고문헌   261

〈부록 1〉 군복용 흉배 크기 비교   269

〈부록 2〉 상복용 흉배 크기 비교   272

〈부록 3〉 여성용 흉배 크기 비교   274

제1장

서론

제1장

서론

    흉배(胸背)는 상복(常服)의 가슴[胸]과 등[背]에 부착하여 계급을 나타내었던 표식이다. 백관(百官)의 흉배 제도를 처음 정한 것은 단종 2년(1454)으로 당상관(堂上官)과 함께 대군(大君) 및 왕자군(王子君)의 흉배 문양을 정하였다. 그리고 성종 때 완성된 『경국대전(經國大典)』에 포함시켜 제도를 명문화하였다. 반면, 왕은 법 위에 있는 존재로 왕과 왕세자에 대한 내용은 법전, 즉 『경국대전』에는 포함되지 않았다. 조선전기 왕실의 흉배 제도는 『조선왕조실록(朝鮮王朝實錄)』을 통해 확인할 수 있다. 왕과 왕세자의 흉배 제도는 비교적 이른 시기에 확립되어 대한제국 시기까지 큰 변화 없이 그대로 이어졌다. 문양으로 왕을 상징하는 용(龍)을 사용하였으며, 발톱의 수를 달리하여 신분에 따른 차등을 두었다. 반면, 왕비와 왕세자빈의 흉배는 복잡한 과정을 거쳐 영조 때 편찬된 『국조속오례의보서례(國朝續五禮儀補序例)』에서 제도화되었다. 임진왜란(壬辰倭亂) 전까지는 명(明)에서 사여받은 적계(翟雞) 문양을

사용하였으며, 이후 봉황(鳳凰) 문양을 사용하다 『국조속오례의보서
례』에서 비로소 용으로 확정되었다.

왕은 시사복(視事服)인 상복(常服)과 군사복식인 융복(戎服) 및 군복
(軍服)에 흉배를 달아 왕의 존엄과 권위를 나타냈다. 왕비는 최고의 예
복인 법복(法服)에 흉배를 부착하였으며, 그 밖에 시기에 따라 노의(露
衣)와 장삼(長衫), 원삼(圓衫)과 당의(唐衣) 등에도 흉배를 달아 왕실의 권
위를 드러냈다.

흉배에 관한 연구는 1960년대부터 지속해서 이루어져 다양한 연
구가 축적되었다. 품계에 따른 문양의 종류와 조형성을 분석한 연구[1]
와 시대에 따른 제도의 변화를 고찰한 연구[2]가 가장 많으며, 조선의

1   최성희(1968), 「이조 초상화를 중심으로 한 흉배(胸背)변천에 관하여」, 梨花女子大
     學校 文理大學 家政學部, 『家政』 16, 137-145.
     趙孝順(1977), 「胸背小考 : 朝鮮時代 肖像畵를 中心으로」, 명지대학교, 『明大論文
     集』 10, 455-473.
     김영신(1979), 「조선조 보와 흉배의 문양연구」, 홍익대학교 대학원 석사학위논문.
     趙英玉(1982), 「朝鮮朝時代의 王族 및 文武官의 補 胸背制度」, 서원대학교, 『西原
     大學 論文集』 11, 455-484.
     김정옥(1985), 「胸背考」, 대구대학교 산업기술연구소, 『産業技術研究』 4, 225-232.
     김숙영(1986), 「조선 왕조 흉배에 나타난 문양의 조형성 분석」, 이화여자대학교 산
     업미술대학원 석사학위논문.
     백은희(1994), 「朝鮮朝 常服의 胸背紋樣과 그 象徵性에 관한 研究」, 東亞大學校 敎
     育大學院 석사학위논문.
     이지영(1994), 「朝鮮時代胸背文樣 變化에 관한 考察 : 文武官 胸背를 中心으로」,
     明知大學校 大學院 석사학위논문.
     하명은(2004), 「조선시대 문관 흉배의 조형성에 관한 연구」, 안동대학교 대학원 석
     사학위논문.
     권혁산(2012), 「조선시대 무관초상화와 흉배에 관한 연구」, 미술사연구회, 『미술사
     연구』 26, 165-191.
2   김민자(1969), 「李朝時代 胸背에 對하여」, 이화여자대학교 대학원 석사학위논문.
     오경미(1999), 「朝鮮後期 胸背變化에 관한 研究」, 東亞大學校 大學院 석사학위논문.
     오경미·전혜숙(2000), 「조선후기 흉배변화에 관한 연구」, 『韓服文化』 3(1), 117-

흉배 제도를 명(明)·청(淸)의 제도와 비교한 연구[3]도 있다. 또한, 흉배에 사용된 자수 기법을 분석한 연구[4]와 출토 흉배의 보존처리에 관한 연구[5]도 있다. 그리고 대한제국 시기의 황족용 용보에 대한 연구[6]와 왕실에서 사용한 군복용 용보에 관한 연구[7]도 있다.

다양한 관점에서 진행된 연구들을 통해 오백년 넘게 이어온 조선시대 흉배 제도의 변화 과정을 확인하고, 유물을 감정하는 기준이 세

133.

이은주·하명은(2007), 「날짐승흉배의 감정(鑑定)을 위한 기준 설정」, 『韓服文化』 10(3), 161-177.

이은주(2008), 「조선시대 무관의 길짐승 흉배제도와 실제」, 『服飾』 58(5), 102-117.

김영선(2017), 「조선시대 왕실 여성의 흉배제도 변화에 관한 연구」, 안동대학교 한국문화산업전문대학원 석사학위논문.

3   元和卿(1980), 「補와 胸背에 나타난 紋樣의 造型分析」, 이화여자대학교 대학원 석사학위논문.

裵貞龍(1989), 「韓·中 文官胸背樣式 比較小考 : 朝鮮朝時代와 明·淸代를 中心으로」, 단국대학교 석주선기념민속박물관, 『韓國 服飾』 7, 7-60.

김영재(2000), 「中國胸背와 韓國 胸背의 比較 考察」, 『韓服文化』 3(3), 45-54.

鄭惠蘭(2001), 「中國胸背와 韓國 胸背의 比較 考察」, 한국대학박물관협회, 『고문화』 57, 211-231.

송수진(2013), 「한국과 중국의 흉배 연구」, 이화여자대학교 대학원 석사학위논문.

4   김서연(2000), 「胸背에 表現된 刺繡 技法 研究」, 동덕여자대학교 대학원 석사학위논문.

김연미(2011), 「조선시대 자수 흉배 연구 : 출토 유물을 중심으로」, 단국대학교 대학원 석사학위논문.

5   노수정(2007), 「임백령묘 출토 직금흉배 보존처리에 관한 연구」, 단국대학교 대학원 석사학위논문.

유호선(2008), 「자수 및 직물 공예품의 보존처리」, 『服飾』 58(5), 198-210.

6   이강칠(1974), 「皇族用 補에 對한 小考 - 高宗朝를 中心으로」, 대한박물관협회, 『고문화』 12, 15-30.

7   송수진·홍나영(2019), 「조선 후기 왕실 군복용 용보 연구 - 국립고궁박물관 소장 흉배본과 어진을 중심으로 -」, 『服飾』 69(3), 77-95.

워졌다. 그러나 대부분의 연구가 문무관의 흉배를 대상으로 하고 있어, 왕실 흉배를 포괄하는 연구는 아직까지 미흡한 실정이다. 이는 왕실 흉배를 확인할 수 있는 자료가 많지 않아 시대를 아우르는 연구가 어렵기 때문이다.

최근 들어 국립고궁박물관은 다양한 소장품을 분야별로 정리한 소장품도록을 연속해서 발간하고 있다. 그중 왕실에서 문양을 직조하거나 수를 놓는 데 사용한 복식본과 금박을 찍는 데 사용한 문양판을 모아 두 권의 책으로 정리하였다. 여기에는 지금까지 창덕궁 소장 수본(繡本)으로 일부 공개되었던 흉배본을 포함하여 100점에 가까운 왕실 흉배본이 총망라되어 있다. 공개된 흉배본은 대부분 19세기 말에 제작한 것으로 보고되고 있다. 그러나 다수의 흉배본에는 육십갑자로 표기한 제작 연대와 용도, 사용자에 대한 기록이 남아 있어 정확한 사용자 추적이 가능할 것으로 보인다.

본 연구는 왕실 흉배의 변화 과정을 종합적으로 분석하기 위해 먼저 문헌을 통해 신분에 따른 제도의 변화를 정리하였다. 또한, 최근 공개된 흉배본의 조형성을 분석하여 육십갑자로 표기된 제작 연대를 추적하고 정확한 사용자를 밝히고자 하였다. 이와 더불어 어진(御眞)과 진위(眞僞) 여부가 확실한 흉배를 함께 분석하여 시대와 용도에 따른 왕실 흉배의 특징을 정리하고, 이를 종합하여 유물을 감정하는 새로운 기준을 제시하고자 하였다.

연구 대상은 왕실 구성원이 사용한 흉배로 왕과 왕세자, 왕세손과 그들의 배우자인 왕비, 왕세자빈, 왕세손빈이 사용한 흉배를 대상으로 하였다. 이와 더불어 왕의 자녀인 대군과 왕자군, 공주와 옹주가 사용한 흉배와 내명부(內命婦)에 속한 왕의 후궁이 사용한 흉배까지 함께 살펴보았다.

먼저 조선 왕실의 흉배 제도를 성별과 신분에 따라 나누어 제도의 제정과 시행, 변화 과정을 문헌 자료로 살펴보았다. 조선 전기 왕실 흉배 제도는 『조선왕조실록』을 통해 확인할 수 있다. 왕과 왕세자의 흉배는 세종 때 제도를 확립하고 이후 큰 변화 없이 국말까지 이어졌다. 하지만 명에서 사여받았던 왕비의 흉배는 임진왜란 이후 직접 제작하기 시작하였고 과도기를 거쳐 영조 때 제도화되었다. 과도기에 사용한 봉황 흉배는 『가례도감의궤(嘉禮都監儀軌)』를 통해 확인할 수 있다. 이후 영조 때 편찬한 『국조속오례의보서례』와 『국혼정례(國婚定例)』, 『상방정례(尙方定例)』를 통해 조선 후기 완성된 왕실 흉배 제도를 고찰하였다.

대군과 왕자군의 제도는 『경국대전』 및 이후 증보된 법전을 통해 확인하고, 실제 사용된 흉배는 『가례등록(嘉禮謄錄)』과 비교하여 정리하였다. 한편, 왕의 후궁과 공주·옹주의 흉배는 제도로 규정된 바가 없다. 그러나 간택 후궁의 가례 절차를 기록한 『뎡미가례시일긔』와 공주의 상장례 절차를 기록한 『명온공주방상장례등록(明溫公主房喪葬禮謄錄)』에 가례 때 마련한 흉배에 대한 내용이 나타난다. 또한, 궁중 행사에 소요된 물목을 정리한 「궁중볼긔」에서도 흉배에 대한 기록을 찾을 수 있다.

문헌 자료를 통해 제도를 확인한 다음 남아 있는 흉배 유물을 분석하였다. 왕과 왕세자, 그리고 그 배우자가 사용한 용보는 어진과 흉배본, 자수 용보를 통해 확인할 수 있다. 조형성 분석을 통해 제작 연대에 대한 묵서가 남아 있는 흉배본의 정확한 제작 시기를 확인하고 용도별 특징과 시대에 따른 변화 과정을 확인하였다. 용보에 비해 남아 있는 유물의 수량이 적은 봉황 흉배는 정확한 사용자가 확인된 유물을 중심으로 도안의 조형성을 분석하여 제작 시기에 대한 단서가 없는 흉배본의 제작 시기를 유추하였다. 대군과 왕자군이 사용한 기린과 백택 흉배는 남아 있는 유물이 거의 없어 흉배본과 초상화, 국말 사진을 비교하여 변화 과정을 확인하였다. 또한, 왕실 여성이 사용한 '壽'자 흉배의 사용례를 살펴보고, 유물과 흉배본을 비교하여 사용 시기를 추정하였다.

국립고궁박물관 소장 흉배본은 여백을 포함한 종이본의 크기만 제공하여 실제 흉배 도안의 크기는 알 수 없다. 그렇지만 100여점에 달하는 흉배본의 크기를 직접 확인할 수 없어, 종이본의 크기를 토대로 Adobe Illustrator CS6 프로그램을 사용하여 비례를 계산하였다. 대부분의 흉배본은 완벽한 원형이 아니기 때문에 국립고궁박물관에서 제공한 종이본의 크기는 여러 곳을 측정한 평균치에 해당한다. 이에 따라 비례를 계산한 도안의 지름에도 오차가 있을 수 있음을 밝힌다.

또한, 일부 흉배본은 묵선(墨線)이 흐릿하여 작게 축소하면 정확한 도안을 확인하기 어렵다. 그래서 이 점을 보완하기 위해 Adobe Photoshop CS6 프로그램을 사용하여 종이의 색을 밝게 조절하였으며, 도안의 선을 선명하게 수정한 후 삽입하였다.

흉배와 관련된 용어에는 보(補), 견화(肩花·肩畵) 등이 있다. 『조선왕조실록』과 『승정원일기(承政院日記)』를 보면 둥근 흉배를 '團胸背', '圓胸背' 등으로 기록하였으며, 문양을 강조하여 '龍補', '圓龍補', '圓龍胸背'라 쓰기도 하였다. 둥근 흉배와 구분하기 위해 네모난 흉배는

'方胸褙'라고 불렀으며, 왕세손과 왕세손빈이 사용한 것은 '方龍補'라 칭하기도 하였다. 또한, 「발긔」에서는 한글로 '흉비', '룡흉비' 등으로 기록한 것을 볼 수 있다. 어깨에 사용한 것을 별도로 지칭한 경우도 있어 한자로는 '肩花', '肩畵'라 썼으며, 한글로는 '견화'라 하였다. 왕실 흉배를 제작하기 위해 그린 흉배본에는 '흉비'와 '견화'로 구분하여 사용 위치를 묵서로 명시하였다.

현재 용을 장식한 흉배는 관리들의 것과 구분하여 '용보(龍補)'라 부르는 것이 일반적이며, 보(補)는 둥근 흉배만을 지칭하는 용어로 사용된다. 그러나 조선시대에는 '용흉배(龍胸背)'라 부르기도 하였으며, '방룡보(方龍補)'라 칭한 경우도 있어 '보'가 반드시 둥근 흉배만을 지칭한 용어는 아닌 것을 알 수 있다. 또한, '흉배'는 가슴과 등에 부착하는 것을 의미하지만, 때로는 '견화'를 포함하는 의미로도 사용되었다. 본 연구에서는 흉배본의 묵서에 따라 흉배와 견화를 구분하여 분석하였기 때문에 '흉배'를 가슴과 등에 부착한 것을 지칭하는 의미로 사용하였다. 그리고 용을 장식한 흉배에 한해 부착 위치에 상관없이 지칭하는 경우 좁은 의미의 '흉배'와 구분하기 위해 '용보'로 표현하였다.

용보에 시문한 용은 얼굴이 정면을 향하고 있는 것과 측면을 향한 것으로 나눌 수 있다. 그러나 여러 문헌을 확인해본 결과, 용의 형상을 구분하지 않고 모두 반룡(盤龍·蟠龍)으로 지칭하고 있다. '반룡'은 아직 승천하지 않고 땅에 서려 있는 용을 말한다. '盤龍'과 '蟠龍'의 차이는 확인할 수 없으나, 모두 둥근 형태로 서려 있는 모습을 의미하는 것으로 볼 수 있다. 현재 반룡은 주로 정면을 바라보는 용을 지칭하는 용어로 사용된다. 하지만 영락제(永樂帝)의 초상화를 보면 측면을 향한 용을 가슴과 양어깨에 그려 '반룡'이 정면을 향한 용을 뜻하는 것이 아닌, 둥글게 서려 있는 용을 모두 뜻하는 것으로 보인다.

이렇게 두 종류의 용을 명확하게 구분하는 용어가 없었던 까닭에 연구자마다 다른 용어를 사용하고 있다. 대체로 정면을 바라보는 용은 '반룡'으로 표현하고 있지만, 앞쪽을 바라보고 있다는 의미를 강조하여 '정룡(正龍)'으로 지칭한 경우도 있다. 측면을 바라보는 용은 연구자에 따라 '승룡(昇龍)'과 '행룡(行龍)', '화염룡(火焰龍)', '반룡' 등 다양한 용어를 사용하였다. '승룡'은 '강룡(降龍)'과 짝을 이루는 것으로 승천하는 모습을 나타내며, '행룡'은 걸어가는 형상에 사용하는 것이 적합하다. '화염룡'은 불을 뿜으며 하늘로 올라가는 모습이라 설명하고 있다.

이처럼 현재 사용되는 용어들은 한 가지 기준에 맞춰 용을 표현한 것이 아닌 각기 다른 특성을 부각시켜 명명한 것으로 두 종류의 용을 같은 기준에 맞춰 표현한 용어를 찾기는 어렵다. 본 연구에서는 정면을 바라보는 용은 선행연구에서 많이 사용한 '반룡'으로, 측면을 향한 용은 '승룡'으로 표현하였다.

양질 홍배 치배 고장

제2장

왕실 흉배 제도 고찰

흉배(胸背)는 가슴[胸]과 등[背]에 부착하여 신분을 나타내는 표식이다. 『조선왕조실록(朝鮮王朝實錄)』을 보면 왕과 왕세자가 사용한 것을 '용흉배'라 쓴 기록이 있어 관리들이 사용한 네모난 흉배뿐만 아니라 왕이 사용한 둥근 것도 '흉배'라 불렀음을 알 수 있다.

조선은 유교를 통치이념으로 삼고 국가 전례(典禮)를 행함에 있어 예(禮)를 갖추는 것을 가장 중요하게 여겼다. 그리고 국가 의례를 오례(五禮)로 구분하고 의식 절차와 복식을 제정하여 『국조오례의(國朝五禮儀)』를 편찬하였으며, 시간이 흐름에 따라 변화된 예법을 수정·보완하여 예제를 정비하였다. 왕과 왕세자, 그리고 그 배우자가 사용한 흉배는 이러한 국가전례서를 통해 확인할 수 있으며, 대군(大君)과 왕자군(王子君)의 흉배 제도는 법전에서 규정하고 있다.

이와 함께 왕실 흉배 제도의 구체적인 시행과 이를 위한 논의는 『조선왕조실록』을 통해 확인할 수 있다. 또한, 가례 및 진연 등 의례에 사용된 흉배는 『상방정례(尙方定例)』와 『국혼정례(國婚定例)』, 『가례도감의궤(嘉禮都監儀軌)』 등을 통해 제도와 실제 마련된 흉배를 비교할 수 있다.

이번 장에서는 용보를 사용한 왕과 왕세자, 왕세손의 흉배 제도를 확인하고, 그들의 배우자인 왕비와 세자빈, 세손빈의 흉배 제도 변화를 정리하였다. 그리고 법전에 명문화된 대군과 왕자군의 흉배 제도를 살펴보았다. 그 밖에 제도로 규정하진 않았지만, 문헌을 통해 확인되는 후궁 및 공주·옹주의 흉배에 대해 정리하였다.

1. 왕·왕세자·왕세손

왕은 의례에 따라 제복(祭服)과 조복(朝服), 상복(常服) 등을 갖추었는데, 흉배는 시사복(視事服)인 상복과 군사복식(軍事服飾)인 융복(戎服) 및 군복(軍服)에 부착하였다. 세종(世宗, 1397-1450)은 국가 전례를 다섯 종류로 나누어 의식 절차에 대한 규범을 마련하고 『세종실록 오례(世宗實錄五禮)』를 편찬하였으며, 이를 수정·보완한 『국조오례의』와 『국조오례의서례(國朝五禮儀序例)』가 성종(成宗) 5년(1474)에 완성되었다.[1] 『국조오례의서례』는 제복도설(祭服圖說)과 관복도설(冠服圖說)에서 왕과 왕세자의 제복인 면복(冕服)과 조복인 원유관복(遠遊冠服)에 대해 구체적으로 명시하고 있다. 그러나 상복에 대한 부분이 빠져 있어 구체적인 왕의 흉배 규정을 확인할 수 없다. 대신 조선 전기 왕의 상복과 흉배에 대

---

1   국조오례의[2019. 4. 18 검색], 두피디아 백과사전, http://www.doopedia.co.kr

한 기록은 실록에서 찾아볼 수 있다.

조선 전기까지 왕은 명(明)의 고명을 받아야 했고, 황제는 사신을 보내 면복을 하사하였다. 이때 상복인 곤룡포는 함께 보내지 않아 세종은 조회(朝會)를 받을 때와 칙서를 맞이할 때, 정사를 볼 때 입는 관복을 하사해 줄 것을 청하였고², 그로부터 6년 뒤인 1444년에 이르러서야 상복을 받을 수 있었다.³ 사은사 유수강(柳守剛)은 면복 일습(一襲)과 함께 상복으로 익선관(翼善冠)과 옥대(玉帶), 포복(袍服) 삼습(三襲)을 받아왔는데, 각각 곤룡포와 답호[褡穫], 철릭[貼裏]이 일습을 이루었다.⁴ 흉배는 따로 붙인 것이 아니라 직금(織金)된 것이며, 색상은 모두 대홍색이었다.

왕의 흉배에 대한 구체적인 기록은 세종 31년(1449) 칙사 영접례(迎接禮)에 관한 논의에서 찾을 수 있다. 세종은 "예전에 내 사조룡의(四爪龍衣)를 입었었는데, 뒤에 듣자니 중국에서는 친왕이 오조룡(五爪龍)을 입는다기에 나도 또한 입고 천사(天使)를 대접했는데, 그 뒤에 황제가 오조룡복(五爪龍服)을 하사하셨다."라고 하였다.⁵ 앞의 기사들과 종합

---

2 『세종실록』권80, 세종 20년(1438) 1월 21일.
   欽依服用行禮外 受陪臣朝見及其餘迎接勅書常時視事合用冠服 未蒙頒降 恐違朝廷之制 伏望聖慈

3 최연주(2008), 「조선시대 袞龍袍의 着用例 硏究」, 단국대학교 대학원 석사학위논문, 31.

4 『세종실록』권103, 세종 26년(1444) 3월 26일.
   常服香皂皺紗翼善冠一頂 玉帶一 袍服三襲各三件 紵絲大紅織金袞龍暗骨朶雲袍 青暗花褡穫 黑綠暗花貼裏 紗大紅織金袞龍暗骨朶雲袍 青暗花褡穫 鸚哥綠花貼裏 羅大紅織金袞龍袍 青素褡穫 柳靑素貼裏 皂鹿皮靴一雙

5 『세종실록』권125, 세종 31년(1449) 9월 2일.
   昔予服四爪龍衣, 後聞中朝親王服五爪龍, 予亦服之, 以待天使, 其後, 帝賜五爪龍

해 보면 세종 초기까지 왕의 상복은 조선에서 직접 만들어 입었으며 발톱이 네 개인 사조룡을 사용하였다. 하지만 세종 26년 이전에 친왕(親王)의 복제(服制)를 확인하고 스스로 오조룡을 사용하기 시작하였으며, 1444년 명에서 하사한 곤룡포 역시 오조룡을 직금한 홍룡포로 볼 수 있다.

또한, 세종 31년 기사에 따르면 "지금 세자로 하여금 사조룡(四爪龍)을 입게 하면 내게도 혐의로울 것이 없고 중국의 법제에도 잘못됨이 없겠다."고 하여 1449년부터는 왕세자가 사조룡을 사용하기 시작한 것을 알 수 있다. 이후 문종(文宗, 1414-1452) 즉위년(1450)에 세자의 친영 복식을 논하면서 익선관과 원룡흉배(圓龍胸背) 사용이 법도에 맞는지 의정부(議政府)에서 의논하게 한다.[6] 이로써 왕세자가 원형의 사조룡보를 사용한 것을 짐작할 수 있다.

견화[肩花·肩畫]에 대한 기록은 세조(世祖, 1417-1468) 1년(1455)에 처음 나온다. 아직 세조가 고명을 받기 전이라 원자(元子) 신분이던 의경세자(懿敬世子, 1438-1457)가 사신을 볼 때 관대(冠帶)와 의물(儀物)을 어찌할지에 대한 논의가 이뤄진다. 처음에는 대군(大君)의 예에 따라 흑단령(黑團領)에 흉배, 서대(犀帶)에 사모(紗帽)를 갖출 것을 주청하였다.[7] 그러나 의정부의 논의 끝에 대군과 분별을 두기 위해 옥대(玉帶)와 견화(肩畫), 흉배를 조현(朝見)할 때와 같이 하는 것이 마땅하지만, 아직 고명

服 今令世子服四爪龍, 則於我無嫌, 於朝廷法制, 亦無妨焉

6　『문종실록』 권1, 문종 즉위년(1450) 5월 12일.
　　世子已受冕服, 着翼善冠及圓龍胸背, 可乎否

7　『세조실록』 권1, 세조 1년(1455) 7월 2일.
　　冠帶儀物, 則時未受命, 依大君例, 服胸背 黑團領 犀帶 紗帽

전이니 사신이 당도한 뒤 다시 상의할 것을 건의하였다.[8]

옥대는 왕과 왕세자만이 사용할 수 있는 것으로 대군과 차등을 두기 위해 갖춘 흉배와 견화 역시 세자가 사용하는 것으로 추정된다. 즉, 사조원룡을 장식한 흉배와 견화를 조선 전기부터 왕세자가 사용한 것을 알 수 있다.

성종 6년(1475)에는 탄일(誕日)에 흉배견화(胸背肩花)를 올린 기록이 남아 있다. 명일(名日)에 올리는 의대(衣襨)에 사라능단(紗羅綾緞)을 금하였음에도 자신의 탄일에 흉배견화를 올리는 것은 옳지 않으니 추후 금할 것을 상의원에 전교하였다.[9] 곤룡포는 세종 26년 처음 명에서 내려진 이후 명종(明宗, 1534-1567)대까지 총 일곱 차례 하사되었다. 왕은 세탁하지 않은 진솔 의대만 입기 때문에 시사복인 곤룡포는 다른 예복에 비해 여러 벌이 필요하지만, 명에서 항상 보내줬던 것은 아니다. 그래서 사여받기 이전처럼 조선에서 직접 만들어 입었을 것으로 보이며, 위의 기사를 보면 흉배견화만 따로 직조하여 사용한 것으로 보인다. 또한, 연산군 10년(1504)에는 흉배금선(胸背金線)은 공정이 세밀하여 만들기 어려우니 직공 및 침선비를 많이 익히도록 하여 능한 자는 우대하고, 못한 자는 벌하라는 기록이 있어[10] 왕실에서 흉배를 직접 직조하여 사용한 것을 알 수 있다.

---

8   『세조실록』권1, 세조 1년(1455) 7월 3일.
     元子冠服, 不可與大君無別, 宜帶玉帶 服肩畫 胸背, 若朝見之意

9   『성종실록』권58, 성종 6년(1475) 8월 1일.
     傳于尙衣院曰: 各名日所進衣襨, 已命勿用紗羅綾段, 今誕日, 進胸背肩花, 甚不可,
     後勿如

10   『연산군일기』권56, 연산군 10년(1504) 11월 5일.
     胸背金線工密難就 其織工及針線婢, 令多傳習, 能者優賞, 不能者決罰

현종 6년(1665)에는 흥미로운 기사가 하나 있다. 원자가 보양관(輔養官)과 처음 상견례를 행할 때 입는 의관에 관한 논의로, 대신들은 아직 책봉 전이므로 세자의 복색과 차이를 둘 것을 주청하였다. 그러나 현종은 세자의 복색을 따를 것을 주장하며 세자와 세손의 용포에 대해 다음과 같이 설명하고 있다.

> "세자의 흑단단령(黑段團領)에는 앞뒤 흉배에 모두 견화(肩花)가 있고 세손은 방흉배(方胸褙)를 하도록 되어 있는데, 지금 만약 견화를 제거하고 단흉배(團胸褙)만 사용하면 어떻겠는가? 견화가 있어야 곤룡이라고 하니, 견화가 없으면 곤룡이라고 하지 않는 것이다."[11]

세자와 세손의 흉배를 둥근 흉배[團胸褙]와 네모난 흉배[方胸褙]로 명확하게 구분하여 설명하고 있으며, 견화까지 갖춘 것만을 곤룡이라 부른다고 하였다. 현종에 따르면 곤룡포는 둥근 형태의 흉배·견화를 모두 갖춘 것으로 왕과 왕세자만이 착용할 수 있는 것이다. 한편, 이때 결정된 원자의 상견례 복식은 흑단령에 견화 없이 둥근 흉배를 가슴과 등에만 달고 옥대를 착용하는 것이었다.[12] 세자의 복색에서 견화를 빼는 것으로 합의를 본 것이다.

---

11 『현종실록』 권10, 현종 6년(1665) 8월 18일.
    世子黑段團領前後胸褙, 俱有肩花, 世孫則方胸褙, 今若去肩花, 而只用團胸褙, 則何如 有肩花而後, 謂之袞龍, 去肩花, 則不謂之袞龍矣

12 『현종실록』 권10, 현종 6년(1665) 8월 18일.
    然則服色當定以黑團領團胸褙去肩花而玉帶

이후 실록에는 왕과 왕세자의 흉배에 대한 기사가 한동안 보이지 않는다. 제도가 정착되어 더 이상 논의할 것이 없었기 때문으로 생각된다. 대신 문무관의 흉배 제도가 문란해져 이에 대한 논의가 증가하였다. 이에 영조(英祖, 1694-1776)는 오래된 제도를 정비하고자 『경국대전』과 『국조오례의』를 수정·보완하여 『속대전(續大典)』과 『국조속오례의』, 『국조속오례의서례』를 편찬하였고, 여기서 다시 누락된 부분을 보완하여 『국조속오례의보』와 『국조속오례의보서례』를 완성하였다.[13]

영조는 『국조속오례의보서례』에 『국조오례의서례』에서는 빠졌었던 왕과 왕세자, 왕세손의 상복을 도설과 함께 포함시켰다. 왕의 상복은 '전하 시사복'으로, 왕세자의 상복은 '서연복(書筵服)[14]'으로 정의하였고, 익선관과 곤룡포, 옥대, 화로 구성된다. 왕세손의 상복은 '강서복(講書服)[15]'으로 익선관과 곤룡포, 수정대, 화를 갖추는 것으로 정하였다.

---

13 국조속오례의보[2019. 4. 18 검색], 두피디아 백과사전, http://www.doopedia.co.kr

14 서연(書筵)은 차기 국왕으로서 왕세자에게 경사(經史)를 강론해 유교적 소양을 쌓게 하는 교육의 장이었다. 서연[2019. 6. 17 검색], 한국민족문화대백과사전, http://encykorea.aks.ac.kr
서연복(書筵服)은 왕세자가 서연에 임할 때 입었던 옷으로 볼 수 있다.

15 강서원(講書院)은 왕세손의 시강(侍講)을 맡아보던 관아이다. 강서원[2019. 6. 17 검색], 국립국어원 표준국어대사전, https://stdict.korean.go.kr
강서복(講書服)은 왕세손이 시강에 임할 때 입었던 옷으로 볼 수 있다.

| 그림 1 | 전하 시사복 | 그림 2 | 왕세손 강서복 |

그림 1 | 전하 시사복
『국조속오례의보서례』
서울대학교 규장각한국학연구원 소장

그림 2 | 왕세손 강서복
『국조속오례의보서례』
서울대학교 규장각한국학연구원 소장

흉배의 형태와 문양에 대해서도 정리하여 왕은 〈그림 1〉[16]과 같이 대홍색 곤룡포의 앞뒤와 좌우어깨에 금오조원룡보(金五爪圓龍補)를 붙인다.[17] 왕세자는 검은색 곤룡포의 앞뒤와 좌우어깨에 금사조원룡보(金四爪圓龍補)를 붙이고[18], 왕세손은 〈그림 2〉[19]처럼 검은색 곤룡포의 앞뒤에만 금삼조방룡보(金三爪方龍補)를 붙인다.[20]

『국조속오례의보서례』의 제도는 조선 말까지 이어지다 1897년 대한제국(大韓帝國) 선포와 함께 새롭게 정비되었다. 고종(高宗, 1852-1919)

---

16   『國朝續五禮儀補序例』 卷2, 嘉禮, 殿下視事服 圖說

17   『國朝續五禮儀補序例』 卷2, 嘉禮, 殿下視事服 …(중략)… 袞龍袍 袍以大紅緞爲之
      夏用大紅紗袍前後貼金五爪圓龍補袍左右肩同

18   『國朝續五禮儀補序例』 卷2, 嘉禮, 王世子書筵服 …(중략)… 袞龍袍 袍以黑緞制
      夏用黑紗制同殿下袍而袍前後貼金四爪圓龍補袍左右肩同

19   『國朝續五禮儀補序例』 卷2, 嘉禮, 王世孫講書服制度

20   『國朝續五禮儀補序例』 卷2, 嘉禮, 王世孫講書服 …(중략)… 袞龍袍 袍以黑緞爲之
      夏用黑紗制同王世子袍而惟袍前後貼金三爪方龍補袍左右肩無貼

은 스스로 황제에 등극하면서 왕은 황제로, 왕세자는 황태자로 신분
이 격상되었고, 이에 맞게 예제를 정리하여 『대한예전(大韓禮典)』을 편
찬하였는데 그 근간을 『대명회전(大明會典)』으로 밝히고 있다.[21]

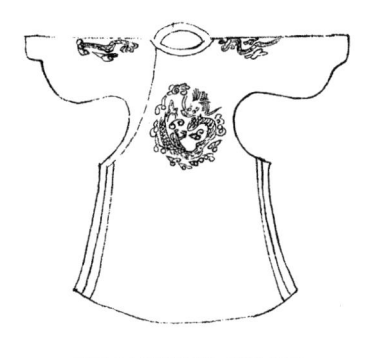
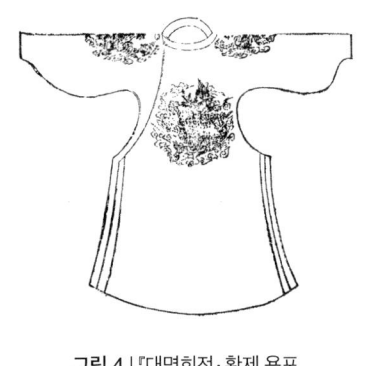

그림 3 | 『대한예전』 황제 용포
『대한예전』
한국학중앙연구원 장서각 소장

그림 4 | 『대명회전』 황제 용포
『대명회전』

황제의 상복은 익선관, 황포(黃袍), 옥대, 화로 구성된다.[22] 황포는
소매가 좁은 황색 단령[黃色盤領窄袖]으로 앞뒤, 양어깨에 금직반룡(金織
盤龍)을 하나씩 붙인다. 〈그림 3〉[23]은 『대한예전』의 황제 용포 도설로,
〈그림 4〉[24] 『대명회전』의 황제 용포를 그대로 따온 것을 알 수 있다.
『국조속오례의보서례』에 있었던 용의 발톱에 대한 내용이 빠진 이유

21   『大韓禮典』卷4, 祭服圖說 皇帝冕服 凡祭天地·宗廟·社稷·先農及正朝·冬至·聖節
      服袞冕. 光武元年改定其制 取大明會典所載制度者爲多 以下嘉禮冠服亦如之

22   『大韓禮典』卷5, 冠服圖說 …(중략)… 黃袍 黃色 盤領窄袖 前後及兩肩 各金織盤龍
      一

23   『大韓禮典』卷5, 冠服圖說

24   『大明會典』卷60, 皇帝 常服

는 『대명회전』의 황제 상복을 그대로 따왔기 때문이다.[25]

한편, 『대한예전』을 보면 황태자의 의관은 제복인 면복과 조복인 익선관복[26]까지만 정했을 뿐, 상복에 대한 내용은 빠져 있다. 황태자의 상복에 대한 내용은 『증보문헌비고(增補文獻備考)』에서 찾을 수 있다. 익선관에 소매가 좁은 적색 단령[赤色盤領窄袖], 옥대에 화로 구성되며, 앞뒤와 양어깨에 금직반룡(金織盤龍)을 하나씩 붙인다고 하였다.[27] 황제의 상복과 색만 다를 뿐 동일한 내용이다. 역시 발톱의 수에 대한 내용은 빠져 있는데, 『대명회전』에서 황제와 황태자의 반룡흉배에 용의 발톱에 대한 내용이 없기 때문이다.

용보는 군사복식(軍事服飾)인 융복(戎服)과 군복(軍服)에도 사용되었다. 융복은 왕의 행차를 수행하거나 외국에 사신으로 나갈 때, 그리고 국난을 당하였을 때 착용하였던 군사복식으로[28] 조선 초부터 실록에 등장한다. 그러나 법전에 융복을 제도화한 것은 『속대전』부터로 철릭과 입자(笠子)로 구성된다. 철릭[帖裏, 貼裏, 天益, 天翼]은 저고리 부분과

---

25 『大明會典』卷60, 皇帝冕服 …(중략)… 常服 洪武三年定 烏紗折角向上巾 盤領窄袖 袍 束帶間用金玉 琥珀 透犀 樂三年更定 冠以烏紗冒之 折角向上 今名翼善冠 袍黃色 盤領窄袖 前後及兩肩各金織盤龍一 帶用玉 靯以皮為之
『大明會典』卷60, 皇太子冠服 …(중략)… 常服 洪武元年定 烏紗折上巾 永樂三年定 冠烏紗折角向上巾 亦名翼善冠 親郡王及世子俱同 袍 赤色盤領窄袖 前後及兩肩各 金織蟠龍一 帶用玉 靴皮為之

26 '익선관복'은 '통천관복(通天冠服)'의 오기(誤記)로 보인다. 최규순(2010), 「『대한예전』(大韓禮典) 복식제도 연구」, 고려대학교 아세아문제연구소, 『亞細亞研究』 53(1), 198.

27 『增補文獻備考』卷79, 常服 冠烏紗折角向上巾 亦名 翼善冠 親郡王及世子同 袍赤色盤領窄袖 前後及兩肩 各金織盤龍一 帶用玉 靴以皮爲之

28 柳喜卿(1975), 『한국복식사연구』, 이대출판부, 336.

치마 부분을 따로 재단한 후, 치마의 허리 부분에 주름을 잡아 저고리에 연결한 포(袍)이다.[29] 치마폭이 넓어 활동적이며 간편한 옷으로 조선에서도 융복으로 널리 착용되었다.

왕의 융복에 대한 기사는 실록에 자주 등장하는데, 거둥[30]할 때 융복을 갖추었다는 내용이 주를 이룬다.[31] 하지만 융복의 구성에 대한 구체적인 기록은 없고, 다만 세자의 융복 색에 대한 논의가 있어[32] 제도가 정착되기 전까지 여러 색을 사용하였음을 짐작할 수 있다.[33]

왕의 융복은 『국조속오례의』와 『상방정례(尙方定例)』를 비교해보면 조금 더 구체화할 수 있다. 『국조속오례의』에 의하면 왕이 능에 행행(行幸)할 때 능행길에는 융복을 입고, 능이나 원(園)을 배알할 때는 익선관에 참포(黲布), 오서대(烏犀帶)로 갈아입는다고 하였다.[34] 한편, 1751년 편찬된 『상방정례』는 왕실 제반 소요 물목에 관한 규례를 정리한 책으로 별례(別禮) 하(下)권에 능행시(陵行時) 복식을 구체적으로

---

29 홍나영·신혜성·이은진(2011), 『동아시아 복식의 역사』, 교문사, 159.

30 거둥(擧動)은 임금의 나들이를 뜻하며 '거가(車駕)'라고도 한다. 거둥[2019. 5. 27 검색], 국립국어원 표준국어대사전, https://stdict.korean.go.kr

31 『성종실록』권15, 성종 3년(1472) 2월 22일.

32 『중종실록』권63, 중종 23년(1528) 9월 28일.
『중종실록』권82, 중종 31년(1536) 11월 18일.
『중종실록』권83, 중종 32년(1537) 1월 19일.
『중종실록』권87, 중종 33년(1538) 5월 7일.
『중종실록』권87, 중종 33년(1538) 5월 8일.

33 송수진·홍나영(2019), 앞의 논문, 79.

34 『國朝續五禮儀』卷1, 吉禮 幸陵儀, 殿下具戎服乘輿以出 …(중략)… 殿下改具翼善冠黲布烏犀帶出次

기록하였다.[35] 마미두면(馬尾頭冕), 대홍운문필단용포(大紅雲紋匹緞龍袍), 초록운문필단(草綠雲紋匹緞) 더그레[加文剌], 대홍유흉배좌우견용(大紅襦胸背左右肩龍), 대홍광다회(大紅廣多繪), 남광다회(藍廣多繪), 자적광다회(紫的廣多繪), 흑궤자피화(黑麂子皮靴) 등으로 구성된 이 옷이 『국조속오례의』에서 융복이라 지칭한 것으로 볼 수 있다.[36]

한편, 정조(正祖, 1752-1800)의 화성 행차를 기록한 『원행을묘정리의궤(園幸乙卯整理儀軌)』를 보면 왕은 창덕궁을 나설 때 곤룡철릭(袞龍帖裏)을 입었다.[37] 이를 용 흉배를 단 철릭으로 보고 왕의 융복을 흉배를 갖춘 철릭으로 해석하기도 한다.[38]

왕의 철릭에 용보를 갖춘 예를 정조 실록에서도 찾아볼 수 있다. 정조의 소렴의대(小殮衣襨)와 재궁의대(梓宮衣襨)에는 다홍운문대단철릭[多紅雲紋大緞帖裏][39]과 진홍용문단철릭[眞紅龍紋緞帖裏][40]이 보이는데, 둘 다 흉배[金甲褙具]를 갖춘 것으로 기록하고 있다. 이를 통해 적어도 정조대에는 왕의 융복으로 홍색 철릭에 용보를 사용한 것으로 볼 수 있다.[41]

임진왜란(壬辰倭亂)과 병자호란(丙子胡亂)을 겪으면서 일상으로 입

---

35   『尙方定例』別禮 下.

36   송수진·홍나영(2019), 앞의 논문, 79.

37   『園幸乙卯整理儀軌』卷1 筵說.
      乙卯閏二月初九日 …(중략)… 上御袞龍帖裏乘馬

38   이은주(2012), 「왕의 군복과 융복」, 『월간문화재』4월 제331호, 10-11.

39   『정조실록』권54, 정조 24년(1800) 6월 29일.

40   『정조실록』권54, 정조 24년(1800) 7월 3일.

41   송수진·홍나영(2019), 앞의 논문, 80.

게 된 융복은 다른 포(袍)와 마찬가지로 소매가 넓어지는 등 군사 활동에 적합하지 못한 형태로 변해갔다. 이러한 이유로 17세기 이후 협수(夾袖·狹袖)와 전복(戰服)으로 구성된 군복이 등장하였고, 한동안 융복과 군복의 이중구조가 이어졌다.[42]

왕의 융복에 대한 기록이 조선 초기부터 있었던 것에 반해 군복에 대한 기록은 정조 때 처음 보인다.[43] 정조는 사도세자의 묘소에 갈 때 군복을 즐겨 입었는데, 이는 아버지에 대한 효심에서 비롯한 것이었다. 이유원(李裕元, 1814-1888)의 『임하필기(林下筆記)』를 보면 사도세자가 생전 군복을 즐겨 입었다는 기록이 있다.[44] 아버지에 대한 효심을 담아 정조는 현륭원 행차 시 자신은 물론 신하들까지 군복을 착용하도록 한 것이다.[45]

왕의 군복 착용에 대한 기사는 정조 연간에 처음 등장하지만, 군복으로 착용된 협수와 전복은 영조의 염습의대(斂襲衣襨)와 재궁의대에서 먼저 확인할 수 있다.[46] 소렴의(小殮衣)[47]와 재궁에 채워 넣는 보공[48]

---

42 위의 논문, 79.

43 『정조실록』 권32, 정조 15년(1791) 1월 14일.
上以園幸歷多日 而上服與群下所服着 多未便 教備邊司曰 昔日溫幸時 亦以多日之故 或平戎服 或軍服 此後園幸服色 當依此

44 『林下筆記』 卷27, 春明逸史, 顯隆園 平日好軍服 故正廟於水原幸行 衛內皆軍服

45 이은주(2012), 앞의 글, 11.

46 송수진·홍나영(2019), 앞의 논문, 80.

47 『영조실록』 권127, 영조 52년(1776) 3월 6일.
煙綠雲紋大緞狹袖 烟荳色稀紋緞狹袖 藍貢緞狹袖衣 甫羅貢緞狹袖衣

48 『영조실록』 권127, 영조 52년(1776) 3월 9일.
草綠有紋大緞狹袖 沈香緞戰服 沈香有紋緞戰服 草綠有紋緞狹袖

에 협수와 협수의(狹袖衣), 그리고 전복이 포함되었다. 협수는 조선 말기 동다리와는 달리 연록, 연두, 남, 보라, 초록 등 다양한 색상이 사용되었다. 재궁의대에만 보이는 전복은 침향(沈香)색으로 기록하였다.

한편, 정조의 염습의대와 재궁의대에도 협수가 보이는데, 전복 대신 쾌자(快子)와 짝을 이룬다.[49] 소렴의대에는 유록색 협수와 아청색 쾌자, 토색(土色) 협수와 아청색 쾌자[50]가, 대렴의대에는 회색 협수에 아청색 쾌자[51]가 포함되어 있다. 보공으로는 유록색 협수와 아청색 쾌자[52]를 넣었는데, 주목할 점은 대렴과 보공으로 사용된 쾌자에는 금룡흉배(金龍胸褙)를 갖추었다는 것이다.[53]

쾌자는 전복과 유사한 형태에 깃을 달은 대금(對衿)형 상의이다.[54] 조선 후기 무관은 군복으로 협수와 쾌자를 입었는데, 왕 이하 사대부의 평상복으로도 착용되었다. 정조의 염습 및 재궁의대 중 금룡흉배를 갖춘 쾌자가 『정조실록』에서 확인한 왕의 군복으로 보인다.[55]

---

49   송수진·홍나영(2019), 앞의 논문, 81.

50   『정조실록』권54, 정조 24년(1800) 6월 29일.
      柳綠龍紋緞夾袖 內供藍龍紋緞 鴉靑雲紋緞快子 內拱眞紅龍紋緞 土色大襆紋通海
      緞夾袖 內供藍貢緞 鴉靑大襆紋通海緞快子 內拱眞紅貫緞

51   『정조실록』권54, 정조 24년(1800) 7월 3일.
      灰色大襆紋通海緞夾袖 內供藍雲紋緞 鴉靑大襆紋通海緞快子 內供眞紅雲紋緞 金
      龍胸褙具

52   『정조실록』권54, 정조 24년(1800) 7월 3일.
      柳綠龍紋緞夾袖 內供龍紋緞 鴉靑雲紋緞快子 縷金胸褙具 內供藍龍紋緞

53   송수진·홍나영(2019), 앞의 논문, 81.

54   강순제 외(2015), 『한국복식사전』, 민속원, 125.

55   송수진·홍나영(2019), 앞의 논문, 81.

왕과 왕세자, 왕세손은 조선 초부터 용 문양을 장식한 흉배를 사용하였다. 신분에 따라 흉배의 형태와 발톱의 수를 달리하여 왕은 오조원룡보를, 왕세자는 사조원룡보를 가슴과 등, 양어깨에 달았으며, 왕세손은 삼조방룡보를 가슴과 등에만 달았다. 상복에 사용한 흉배는 조선 초부터 확인되지만, 융복과 군복에 사용한 것은 후기 이후 문헌에서 확인된다. 왕은 융복으로는 철릭을, 군복으로는 전복 또는 쾌자에 협수를 입고 모두 흉배와 견화를 갖추었다.

2. 왕비·왕세자빈·왕세손빈

왕이 의례에 따라 제복과 조복, 상복을 갖추는 것처럼 왕비 역시 여러 예복을 갖추었다. 조선 전기까지 왕비의 예복은 명에서 사여되었는데, 태종(太宗, 1367-1422) 때부터 인조(仁祖, 1595-1649) 때까지 왕이 바뀔 때마다 왕의 면복과 함께 왕비의 관복을 보내왔다.[56] 사여받은 왕비의 관복은 친왕에 해당하는 왕의 면복과 달리 군왕비(郡王妃)의 관모와 명부(命婦) 일품의 예복에 해당하는 대삼제도였다.[57]

태종 3년(1403) 명에서 처음 보내온 왕비 관복은 칠적관(七翟冠)에 대홍색 대삼(大衫), 청색 하피(霞帔) 등으로 구성되었으며, 원령(圓領) 한

---

56   실록에는 태종 3년부터 인조 3년까지 총 15번의 왕비 관복 사여 기록이 있다.(왕비는 아니지만 광해군의 모후인 공빈김씨에게 반사된 관복이 1건 포함되어 있다.) 이 중 중종 3년, 명종 1년, 선조 3년, 인조 3년에는 고명과 관복을 보냈다는 기록만 있고 구체적인 물목은 빠져 있다.

57   洪那英·柳喜卿(1983), 「朝鮮王朝의 王妃法服에 관한 研究」, 『服飾』 7, 7.

건이 포함되어 있다.[58] 명에서 대삼·하피 제도는 황후 이하 황태자
비까지는 상복(常服)으로, 친왕비 이하 명부에게는 가장 격이 높은 예
복으로 사용되었다. 또한, 명부의 상복 중 둥근 깃이 달린 포(袍)가 있
는데, 황후의 것은 단삼(團衫)[59], 황태자비 이하 내명부는 단령삼(團領
衫)[60], 명부관복은 원령삼(圓領衫)[61]으로 기록하였다. 비록 신분에 따라
명칭은 다르지만 모두 둥근 깃이 달린 옷을 의미한다.[62] 태종 때 명에
서 보내온 왕비 관복 중 복청(福青)색 원령이 원령삼에 해당하는 옷으
로 보인다.

이후 광해군 9년(1617)까지 사여된 관복에는 원령, 단삼(團衫) 등의
명칭으로 둥근 깃의 포가 포함되어 있었다. 문종 즉위년(1450)부터 성
종 12년(1481)까지는 운견(雲肩)과 통수(通袖), 스란[膝襴]에 직금 문양이
있는 단삼이 사여되었다.[63] 그러나 선조 36년(1603) 계비 인목왕후(仁穆

---

58   『태종실록』권6, 태종 3년(1403) 10월 27일.
王妃冠服一部 珠翠七翟冠一頂 …(중략)… 各色素紵絲衣服霞帔等項四件內 大紅素
紵絲夾大衫一件 福青素紵絲夾圓領一件 青素紵絲綬翟雞霞帔一副 鈒花金墜頭一
箇

59   『大明會典』卷60, 皇后冠服 …(중략)… 常服 諸色團衫金繡龍鳳文

60   『大明會典』卷60, 皇太子妃冠服 …(중략)… 常服 諸色團領衫金繡鸞鳳

61   『大明會典』卷61, 命婦冠服 …(중략)… 常服 顏色圓領衫

62   홍나영·신혜성·이은진(2011), 앞의 책, 228.

63   『문종실록』권3, 문종 즉위년(1450) 8월 3일.
大紅織金雲肩海裳四季花紵絲團衫一件
『단종실록』권14, 단종 3년(1455) 4월 22일.
大紅織金肩海棠四季花團衫一件
『세조실록』권3, 세조 2년(1456) 4월 20일.
大紅織金雲肩滿池嬌團衫一件
『예종실록』권4, 예종 1년(1469) 윤 2월 4일.

王后, 1584-1632)에게 사여된 관복에는 단삼에 흉배로 유추할 수 있는 보자(補子)가 붙어 있었다.[64] 이때 온 단삼은 두 벌로 모두 '채수적계보자(綵繡翟雞補子)'가 붙어 있는 것[綴]으로 해석된다. 사여 물목에 '보자'라고 정확히 기록된 것은 선조 때부터 광해군 때까지 두 번이지만, 그보다 앞선 중종 13년(1518)에도 '녹세화저사철채수적계단삼(綠細花紵絲綴綵繡翟雞團衫)'이 사여되어 '적계(翟雞)' 문양 흉배 단삼은 중종 때부터 사여된 것[65]으로 볼 수 있다.[66]

다시 정리하면 문종 즉위년부터 성종 12년까지는 어깨와 소매, 무릎 등에 직금으로 문양을 넣은 대홍색이나 녹색 단삼이 사여되었지만, 중종 13년부터는 적계 문양을 수놓은 보자를 붙인 녹색 단삼이 보내진 것이다. 보자는 중국에서 흉배를 이르는 말로, 명대 유물 중에는 〈그림 5〉[67]와 같이 봉황 문양의 흉배를 붙인 둥근 깃의 포가 남아 있

綠織金花雲肩通袖膝欄紵絲夾團衫一件
『성종실록』 권5, 성종 1년(1470) 5월 1일.
綠織金花雲肩紵絲夾團衫一件
『성종실록』 권76, 성종 8년(1477) 2월 4일.
綠織金花雲肩通袖膝欄紵絲夾團衫一件
『성종실록』 권129, 성종 12년(1481) 5월 16일.
綠織金花雲肩通袖膝欄紵絲夾團衫一件

64 『선조실록』 권161, 선조 36년(1603) 4월 27일.
    綠暗花紵絲綴綵繡翟雞補子團衫一件 …(중략)… 綠暗花紵絲綴綵繡翟雞補子夾團衫一件
    『광해군일기』 권42, 광해군 9년(1617) 11월 9일.
    綠暗花紵絲綴繡翟補子夾團衫壹件

65 『중종실록』 권32, 중종 13년(1518) 4월 21일.
    綠細花紵絲綴綵繡翟雞團衫一件

66 김영선(2017), 앞의 논문, 29.

67 山東博物館(2012), 『孔府旧藏服飾』, 山東博物館, 22-23.

다. 또한 〈그림 6〉[68]과 같이 직금으로 문양을 넣은 단삼을 입은 명부의
초상화도 전해진다.

그림 5 | 명대 단삼과 봉황 흉배
『孔府旧藏服飾』

 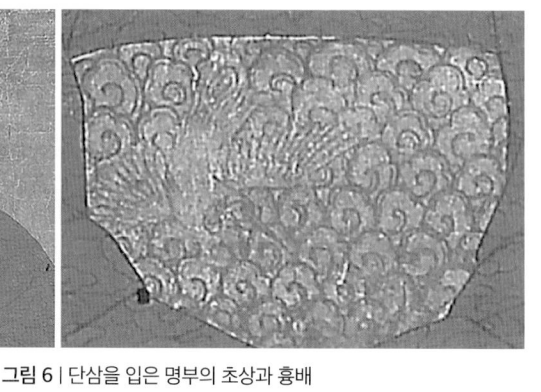

그림 6 | 단삼을 입은 명부의 초상과 흉배
『中國歷代婦女裝飾』

『대명회전』의 신분별 단삼 제도를 살펴보면 황후는 금수용봉(金繡
龍鳳), 황태자비는 금수난봉(金繡鸞鳳), 친왕비는 금수화봉(金繡花鳳)[69] 문

---

68   周汎·古春明(1997), 『中國歷代婦女裝飾』, 學林, 99.

69   『大明會典』卷60, 親王妃冠服 …(중략)… 常服 團領衫 金繡花鳳

양을 사용하였으며, 군왕비 이하는 단삼 부분이 빠져 있다. 단삼의 문양이 하피의 문양과 통하는 것으로 볼 때, 적계 문양의 단삼은 제도에는 빠져 있는 군왕비[70]나 장자부인[71]이 사용했을 것으로 추정된다.[72] 한편, 『대명회전』에는 문양의 종류만 명시되어 있지 정확한 시문 위치에 대한 내용은 빠져 있어 중종 이후 사용된 적계 문양 보자가 흉배만 있는지, 견화까지 포함된 것인지 알 수 없다.

왕세자빈의 흉배에 대한 내용은 세조 6년(1460) 세자빈 납징(納徵) 예물에서 확인할 수 있다.[73] 예종(睿宗, 1450-1469)과 가례를 치룬 장순왕후(章順王后, 1445-1461)에게 내려진 예물 중 대홍색 장삼(長杉)이 포함되어 있는데, '금배견화대홍단자(金背肩花大紅段子)'라고 쓴 것으로 볼 때 직금으로 흉배와 견화를 넣은 단자(段子)로 만든 것으로 추정된다. 문양은 확인할 수 없지만, 조선 전기까지 명에서 여러 차례 흉배단자(胸背緞子)가 사여된 기록이 있어 이를 이용하여 만든 것이 아닐까 생각된다.

조선 전기까지 왕비의 관복은 고명과 함께 명에서 사여받았다. 그러나 명이 몰락한 이후 조선 왕실에서는 자체적으로 적의(翟衣)를 제작하였다. 그렇지만 임진왜란과 병자호란을 거치면서 기존에 사여받은 예복이 소실되고 참고할 실물이 없어 시행착오를 거치면서 독자적인 적의를 완성해갔다. 이 과정에서 대삼·하피 제도에는 없었던 흉배

---

70 『大明會典』卷60, 郡王妃冠服 …(중략)… 霞帔以深青爲質 金繡雲霞翟文

71 『大明會典』卷60, 長子夫人冠服 …(중략)… 青羅金繡翟雞霞帔

72 김영선(2017), 앞의 논문, 28.

73 『세조실록』권20, 세조 6년(1460) 4월 9일.
　　命服大紅段子露衣一, 鴉青段子大衣一, 金背肩花大紅段子長杉一, 大紅金線段子帶一

가 적의에 포함되었다.

이렇게 완성된 조선 후기 왕비와 왕세자빈의 적의는 영조 때 편찬된 『국조속오례의보서례』와 『국혼정례』, 『상방정례』에서 예복제도로 정리되었고, 그 전까지 착용된 예복의 구체적인 내용은 『가례도감의궤(嘉禮都監儀軌)』를 통해 확인할 수 있다. 왕과 왕세자의 가례 절차와 준비 물목 등을 기록한 『가례도감의궤』는 조선 전기부터 작성된 것으로 보이나, 현재는 인조 5년(1627) 소현세자(昭顯世子, 1612-1645)와 강빈(姜嬪, 1611-1646)의 가례부터 고종 33년(1906) 순종(純宗, 1874-1926)과 순정효황후(純貞孝皇后, 1894-1966)의 가례까지 총 20종의 의궤만이 남아 있다.[74] 『가례도감의궤』에서 확인한 흉배가 사용된 예복에는 적의와 흉배겹장삼(胸背裌長衫), 노의(露衣), 단삼(團衫)이 있다.

『소현세자가례도감의궤(昭顯世子嘉禮都監儀軌)』는 남아 있는 『가례도감의궤』 중 가장 이른 시기에 치러진 가례를 정리한 것이다. 의식에 필요한 세자궁의대(世子宮衣襨)와 빈궁의대(嬪宮衣襨)를 마련하기 위해 소요된 물목을 일방(一房) 의궤에 기록하였다. 세자빈의 의대 중 흉배는 흉배겹장삼과 단삼에 사용되었다. 흉배겹장삼은 겉감으로 대홍필단(大紅匹段), 안감[內拱]으로 남초(藍綃)를 사용하였고, 흉배화성차(胷背畫成次)로 대홍화문필단(大紅花紋匹段)과 니금(泥金), 화필(畫筆), 아교(阿膠)가 마련되었다.[75] 장삼은 위에서 살펴본 세조 6년(1460) 세자빈 납징

---

74 가례도감의궤[2019. 4. 22 검색], 한국민족문화대백과사전, http://encykorea.aks.ac.kr

75 『소현세자가례도감의궤』 001, 97-98, 규장각한국학연구원, http://e-kyujanggak. snu.ac.kr
大紅匹段胷背裌長衫一以次內入 大紅匹段二十尺五寸 內拱藍綃二十尺五寸 苔袖 白匹段三尺六寸同正白綾長一尺五寸廣一寸五分 大紅眞絲八分 藍眞絲八分 胷背 畫成次 大紅花紋匹段全廣四尺 泥金六錢畫筆次黃毛一條 阿膠五錢

예물에도 있는 예복으로, 소현세자 가례에서는 직금 대신 니금과 아교를 사용하여 화문필단에 붓으로 그린[畫成] 흉배를 별도로 제작하여 부착하였다. 흉배 수량과 문양에 대한 내용은 빠져 있다.

세자빈의 법복인 적의 일습은 의대 마지막 부분에 나오는데, 아청필단 적의, 대홍필단 대삼(大衫), 초록필단 단삼(團衫), 겹오(裌襖), 겹군(裌裙), 하피, 패옥(佩玉), 적석(赤舃), 말(襪) 등으로 구성된다.[76] 적의의 부속으로 흉배가 나오는데, 바탕감으로 초록라(草綠羅)를 사용한 것으로 볼 때 아청색 적의가 아닌 초록색 단삼에 사용한 것으로 보인다. 이는 광해군 9년(1617)까지 명에서 사여된 단삼에 흉배가 달려 있었던 것과 맥락을 같이하는 것으로 볼 수 있다.[77] '전후흉배(前後胸褙)'라고 기록한 것으로 볼 때 가슴과 등에만 부착하는 것으로 보이며, 흉배의 문양과 재료에 대한 내용은 없다. 세조 6년 세자빈 납징 예물에서는 장삼에 견화까지 갖춘 것과는 차이가 있다.

소현세자 이후 치러진 가례는 인조와 장렬왕후(莊烈王后, 1624-1688)의 가례로 인조 16년(1638)에 있었다. 중궁전 의대를 소입(所入)한 내용을 보면 흉배겹장삼을 시작으로 노의, 장삼(長衫), 말군(袜裙), 저고리,

---

76　『소현세자가례도감의궤』001, 103-104, 규장각한국학연구원, http://e-kyujanggak. snu.ac.kr
翟衣一以次內入 無紋鴉靑匹段長二十五尺六寸 內拱藍熟綃長二十尺 如貫子繡 三十六片戶曹給價措備內入 波湯冒段全廣一尺五寸畫雙鳳 裌大衫一 無紋大紅匹 段長二十九尺五寸內拱木紅綃長二十尺 團衫一 雲紋草綠匹段長三十五尺內拱木 紅綃長二十尺 裌襖一 花紋大紅匹段長三十尺內拱木紅綃二十一尺 裌裙一 花紋鴉 靑匹段長二十八尺內拱木紅綃十九尺 前後脅褙皮湯草綠羅圓經八寸 霞帔雅靑羅 半骨長十尺 已上衣褙裏內裌次雲紋大紅匹段二十九尺 佩玉 赤舃 襪 已上尙衣院 措備

77　김영선(2017), 앞의 논문, 51.

치마[赤亇] 등이 순서대로 나오고 법복인 적의 일습이 마지막에 나온다. 이 중 흉배에 대한 내용은 모두 세 차례 나타난다. 먼저 대홍화문필단으로 만든 흉배겹장삼에 흉배 4장이 포함되어 있다.[78] 문양과 수량, 제작 방법을 정확히 명시하여 왕비의 흉배겹장삼에는 직금으로 짠 봉황 흉배를 가슴과 등, 양어깨에 부착한 것을 알 수 있다.

그다음 흉배에 대한 내용은 적의 일습 바로 직전에 단독으로 기록되어 있다. 모두 8장의 흉배를 도감에서 올리는데, 4장은 대홍색, 4장은 초록색으로 첩금(貼金)을 사용하여 운봉(雲鳳) 문양을 직조한 것이다.[79] 뒤에서 살펴볼 『국혼정례』에는 왕비의 가례 의대에 흉배금원문노의(胸背金圓紋露衣)가 포함되어 있어 대홍색 흉배 4장은 대홍필단 노의에 사용한 것으로 볼 수 있다. 한편, 초록색 흉배 4장은 소현세자 가례 때와 마찬가지로 적의 일습에 포함되어 있는 단삼(單衫)에 사용한 것으로 추정된다. 왕비 의대 물목 중 흉배를 사용할 만한 초록색 포는 초록화문필단(草綠花紋匹段)으로 만든 단삼밖에 없기 때문이다. 『인조장렬왕후가례도감의궤』에서는 단삼(團衫)이 아닌 단삼(單衫)으로 기록하고 있는데, 같은 옷을 의미하는 것으로 보인다.

마지막으로 대홍필단으로 만든 대삼(大衫)에 운봉 흉배를 갖추었

---

78 『인조장렬왕후가례도감의궤』 001, 141, 외규장각의궤, http://www.museum. go.kr/uigwe/
胷背袷長衫壹次大紅花紋匹段壹匹 內拱大紅鼎紬壹匹 苔袖白匹段參尺陸寸 同正 白綾長壹尺伍寸廣壹寸伍分 紅眞絲壹錢陸分 胷背肆隻都監金鳳織造

79 『인조장렬왕후가례도감의궤』 001, 151, 외규장각의궤, http://www.museum. go.kr/uigwe/
胷背捌隻大紅肆隻草綠肆隻 貼金壹束參貼都監 雲鳳織造

다.[80] 운봉 흉배는 소현세자 가례 때 준비한 흉배겹장삼처럼 그려서 준비했는데, 니금과 함께 오채(五彩)가 사용되었다. 흉배 수량에 대한 내용은 없어 몇 장을 마련하였는지 알 수 없다. 하지만 흉배겹장삼과 노의, 단삼 모두 4개씩인 것으로 볼 때 대삼에도 흉배와 견화를 함께 갖추었을 것으로 생각된다.

장렬왕후의 의대에 사용된 흉배를 정리하면 다음과 같다. 흉배는 흉배겹장삼과 노의, 단삼, 대삼에 부착하였으며 운봉 문양을 사용하였다. 대삼을 제외하면 모두 직금 흉배로 4장이 한 벌을 이루고 있어 가슴과 등, 어깨에 부착한 것을 알 수 있다. 대삼에는 니금과 오채로 그린 흉배를 사용하였는데, 다른 예복에 비해 가장 격이 높은 적의에 화성(畫成) 흉배를 사용한 점이 특이하다.

인조장렬왕후가례 다음으로 치러진 현종명성왕후가례부터 사도세자가례까지 『가례도감의궤』를 확인해 보면 왕비와 왕세자빈의 의대로 마련된 흉배 내용이 거의 동일하게 유지된다. 이 시기 왕세자의 가례로는 1651년 현종명성왕후가례, 1671년 숙종인경왕후가례, 1696년 경종단의왕후가례, 1718년 경종선의왕후가례, 1727년 효장세자가례, 1744년 사도세자가례까지 6건이 있다. 왕의 가례로는 1681년 숙종인현왕후가례, 1702년 숙종인원왕후가례 2건이 있다.

먼저 빈궁의대(嬪宮衣襨)에서는 흉배겹장삼에만 흉배가 사용되었다. 『현종명성왕후가례도감의궤』를 보면 세자빈의 흉배겹장삼은 대홍화문필단을 겉감으로, 남초(藍綃)를 안감으로 하였으며 봉흉배(鳳胸

---

80   『인조장렬왕후가례도감의궤』 001, 152, 외규장각의궤, http://www.museum.
      go.kr/uigwe/
      翟衣壹件次入自 內製造 大紅匹段大衫壹件 泥金參錢參分及五彩畫雲鳳臂背具

背)를 부착하였다.[81] 봉흉배 2장[部]을 직조해서 들인다고 쓴 다음 재료로 대홍사십이량(大紅絲十二兩), 후첩금일속(厚貼金一束)을 쓴 것으로 볼 때 대홍사와 후첩금을 사용하여 짠 직금 흉배로 볼 수 있으며, 가슴과 등에만 사용한 것을 알 수 있다.

이 내용은 경종의 첫 번째 가례를 정리한 『경종단의왕후가례도감의궤』까지 그대로 이어져 흉배의 문양과 수량, 재료까지 동일하게 나타난다. 그러나 경종의 두 번째 가례인 경종선의왕후가례부터 사도세자가례까지는 흉배겹장삼이 마련되었지만 흉배차(胸背次)에 대한 내용은 모두 빠져 있다. 〈표 1〉은 1627년 소현세자 가례부터 1744년 사도세자가례까지 『가례도감의궤』에 나타난 왕세자빈 흉배를 정리한 것이다.

〈표 1〉 『국조속오례의보서례』 이전 왕세자빈 가례 의대에 사용된 흉배

	종류	문양	바탕색	수량	재료	제작방법
소현세자(1627)	胸背裌長衫	-	大紅	-	泥金 6錢 阿膠 5錢 黃毛 1條	畫成
	團衫	-	草綠	-	-	-
현종명성왕후(1651)	胸背裌長衫	鳳	-	2	大紅絲 12兩 厚貼金 1束	織造
숙종인경왕후(1671)						
경종단의왕후(1696)						

---

81 『현종명성왕후가례도감의궤』 001, 271-272, 외규장각의궤, http://www.museum.go.kr/uigwe/
大紅匹段胷背裌長衫一所入 大紅花紋匹段二十尺五寸 內拱藍綃二十尺五寸 苔袖白匹段三尺六寸 同正白綾長一尺五寸廣一寸五分 大紅眞絲八分 藍眞絲八分 鳳胷背二部織造所入 大紅絲十二兩 厚貼金一束

	종류	문양	바탕색	수량	재료	제작방법
경종선의왕후(1718)	胸背裌長衫	-	-	-	-	-
효장세자(1727)						
사도세자(1744)						

한편, 중궁전의대(中宮殿衣襨)에서는 적의와 흉배겹장삼, 흉배금원문노의(胷背金圓紋露衣)에 흉배가 사용되었다. 『숙종인현왕후가례도감의궤』를 보면 왕비의 적의는 겉감과 안감 모두 다홍화문필단(多紅花紋匹段)으로 하였으며, 가슴과 등, 양 어깨에 봉흉배를 달았다.[82] 흉배의 재료는 따로 기록하지 않아 제작 방법은 알 수 없다.

흉배겹장삼은 세자빈과 달리 겉감과 안감 모두 다홍색을 썼으며, 흉배차로 다홍진사십이량(多紅眞絲十二兩)과 후첩금일속(厚貼金一束)이 마련되었다.[83] 흉배차로 볼 때 직금 흉배로 추정되나 『현종명성왕후가례도감의궤』에서는 흉배 직조에 다홍사(多紅絲)를, 봉작(縫作)에 다홍진사(多紅眞絲)를 사용한 것과 반대로 『숙종인현왕후가례도감의궤』에서는 흉배 직조에 다홍진사를, 봉작에 다홍사를 사용한 것으로 기록

---

82 『숙종인현왕후가례도감의궤』 001, 581, 외규장각의궤, http://www.museum.go.kr/uigwe/
多紅花紋匹段三十五尺 內拱多紅花紋匹段五尺五寸 綏次多紅花紋匹段二尺五寸 別衣次多紅花紋匹段三十五尺五寸 內拱多紅花紋匹段五尺五寸 內衣次多紅花紋匹段十四尺 內拱多紅花紋匹段二十一尺六寸 蔽膝次多紅花紋匹段一尺六寸 裳次前三後四幷藍花紋匹段三十三尺五寸 纓子次多紅花紋匹段二尺七寸 多紅鳳胷背左右肩鳳具 一部以上織造內入

83 『숙종인현왕후가례도감의궤』 001, 583, 외규장각의궤, http://www.museum.go.kr/uigwe/
一胷背裌長衫一次所入 多紅花紋匹段一匹 內拱多紅紬一匹 苔袖次白綾三尺六寸 同正白綾長一尺五寸廣二寸 胷背次多紅眞絲十二兩 厚貼金一束 多紅絲一錢六分

하였다. 하지만 이는 단순히 재료에 대한 이해 부족으로 인한 오기(誤記)로 생각되며, 재료의 양이 동일한 것으로 볼 수 있다. 결국 왕비의 흉배겹장삼에는 세자빈과 마찬가지로 가슴과 등에만 흉배를 부착한 것을 알 수 있다. 문양에 대한 내용은 빠져 있지만, 왕비의 적의와 세자빈의 흉배겹장삼에 봉흉배를 사용한 것으로 볼 때 봉흉배로 볼 수 있다.

끝으로 흉배금원문노의에 흉배가 사용됐을 것으로 추정된다. 왕비의 노의는 겉감과 안감을 모두 다홍색으로 하였으며 후첩금을 사용하여 금원문(金圓紋)을 부금(付金)하였다.[84] 『숙종인현왕후가례도감의궤』에는 노의를 만드는 데 필요한 재료만 기록하였을 뿐 흉배차에 대한 내용은 전혀 없어 문양과 수량, 재료를 알 수 없다. 그럼에도 인조장렬왕후가례에서는 '금원문노의(金圓紋露衣)'라고 명한 데 반해 '흉배금원문노의'라고 '흉배'를 정확히 명시한 것으로 볼 때 흉배를 사용한 것으로 보인다.

숙종의 세 번째 가례를 기록한 『숙종인원왕후가례도감의궤』에는 적의 일습에서 흉배 부분이 빠져 있다. 흉배겹장삼은 이전 가례인 숙종인현왕후가례와 동일하게 대홍사십이량(大紅絲十二兩)과 후첩금일속(厚貼金一束)이 포함된 것으로 볼 때 직금 흉배 2장을 사용한 것으로 볼 수 있다.[85] 흉배금원문노의 역시 마련되었는데, 이전 가례와 마찬가지

---

84 『숙종인현왕후가례도감의궤』001, 584, 외규장각의궤, http://www.museum.go.kr/uigwe/
一膂背金圓紋露衣一次所入 多紅花紋匹段一匹 內拱多紅紬二匹 苔袖次藍花紋匹段三尺六寸 厚貼金三束三貼三張 多紅絲八分 藍絲八分

85 『숙종인원왕후가례도감의궤』001, 567, 외규장각의궤, http://www.museum.go.kr/uigwe/

로 흉배차에 대한 내용은 빠져 있다. 〈표 2〉는 1638년 인조장렬왕후 가례부터 1702년 숙종인원왕후 가례까지 『가례도감의궤』에 나타난 왕비의 흉배를 정리한 것이다.

〈표 2〉『국조속오례의보서례』 이전 왕비 가례 의대에 사용된 흉배

	종류	문양	바탕색	수량	재료	제작방법
인조 장렬왕후 (1638)	胸背裌長衫	金鳳	-	4	-	織造
	露衣	雲鳳	大紅	4	貼金 1束3貼	織造
	單衫		草綠	4		
	大衫	雲鳳	-	-	泥金 3錢3分 五彩	畵成
숙종 인현왕후 (1681)	翟衣	鳳	多紅	4	-	織造
	胸背裌長衫	-	-	-	多紅眞絲 12兩 厚貼金 1束	-
	胸背金圓紋露衣	-	-	-	-	-
숙종 인원왕후 (1702)	翟衣	-	-	-	-	-
	胸背裌長衫	-	-	-	大紅絲 12兩 厚貼金 1束	-
	胸背金圓紋露衣	-	-	-	-	-

이렇게 『가례도감의궤』마다 조금씩 다르게 기록되었던 왕비와 왕세자빈의 예복은 영조 27년(1751)년 편찬된 『국조속오례의보서례』

홑褙裌長衫一次大紅花紋匹段一匹 內拱大紅紬一匹 苔袖白綾三尺六寸 同正白綾 長一尺五寸廣二寸 大紅絲十二兩 厚貼金一束 大紅絲一錢六分

에서 제도화되었다.[86] 『국조속오례의보』와 『국조속오례의보서례』는 『국조속오례의』, 『국조속오례의서례』를 보완한 것으로 범례에서 "후비(后妃)의 복(服)이 있으나 원·속편에는 기록하지 않아 왕세손 관복과 함께 아울러 집록한다.[87]"고 밝히고 있다. 여기서 원·속편은 『국조오례의』와 『국조속오례의』를 뜻하는 것으로 왜란과 호란 이후 시행착오를 거치면서 완성된 조선의 적의 제도를 정리한 것이다.

왕비와 왕세자빈, 왕세손빈의 예복은 『국조속오례의보서례』 길례(吉禮) 편에 있다. 왕비의 적의는 대홍단(大紅緞)으로 만들며, 앞뒤[前後]로 금수오조원룡보(金繡五爪圓龍補)를 붙인다.[88] 왕세자빈의 적의는 흑단(黑緞)으로 만들며 앞뒤로 금수사조원룡보(金繡四爪圓龍補)를 붙인다.[89] 왕세손빈의 적의는 왕세자빈과 같으며 다만 앞뒤에 금수삼조방룡보(金繡三爪方龍補)를 붙인다.[90]

『국조속오례의보서례』에서 제도화된 적의에 나타난 가장 큰 변화는 숙종 때까지 적의에 사용하던 봉황 흉배가 용보로 바뀐 것이다. 건국 초기부터 왕은 상복에 용보를 부착한 것과 달리, 왕비의 용보는 영조 때 처음 제도화되었다. 또한, 세자빈의 적의에는 흉배가 없었는데,

---

86   洪那英·柳喜卿(1983), 앞의 논문, 10.

87   『國朝續五禮儀補』, 凡例.

88   『國朝續五禮儀補序例』 卷1, 王妃禮服制度, 翟衣 衣以大紅緞爲之前面左右相對直下不相掩如褙子而前長齊裳端後長過裳端尺餘衣前後貼金繡五爪圓龍補

89   『國朝續五禮儀補序例』 卷1, 王世子嬪禮服制度, 翟衣 衣以黑緞爲之衣前後貼金繡四爪圓龍補而衣制與繡圓翟同王妃服

90   『國朝續五禮儀補序例』 卷1, 王世孫嬪禮服制度, 圭首飾金粧翟衣霞帔裳大帶佩綬蔽膝黑襪黑舃並同王世子嬪而惟翟衣前後貼金繡三爪方龍補水精帶同王世孫帶

왕비와 마찬가지로 원룡보를 사용하기 시작하였다. 세손빈의 적의는 사도세자 사후 세손이었던 정조(正祖, 1752-1800)가 동궁(東宮)의 지위에 오르면서 왕세손의 관복과 함께 제도로 정리되었다. 그리고 이때부터 왕실 적통을 잇는 여성들은 모두 용 문양을 흉배에 사용하게 되었다. 다만 신분에 따라 용의 발톱 개수를 달리하였으며, 세손빈은 원형이 아닌 방형(方形)을 사용하도록 하여 차등을 두었는데, 이는 모두 왕세자, 왕세손의 용보와 동일한 제도였다.

영조는 법전과 국가전례서를 정비하는 한편, 혼례 풍속이 지나치게 사치하고 낭비가 심함을 경계하여 왕실 혼례의 규범을 세우고자 1749년 『국혼정례(國婚定例)』를 편찬하였다. 그 전까지 일정한 규정이 없어 혼수의 많고 적음이 한결같지 못하였고, 비용 또한 한정이 없었던 폐단을 바로잡기 위해 국혼에 관한 정례를 만든 것이다. 모두 7권 2책인데, 제 1책은 왕비가례·왕세자가례·숙의가례에 관한 내용이고, 제 2책은 대군가례·왕자가례·공주가례·옹주가례에 대한 것이다.[91]

『국혼정례』의 왕비가례를 보면 법복(法服)인 적의와 흉배금원문노의, 흉배겹장삼에 흉배가 사용되었다. 적의에는 흉배 4장[隻][92]을 가슴과 등, 양어깨에 부착하였다. 흉배의 문양에 대한 내용은 없지만 『국조속오례의보서례』에서 왕비 적의에는 금사로 수놓은 오조원룡보를 붙인다고 한 것으로 미루어 용보로 추정된다. 다만 『국조속오례의보서례』에서는 앞뒤, 즉 가슴과 등에만 붙이는 것으로 되어 있지만 『국혼정례』에서는 흉배 4장으로 되어 있어 차이를 보인다.

91　국혼정례[2019. 4. 24 검색], 한국민족문화대백과사전, http://encykorea.aks.ac.kr

92　『國婚定例』卷1, 王妃嘉禮, …(중략)… 中宮殿法服 …(중략)… 胸背肆隻

흉배금원문노의와 흉배겹장삼 역시 명칭에 흉배를 명시한 것으로 볼 때 흉배를 부착한 것으로 보인다. 『국혼정례』는 가례 때 마련하는 왕비의 의대(衣襨)를 나열한 뒤 의대차(衣襨次)를 한 번에 적었는데, 끝부분에 흉배 2장이 나온다.[93] 이와 함께 흉배 재료로 후첩금 1속(束)과 대홍진사 12량(兩)이 포함되어 있다.[94] 이는 『숙종인현왕후가례도감의궤』에서 흉배겹장삼에만 흉배의 수량과 재료를 명시하고, 흉배금원문노의에는 흉배에 관한 내용이 빠져 있는 것과 일맥상통한다. 또한, 대홍진사와 후첩금의 양이 동일한 것으로 볼 때 직금 흉배로 볼 수 있다. 문양에 대한 언급은 없기 때문에 숙종 때와 같이 봉흉배를 사용하였는지, 적의와 함께 용흉배로 바뀌었는지는 알 수 없다.

한편, 왕세자가례에는 세자빈의 적의에 흉배 4장이 포함되었다.[95] 이는 『사도세자가례도감의궤』까지 적의에 흉배가 없었던 것과 대조되는 부분으로, 왕비의 적의와 함께 사조룡을 수놓은 원형 보(補)를 가슴과 등, 어깨에 부착하는 것으로 제도를 정비한 것이다. 그 밖에 흉배가 사용된 예복에는 흉배겹장삼이 있다. 왕비가례와 달리 의대차에 흉배를 따로 명시하지는 않았지만, 후첩금 1속과 대홍진사 12량이 흉배에 사용된다고 주를 달아[96] 흉배겹장삼에 사용한 것으로 볼 수 있다. 이는 역대 『가례도감의궤』에 나타난 흉배차와 동일한 양으로 직

---

93   『國婚定例』 卷1, 王妃嘉禮, …(중략)… 衣襨 …(중략)… 胸背貳隻

94   『國婚定例』 卷1, 王妃嘉禮, …(중략)… 衣襨 …(중략)… 厚貼金陸束參張內 壹束胸背
      所入 大紅眞絲拾貳兩 胸背所入

95   『國婚定例』 卷2, 王世子嘉禮, …(중략)… 嬪宮法服 …(중략)… 胸背肆隻

96   『國婚定例』 卷2, 王世子嘉禮, …(중략)… 衣襨 …(중략)… 厚貼金伍束捌貼參張內 壹
      束胸背所入 大紅眞絲拾貳兩 胸背 所入

금 흉배 2개를 제작하여 가슴과 등에 부착한 것으로 보인다. 왕비와 마찬가지로 문양에 대한 기록 역시 없다.

영조는 1749년 『국혼정례』 편찬 이후 상의원(尙衣院)에서 탄일(誕日)과 절일(節日) 및 연례진상(年例進上)에 소요되는 물목을 정리하여 1751년 『상방정례』를 편찬하였다. 모두 3권 3책으로 항례(恒例)에는 연례진상물에 대해 정리하였고, 별례(別禮)에는 전교(傳敎) 때마다 내입되는 물건과 거등이나 유사시에 징수되는 품목과 임시로 품서해 거행되는 물건을 정리하였다.[97] 그중 별례 하(下)권에서 존숭(尊崇)과 진연(進宴)시 착용하는 대왕대비와 왕비, 세자빈의 적의를 볼 수 있다. 존호(尊號)를 올리는 행사인 존숭과 왕실 잔치인 진연에서는 적의를 상복으로 착용하였다.[98] 가례 때 착용한 법복용 적의와 구별되는 상복용 적의는 옥대, 패옥, 규를 갖추지 않고, 상(裳)에는 용스란[龍膝襴] 대신 봉스란[鳳膝襴]을 사용하는 등 차등을 두었다.[99] 또한, 용보 대신 봉흉배를 사용하도록 하여 법복과는 격을 달리 하였다. 흉배의 색은 적의의 색과 맞추었으며, 대왕대비와 왕비는 가슴과 등, 양어깨에, 세자빈은 가슴과 등에만 봉흉배를 갖추었다.[100]

왕과 왕세자가 국초부터 용 문양 흉배를 사용한 것과 달리 왕비

---

97   상방정례[2019. 4. 24 검색], 한국민족문화대백과사전, http://encykorea.aks.ac.kr

98   김소현(2017), 『조선왕실 여인들의 복식』, 민속원, 250-251.

99   김소현(2008), 「『상방정례』로 보는 조선왕실의 복식구조 - 착용사례를 중심으로 -」, 『服飾』 58(3), 155.

100   『尙方定例』 三 別禮 下, 尊崇時·進宴時 大王大妃殿 …(중략)… 紫的胷背左右肩鳳 具壹部, 中宮殿 …(중략)… 大紅胸背左右肩鳳具壹部, 嬪宮 …(중략)… 鴉靑鳳胸背壹 部

와 왕세자빈이 사용한 흉배는 시대에 따라 주 문양을 달리하였다. 임진왜란 이전까지는 명에서 왕비의 예복을 사여받았는데, 그중 단삼에 적계문 흉배가 붙어 있었다. 명이 멸망한 이후에는 더 이상 예복을 사여받을 수 없어 조선에서 직접 만들어 입기 시작하였다. 그리고 왕비는 적의와 장삼, 노의에, 왕세자빈은 장삼에 봉황 흉배를 부착하였다. 이후 영조 때 조선의 적의 제도가 완성되면서 법복으로 입은 적의에는 용보를, 상복으로 입을 때에는 봉황 흉배를 사용하였다. 용보는 왕과 왕세자, 왕세손과 마찬가지로 신분에 따라 형태와 발톱의 수를 달리하여 차등을 두었다.

3. 대군·왕자군

대군(大君)은 왕의 적자(嫡子)를, 왕자군(王子君)[101]은 왕의 서자(庶子)를 지칭한다. 이들의 흉배 제도는 『경국대전』에서 확인할 수 있다. 세종 28년(1446)[102] 품계의 높고 낮음을 구별하고자 백관의 흉배 제도에 대한 논의가 시작되었고, 단종 2년(1454) 종친(宗親)과 부마(駙馬), 의정부 당상(議政府堂上), 육조 판서(六曹判書) 등 72인에게 단자(段子) 각 1필

---

101 왕자군이란 군(君)으로 봉한 국왕의 서자를 뜻한다. 왕의 적자는 대군(大君)으로, 서자는 군으로 봉하였는데, 조선시대에는 2품 이상의 종친과 공신들도 군으로 봉했기 때문에 이 둘을 구분하기 위해 왕자군이라 하였다. 이주미(2019), 「조선 후기 왕자 관례·가례 복식 고증 연구」, 이화여자대학교 대학원 박사학위논문, 65.

102 『세종실록』 권111, 세종 28년(1446) 1월 23일.

씩을 내려 처음으로 흉배단령을 착용하게 되었다.[103] 이때 문관은 날짐승, 무관은 길짐승을 사용하고, 대군은 기린(麒麟), 제군(諸君)은 백택(白澤)으로 흉배 문양을 정하였다.[104] 이후 성종 때 완성된 『경국대전』을 보면 대군은 기린, 왕자군은 백택으로 규정하고 1품관의 상복과 함께 기록하였다.[105] 한편, 영조는 오래된 제도를 수정·보완하여 『속대전』을 편찬하였는데, 제도에 없던 당하관의 흉배를 정하면서 왕자와 대군의 흉배를 기린[麟]으로 통일하고자 했다.[106] 그러나 『속대전』에는 새로 정한 백관의 흉배 제도만 포함되었을 뿐, 대군과 왕자의 흉배에 대한 내용은 빠져 있다. 그리고 이후 증보된 『대전통편(大全通編)』과 『대전회통(大典會通)』에서도 대군과 왕자의 흉배 제도는 생략되었다.

실제 왕자군이 사용한 흉배는 관례(冠禮) 시 착용한 초가복(初加服)에서 확인할 수 있다. 조선 후기 이후 왕자들은 가례(嘉禮)를 치르기 전에 관례를 행하여 두 의식을 함께 준비하였고, 그 준비 과정과 의식 절차 등을 기록한 문서들은 『등록(謄錄)』[107]으로 정리하여 보관하였다.[108]

---

103 『단종실록』 권12, 단종 2년(1454) 12월 1일.

104 『단종실록』 권12, 단종 2년(1454) 12월 10일.

105 『經國大典』, 禮典, 儀章, 服, 大君麒麟 王子君白澤

106 『영조실록』 권61, 영조 21년(1745) 5월 26일.

107 『등록(謄錄)』은 의례의 주관 부서에서 작성한 업무 관련 문서들을 묶어 제작한 기록물이다. 왕세자 이하 신분은 따로 『의궤』를 편찬하지 않고 각종 문서를 모아 날짜순으로 정리하여 등록을 만들어 보관하였다. 임민혁(2012), 「조선시대 『謄錄』을 통해 본 왕비의 親迎과 권위」, 한국사학사학회, 『韓國史學史學報』 25, 109-110.

108 이주미(2019), 앞의 논문, 11.

조선 전기 왕자 의례에 대한 기록은 임진왜란과 병자호란을 거치면서 모두 소실되었고 인조의 서자(庶子) 숭선군(崇善君, ?-1690) 가례부터 『가례등록』이 남아 있다. 이후 연잉군(延礽君, 1694-1776) 부터는 관례와 가례의 기록을 함께 묶어 정리하였고, 숙종의 서자 연령군(延齡君, 1699-1719), 고종의 서자 완화군(完和君, 1868-1880)과 의화군(義和君, 1877-1955)의 기록이 남아 있다.[109]

왕자군의 흉배는 『연잉군관례시등록초건(延礽君冠禮時謄錄草件)』에서 처음 확인된다. 연잉군의 관례는 숙종 29년(1703)에 치러졌는데 초가복으로 사모(紗帽)에 흑단령(黑團領)과 금린흉배(金麟胸背)가 마련되었고,[110] 흉배 수차(繡次)로 금사(金絲) 3량(兩) 2전(戔)을 사용하였다.[111] 재료에서 알 수 있듯이 금린 흉배는 금사로 기린을 수놓은 것으로 『경국대전』에 의하면 서자였던 연잉군은 기린이 아닌 백택 흉배를 사용해야 된다. 그러나 연잉군이 영조로 즉위한 이후 『속대전』을 편찬할 때 대군과 왕자군의 흉배를 기린으로 통일한다는 논의가 있었던 것으로 볼 때, 이미 18세기 초부터 왕자군 역시 대군과 함께 기린 흉배를 사용한 것으로 볼 수 있다.

---

109 위의 논문, 6-8.

110 『延礽君冠禮時謄錄草件』, 규장각한국학연구원, http://kyu.snu.ac.kr
　　　癸未十二月初九日戶曹了
　　　初加服所用網巾一部 玉貫子一雙 玉童簪一介 紗帽耳掩一次 毛扇一柄 初出時所
　　　禮鞋一部 禮畢後平服所用紫驄每之笠一立 耳纓子一件 明貝纓子一件 笠耳掩一部
　　　癸未十二月十三日 戶曹了
　　　王子延礽君冠禮時初加服黑團領所用胷背旣已磨鍊

111 『延礽君冠禮時謄錄草件』, 규장각한국학연구원, http://kyu.snu.ac.kr
　　　二月初四日戶曹了了
　　　黑團領胷背金麟起繡次金糸三兩二戔

1706년 치러진 연령군의 관례와 가례를 정리한 『연령군가례등록 관례부(延齡君嘉禮謄錄 冠禮附)』을 보면 초가복(初加服)으로 오사모(烏紗帽)에 흑단령(黑團領), 품대를 착용하였다.[112] 하지만 흉배에 대한 내용은 빠져 있다. 1877년에는 완화군의 관례가 있었다. 초가복으로 역시 오사모에 흑단령이 마련되었다.[113] 연이어 흉배 일건(一件) 치지(置之)[114]라고 적고 있어 흑단령에 부착하는 흉배는 함께 제작하지 않고 이미 있는 것을 사용하거나, 별도로 준비하였을 것으로 추정된다. 흉배의 문양에 대한 내용은 없다.

1893년 치러진 의화군의 관례·가례 관련 기록은 『의화군가례등록 (義和君嘉禮謄錄)』과 의례에 관한 「발긔」가 남아 있다.[115] 의화군의 삼가 (三加) 예복은 이전 왕자들과 동일하게 마련되어 초가복으로 오사모에 흑단령이 준비되었으며,[116] 흉배에 관한 내용은 빠져 있다. 흉배에 대한 기록은 가례 복식을 정리한 「계ᄉ십월길례시의화군의복볼긔」에서 확인할 수 있다. 친영 의식에 착용할 공복과 함께 금탁 흉배 한 쌍이

---

112 『延齡君嘉禮謄錄』冠禮附, 한국학 디지털아카이브, http://yoksa.aks.ac.kr
      丙戌七月二十四日
      初加烏紗帽黑團領品帶

113 『完和君冠禮謄錄』, 규장각한국학연구원, http://kyu.snu.ac.kr
      丁丑十月十七日
      初加服 烏紗帽一件 黑團領外拱柳綠大緞內拱藍大緞各二十五尺 次入 胷背一件 置之

114 '치지'는 그대로 두라는 의미로 제작 또는 매입할 필요가 없는 물건 뒤에 표기해 놓은 것으로 보인다. 이주미(2019), 앞의 논문, 58.

115 위의 논문, 9.

116 『義和君嘉禮謄錄』, 한국학 디지털아카이브, http://yoksa.aks.ac.kr
      王子冠禮儀 …(중략)… 初加烏紗帽黑團領

마련되었다.[117] 금탁은 '金澤'으로 짐작되며,[118] 연잉군의 금린흉배(金麟胸背)처럼 금사로 수놓은 백택 흉배로 추정된다.

영조는 당시 대군과 왕자군의 흉배가 구분 없이 사용되어 기린으로 통일하는 것을 윤허하였지만, 『속대전』에는 이 내용이 누락되어 후대 증보된 법전에도 왕자군의 흉배는 『경국대전』에서 규정한 백택으로 남게 되었다. 의화군이 백택 흉배를 사용한 것은 고종 2년(1865)에 증보한 『대전회통』의 내용을 따른 것으로 볼 수 있다.

4. 기타

1) 후궁

내명부(內命婦)의 수장인 왕비 아래로 정1품부터 종9품까지 품계를 받은 내관(內官)과 궁관(宮官) 여성이 있었다. 『경국대전』에 따르면 정1품 빈(嬪)에서 종4품 숙원(淑媛)까지는 왕의 후궁(後宮)들로, 지위에 걸맞은 예우를 받았을 뿐만 아니라 주어진 역할과 임무를 수행해야만 했다.[119] 후궁은 크게 간택후궁과 비간택후궁으로 나눌 수 있다. 간택

---

117 「계ᄉ십월길례시의화군의복볼긔」, 한국학 디지털아카이브, http://yoksa.aks.ac.kr
⋯(중략)⋯ 다홍슉갑사공복 남슉갑사니작 금탁흉비일빵

118 이명은(2003), 「『궁중볼긔』에 나타난 행사 및 복식연구 - 장서각소장품을 중심으로 -」, 단국대학교 대학원 석사학위논문, 73.

119 이미선(2015), 「조선시대 後宮의 용어와 범주에 대한 재검토」, 조선시대사학회, 『朝鮮時代史學報』 72, 64.

후궁은 엄정한 절차를 거쳐 입궐한 명문가 출신 여성들로, 정식 가례를 치르고 처음부터 종2품 숙의(淑儀)의 품계를 봉작 받는다.[120] 비간택 후궁은 대부분 왕의 승은을 입고 후궁에 지위에 오른 여성들로 별도의 가례 절차는 거치지 않았다.[121]

후궁의 예복은 조선 전기까지는 별로도 정리된 내용이 없으며, 영조 때 편찬된『국혼정례』와『상방정례』에서 비로소 확인할 수 있다. 『국혼정례』에는 숙의가례에 관한 내용이 포함되어 있는데, 이는 왕과 간택후궁이 치르는 가례 절차와 물목을 체계화한 것이다.『상방정례』에는 숙의 간택 시 마련한 의복이 함께 정리되어 있다. 간택 예복으로는 아청색 원삼이,[122] 가례 예복으로 대홍색 노의와 겹장삼이 마련되었다.[123] 왕비나 세자빈의 의대와 달리 흉배에 대한 내용은 없어 위의 두『정례』에 따르면 숙의 예복에는 흉배를 마련하지 않은 것으로 볼 수 있다.

그러나 헌종과 간택후궁인 경빈김씨(慶嬪金氏, 1831-1907)와의 가례를 기록한『뎡미가례시일긔』를 보면 삼간택과 가례 때 마련한 예복에 흉배가 포함되어 있다. 삼간택 의복으로 마련된 초록원삼에는 '부금슈ᄌ흉비'를,[124] 조현례 때 착용한 초록원삼에는 '금치봉흉비'를 갖추

---

120   위의 논문, 61.

121   위의 논문, 72.

122   『尙方定例』別禮 下, 淑儀揀擇時 …(중략)… 圓衫次鴉靑紗壹疋 內拱大紅紗壹疋

123   『國婚定例』卷3, 淑儀嘉禮 …(중략)… 大紅廣的單露衣 大紅廣的袂長衫

124   『뎡미가례시일긔』, 13b, 한국학 디지털아카이브, http://yoksa.aks.ac.kr
        삼간틱의복 …(중략)… 초록단부금슈ᄌ흉비 초록 금슈복ᄌ원삼 다홍단니쟉 일작

었다.[125] 『뎡미가례시일긔』의 한문본[126]을 보면 '부금슈ᄌ흉비'는 '付金壽字胸褙'로 기록하고 있어 '壽'자를 금박으로 찍은 흉배로 볼 수 있다. 삼간택 의복은 가례 의복보다 문양이나 장식 기법에 있어 격이 낮게 마련되었는데, 흉배 역시 자수나 직조가 아닌 부금 기법을 사용하였다. 조현례 때 착용한 초록원삼은 직금(織金) 원삼으로 봉황 흉배를 달았는데, 한문본을 보면 '金體鳳胸褙肩花具'라 적고 있어 봉황을 금사로 수놓은 것으로 보인다.[127] 또한, 삼간택과 다르게 흉배와 견화를 함께 갖추었다.

이 밖에 동조(東朝), 즉 대왕대비[128]가 경빈김씨에게 하사한 의복이 일기의 뒷부분에 나오는데, 초록직금당의에 봉황 흉배를 함께 마련하였다.[129] 봉황 흉배는 원삼과 마찬가지로 금사로 수놓은 것을 가슴과 등, 양어깨에 달았다. 가례가 있었던 정미년(1847) 이듬해인 무신년에는 대왕대비의 육순을 경축하는 진연이 있었다. 이때 다시 경빈의 예

---

125 『뎡미가례시일긔』, 18a, 한국학 디지털아카이브, http://yoksa.aks.ac.kr
     가례시 의복기소 …(중략)… 초록직금원삼 다홍한단 니쟉 일쟉 금치봉흉비 견화구

126 규장각에 소장된 한문본은 책자 형태가 아닌 두루마리 형태로 되어 있다. 한문본은 한글본과 체재가 완벽하게 일치한다. 황문환 외(2010), 『정미가례시일기 주해』, 한국학중앙연구원출판부, 12-15.

127 정조의 서녀(庶女)인 숙선옹주(淑善翁主, 1793-1836)가 사용한 봉황 흉배가 출토되었는데, 봉황을 금사로 수놓은 자수 흉배이다. 적어도 18세기 초부터는 왕실에서 금사로 수놓은 흉배를 사용한 것으로 볼 수 있어, 경빈김씨의 '금치봉흉비' 역시 자수 흉배로 생각된다.

128 대왕대비는 순조의 비인 순원왕후(純元王后, 1789-1857)를 말한다. 황문환 외(2010), 앞의 책, 207.

129 『뎡미가례시일긔』, 53a, 한국학 디지털아카이브, http://yoksa.aks.ac.kr
     동됴의셔ᄒ오신 의디의복기소 …(중략)… 금치봉흉비 견화구 초록주련문사직금당져고리 다홍닌졉문사니쟉 송화식화문사져고리 분홍화문사져고리 일쟉

복으로 원삼이 마련되었는데, 녹색이 아닌 자적원삼이 준비되었고 흉배는 그대로 봉황 흉배를 견화까지 마련하였다.[130]

이를 정리하면 가례 전에는 예복으로 부금 수자(壽字) 흉배를 가슴과 등에 갖추었고, 가례 때부터는 금사로 봉황을 수놓은 흉배를 견화와 함께 사용한 것으로 볼 수 있다. 정미가례는 정례 편찬 이후 치러진 가례로, 이 시기 봉황 흉배는 왕비와 세자빈의 상복(常服)에 사용되었다.[131] 비록 예복의 격은 다르지만, 후궁과 왕비가 같은 문양을 사용한 것이다. 또한, 봉황 흉배를 가슴과 등, 양어깨에 사용한 것을 확인할 수 있다.

2) 공주·옹주

공주(公主)는 왕의 적녀(嫡女)를, 옹주(翁主)는 서녀(庶女)를 뜻한다. 공주와 옹주의 예복은 가례 준비 과정을 기록한 『가례등록』과 『국혼정례』, 『상방정례』에서 확인할 수 있다. 남아 있는 왕녀의 『가례등록』은 효종의 적녀 숙안공주(淑安公主, 1636-1697)부터 철종의 서녀 영혜옹주(永淑翁主, 1859-1872)까지 모두 21건이다. 신분별로는 공주가 7명, 옹주가 8명으로 효종의 적녀인 숙안공주, 숙명공주(淑明公主, 1640-1699), 숙경공주(淑敬公主, 1648-1671)의 기록은 1건의 등록으로 묶여 있으며, 화

---

130 『뎡미가례시일긔』, 58a, 한국학 디지털아카이브, http://yoksa.aks.ac.kr
      무신츈 진연밋 치사 의복 … 금치봉흉비견화구 ㅈ뎍닌화문사직금원삼 뉴쳥화문
      사니쟉 일쟉 …

131 김소현·안인실·장정윤(2007), 「조선시대 적의의 용례와 제작에 대한 고찰」, 『服飾』
      57(6), 95.

순옹주와 숙선옹주, 명온공주, 복온공주, 덕온공주, 영혜옹주는 각각 판본이 여러 권 남아 있어 등록의 수량이 왕녀의 수보다 많다.[132]

등록과 정례에 따르면 왕녀의 예복으로는 노의와 겹장삼이 마련되었다.[133] 노의는 친영(親迎) 행차에,[134] 겹장삼은 동뢰연(同牢宴)에 입은 것으로 추정된다.[135] 그러나 왕비는 노의와 겹장삼, 세자빈은 겹장삼에 흉배를 달았던 것과 달리, 공주와 옹주의 노의, 겹장삼에는 흉배에 대한 기록이 전혀 없다.

한편, 『등록』과 『정례』에는 없는 원삼이 혼례에 사용된 기록을 명온공주(明溫公主, 1810-1832)의 상례 기록에서 찾을 수 있다.[136] 『명온공주방상장례등록(明溫公主房喪葬禮謄錄)』에 의하면 초혼(招魂)[137] 의식에 가례 때 입었던 초록직금단원삼(草綠織錦緞圓衫)을 사용하였다.[138] 그리

---

132 임민혁(2012), 「조선후기 공주와 옹주, 군주의 嘉禮 비교 연구」, 온지학회, 『溫知論叢』 33, 287-288.

133 『國婚定例』卷6. 公主嘉禮 …(중략)… 公主衣服 大紅廣的單露衣壹 大紅廣的袂長衫壹
     『國婚定例』卷7. 翁主嘉禮 …(중략)… 翁主衣服 大紅廣的單露衣壹 大紅廣的袂長衫壹

134 김지연(2015), 「『화순옹주가례등록(和順翁主嘉禮謄錄)』에 나타난 가례 절차와 물목 연구」, 『服飾』 65(3), 146.

135 위의 논문, 147.

136 이현진(2011), 「순조의 장녀 明溫公主의 喪葬 의례 - 『明溫公主房喪葬禮謄錄』을 중심으로 -」, 조선시대사학회, 『朝鮮時代史學報』 56, 168.

137 초혼(招魂)은 사람이 죽으면 그 혼을 소리쳐 부르는 의식으로 사자(死者)가 생전에 입었던 윗옷을 가지고 지붕에 올라가 왼손으로 옷깃을 잡고 오른손으로 옷의 허리 부분을 잡은 뒤 북쪽을 향해 죽은 사람의 이름을 세 번 부른다. 초혼[2019. 5. 28 검색], 국립국어원 표준국어대사전, https://stdict.korean.go.kr

138 『明溫公主房喪葬禮謄錄』, 규장각한국학연구원, http://kyu.snu.ac.kr

고 소렴제구(小斂諸具)를 보면 봉황 흉배를 단 초록직금단원삼이 있어 공주의 원삼에 금사로 수놓은 봉황 흉배를 사용한 것을 알 수 있다.[139] 제도에는 없지만 왕녀의 예복에도 후궁과 마찬가지로 봉황 흉배가 사용된 것이다.

壬辰五月二十六日
呼復于陞大廳北簷上服以嘉禮所着圓衫用之 草綠織錦緞圓衫

139 『明溫公主房喪葬禮膽錄』, 규장각한국학연구원, http://kyu.snu.ac.kr
小斂諸具
草綠織錦緞圓衫 眞紅雲紋大緞內的 鳳金繡胸背

제3강

응(應) 홍매·강재헌

제3장

용(龍) 흉배·견화

용(龍)은 실제 존재하는 여러 동물을 결합하여 만든 상상의 동물로 봉황·기린·거북과 함께 사령(四靈) 중 하나이다. 만물조화의 능력을 지닌 영물(靈物)이며 벽사(辟邪)와 수호의 능력을 갖춘 영험한 동물로 권위를 상징한다.[1] 중국 위(魏)나라 때 장읍(張揖)이 지은 『광아(廣雅)』에 따르면 용은 인충(鱗蟲) 중 우두머리로 아홉 가지 동물과 비슷한 모습을 지니고 있다. 머리는 낙타[駝], 뿔은 사슴[鹿], 눈은 토끼[兎], 귀는 소[牛,] 목은 뱀[蛇], 배는 큰 조개[蜃], 비늘은 잉어[鯉], 발톱은 매[鷹], 주먹은 호랑이[虎]를 닮은 것이라고 하였다. 또한, 비늘은 81개이며, 입 주위에는 긴 수염이 있고, 턱 밑에는 구슬이 있으며, 목 아래에는 거꾸로 된 비늘[逆鱗]이 있다고 한다.[2]

1 　국립문화재연구소(2006), 『우리나라 전통 무늬1 직물』, 눌와, 237.

2 　용[2019. 4. 27 검색], 두피디아 백과사전, http://www.doopedia.co.kr

용(龍)은 왕을 상징하는 문양으로 용보(龍補)는 왕의 존엄과 권위를 나타내는 표상이다. 용보는 왕의 시사복(視事服)인 곤룡포와 군사복식인 융복 및 군복에 부착하였다. 용보를 제작하는 방법에는 직조(織造)와 자수(刺繡), 부금(付金)이 있다. 위엄 있는 용을 표현하기 위해서는 정교한 밑그림이 필요하기 때문에 용보의 도안은 도화서 화원이 그렸다고 전해지며, 기름종이[油紙]에 그린 종이본과 나무판에 양각으로 새긴 목판본이 남아 있다.

국립고궁박물관은 왕실에서 복식 제작에 사용한 다양한 문양본을 소장하고 있다. 그중 용보를 만들 때 사용한 흉배·견화본이 23건으로, 종이본이 17건 66점, 목판본이 6건 10점 남아 있다. 대부분 뒷면에 육십갑자로 적은 연대와 용도에 대한 묵서가 있어 어디에 사용한 것인지 짐작할 수 있다. 이번 장에서는 국립고궁박물관 소장 흉배본 21건[3]에 대해 조형적 요소를 분석하여 정확한 연대를 추정하고 구체적인 사용자를 확인하였다. 그리고 이를 바탕으로 시대와 용도에 따른 문양의 변화를 정리하였다.

---

3   23건 중 2건은 부착 위치에 대한 묵서만 있어 '흉배'와 '견화'로 구분할 수 있을 뿐, 제작 연대나 사용자, 용도에 대한 기록이 전혀 없어 연대와 사용자 추적이 불가능하다. 따라서 21건에 대해서만 제작 연대와 사용자를 추정하였다.

1. 조형성 분석

1) 18세기

① 갑자년(1744) 군복 흉배

갑자년 음력 8월[中秋]에 제작한 흉배본은 왕을 위한 것으로 발톱이 다섯 개인 오조룡을 그렸다. 총 3장이 한 벌을 이루는 데, 각각 '갑ᄌᆞ듕츄군복압면두딱초', '갑ᄌᆞ듕츄군복흉비초', '갑ᄌᆞ듕츄군복견화초'라고 쓰여 있어 군복에 사용된 흉배본으로 부착 위치는 가슴과 등, 어깨였음을 알 수 있다.[4] 〈그림 7〉[5] 가슴본에는 '압면두딱초'라고 쓰여 있어 한 장에 그렸지만 두 개로 분리되는 것으로 볼 수 있다. 이는 수본이 제작될 당시 앞 중심에 트임이 있는 대금(對衿)형 상의, 즉 전복(戰服)이나 쾌자(快子)를 군복으로 입었다는 의미이다. 등본은 거의 정원(正圓)을 이루며 지름이 27.8cm로 가장 크고, 가슴본은 세로 지름이 25cm, 어깨본은 세로 24.2cm, 가로 25.6cm로 가로가 조금 길다.[6]

도안의 구성을 보면 가슴본은 〈그림 7〉처럼 측면을 향한 승룡(昇龍)을 서로 마주보게 배치하여 좌우 대칭을 이루며, 여의형 운두(雲頭)에 꼬리가 있는 구름으로 용의 주위를 채웠다. 화주(火珠)는 용의 얼굴 옆에 세로로 반을 갈라 양쪽에 배치하였다. 도안의 구성이 거의 동일

---

4   국립고궁박물관(2014), 『궁중복식 본』, 국립고궁박물관, 56.

5   위의 책.

6   송수진·홍나영(2019), 앞의 논문, 81-82.

그림 7 | 갑자년 군복 흉배 가슴본과 묵서 확대
국립고궁박물관 소장

한 등본과 어깨본은 〈그림 8〉[7]처럼 승천하기 전에 서려있는 반룡(盤龍)을 흉배본에 가득 차게 그렸다. 그리고 주위를 구름으로 채우고 중심에는 화주를 두었다.[8]

이 흉배본의 사용자를 알기 위해서는 갑자년의 정확한 연도를 알아야 한다. 뒤에서 살펴볼 흉배본들과 비교했을 때 갑자년의 후보는 1744년, 1804년, 1864년으로 압축할 수 있다. 1744년은 영조(1694-1776) 20년, 1804년은 순조(1790-1834) 4년, 1864년은 고종(1852-1919) 원년으로

---

7   국립고궁박물관(2014), 위의 책, 57.

8   송수진·홍나영(2019), 앞의 논문. 82.

그림 8 | 갑자년 군복 흉배 등본과 묵서 확대
국립고궁박물관 소장

그중 1744년 50세의 영조를 위한 흉배본으로 추정된다.[9]

흉배의 크기는 연대를 추정하는 중요한 단서 중 하나이다. 조선 전기에는 흉배가 가슴을 가득 채우는 크기였지만, 조선 말기가 되면 크기가 작아진다. 갑자년 흉배본은 지름이 25-28cm에 이르는데, 이는 대한제국 시기 순종(純宗, 1874-1926)의 황색 곤룡포에 사용된 흉배가 19cm인 것에 비해 매우 큰 것이다. 또한, 고궁박물관 소장 다른 흉배본의 지름이 20cm 전후인 것과 비교하더라도 갑자년 본의 제작 시기는 이보다 앞설 것으로 보인다.[10] 먼저 갑자년의 상한선을 정하기 위

---

9   위의 논문.

10   위의 논문, 82-83.

해 흉배 유물들의 크기를 확인해본 결과 의원군 이혁(義原君 李爀, 1661-1722)의 단학흉배가 30.8×34cm(가로×세로)로 비교적 비슷한 크기였다. 왕의 흉배가 종친인 의원군의 것보다 작지 않을 것이라 생각되며, 따라서 숙종 10년인 1684년까지 올라가기는 어렵다고 판단되어 그 이후에 오는 갑자년인 1744년을 상한선으로 보았다.[11]

그림 9 | 영조 어진
국립고궁박물관 소장

위에서 뽑은 갑자년 후보 중 정확한 제작 연대를 추정하기 위해 흉배본의 조형적 특징을 어진(御眞) 및 유물과 비교하여 분석하였다. 〈그림 9〉[12]는 1900년에 채용신이 모사한 영조 어진으로 1744년에 그려진

---

11   위의 논문, 83.

12   영조어진[2018. 11. 20 검색], 국립고궁박물관, http://www.gogung.go.kr

어진을 본 떠 그렸다.[13] 곤룡포를 입은 반신상으로 가슴과 양어깨에 금색으로 채색한 흉배를 그렸다.

용의 얼굴을 비교해 보면 어진의 경우 〈그림 10〉처럼 입꼬리와 볼에 뾰족한 수염을 그리고, 뒷머리의 갈기가 위를 향해 날리고 있어 〈그림 11〉의 갑자년 흉배본과 매우 유사하다. 이는 조선 말기 용보에서는 볼 수 없는 특징이다.

그림 10 | 영조 어진 흉배 얼굴
국립고궁박물관 소장

그림 11 | 갑자년 등본 얼굴
국립고궁박물관 소장

그림 12 | 순종 황제 용보 얼굴
세종대학교박물관 소장
문화재청 제공

그림 13 | 임오년 가슴본 얼굴
국립고궁박물관 소장

---

13   위의 글.

〈그림 12〉[14]는 순종의 황색 곤룡포에 부착된 흉배이고, 〈그림 13〉[15]은 '임오 동궁마마 흉비'라는 묵서가 있는 곤룡포용 흉배본으로 모두 순종이 사용한 것이다.[16] 용의 얼굴을 비교해 보면 입꼬리와 볼의 뾰족한 수염이 사라졌고, 뒷머리 갈기는 '一'자로 표현하여 어진(그림 10)이나 갑자년 흉배본(그림 11)에 비해 도안이 정형화된 것을 알 수 있다.[17]

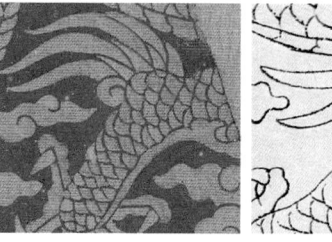

그림 14 | 영조 어진 견화
다리 터럭
국립고궁박물관 소장

그림 15 | 갑자년 견화
다리 터럭
국립고궁박물관 소장

그림 16 | 임오년 견화
다리 터럭
국립고궁박물관 소장

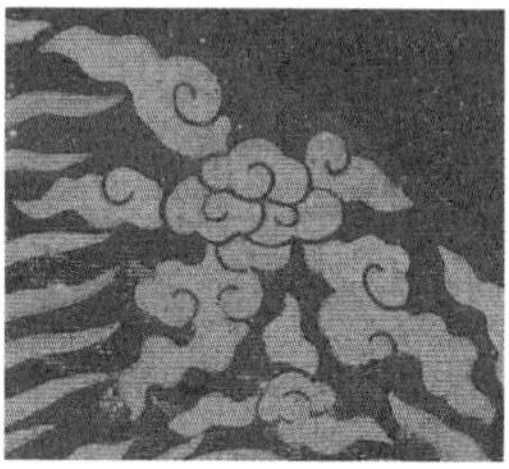

그림 17 | 영조 어진 흉배 구름
국립고궁박물관 소장

그림 18 | 갑자년 견화 구름
국립고궁박물관 소장

14   문화재청(2006), 『문화재대관 중요민속자료 2 복식·자수 편』, 문화재청, 61.

15   국립고궁박물관(2014), 앞의 책, 92.

16   '임오 동궁마마 흉비'는 임오년(1882) 순종 황제가 동궁 시절 사용한 것이다.

17   송수진·홍나영(2019), 앞의 논문, 83-84.

다리에 그린 터럭 역시 영조 어진 〈그림 14〉와 갑자년 어깨본 〈그림 15〉[18]는 긴 털과 짧은 털을 이중으로 표현하였지만, 〈그림 16〉[19] 임오년 동궁마마 어깨본에서는 긴 것만 그려 차이를 보인다. 구름은 〈그림 17〉 어진과 〈그림 18〉 갑자년 본 모두 여의형 운두에 꼬리가 있는 형태로, 꼬리의 개수는 여백에 맞춰 2개에서 5개까지 자유롭게 그렸다.[20]

흉배의 테두리 또한 연대 추정의 중요한 단서 중 하나이다. 일반적으로 용보의 테두리는 왕의 것은 24개의 곡선으로 이루어진 원형으로, 왕비의 것은 정원(正圓)으로 윤곽선을 처리하여 테두리의 형태만으로도 남녀를 구분하였다.[21] 수본에서도 테두리를 두 줄로 그렸으며, 〈그림 19〉[22] 영친왕과 〈그림 20〉[23] 영친왕비의 용보를 보면 굵은 금사(金絲) 두 올을 사용하여 테두리를 수놓았다.[24]

그러나 갑자년 본을 살펴보면 가슴본은 물론, 등본과 어깨본 모두 별도의 테두리를 그리지 않고 흉배의 크기에 맞춰 종이를 원형으로 잘랐다. 또한 영조의 어진 역시 흉배에 별도의 테두리를 그리지 않아 갑자년 본과 일치한다. 다만 원형의 경계를 표시하여 직성필료(織成

---

18 국립고궁박물관(2014), 앞의 책, 58.

19 위의 책, 95.

20 송수진·홍나영(2019), 앞의 논문, 84.

21 繡林苑·韓尙洙(1979), 『朝鮮王朝의 繡 胸背』, 知慧社, 82.

22 국립고궁박물관(2014), 앞의 책, 86.

23 위의 책, 113.

24 송수진·홍나영(2019), 앞의 논문, 84.

匹料)가 아닌 별도의 옷감에 흉배를 제작하여 곤룡포에 부착하였음을 보여준다.[25]

그림 19 | 영친왕 곤룡포 용보
국립고궁박물관 소장

그림 20 | 영친왕비 적의 용보
국립고궁박물관 소장

위에서 살펴본 내용을 정리하면 임오년 흉배본에 비해 정형화되지 않은 용의 모습과 별도의 테두리를 그리지 않은 점, 그리고 28cm에 육박하는 크기가 갑자년의 추정 단서가 된다. 또한 뒤에서 살펴볼 흉배본의 특징과 비교해보면 갑자년은 1744년으로 볼 수 있다.[26]

② 경술년(1790) 당의 흉배

〈그림 21〉[27]은 경술년에 그린 당의용 흉배본으로 오조룡을 그려 왕비가 사용한 것으로 추정된다. 가슴과 등을 위한 흉배본 1장과 좌우

---

25   위의 논문, 84-85.

26   위의 논문, 85.

27   국립고궁박물관(2014), 앞의 책, 130.

어깨를 위한 견화본 1장, 총 2장이 한 벌을 이룬다. 가슴본의 앞면에는 '당고의 흉비 경술신조'와 '정초', 어깨본의 뒷면에는 '당고의 견화 경술신조'라는 묵서가 있어[28] 경술년 정초에 당의를 진상하면서 흉배를 새로 만들기 위해 그린 것으로 보인다.[29]

그림 21 | 경술년 당의 흉배 가슴본과 묵서 확대
국립고궁박물관 소장

가로·세로가 약 24cm 정도 되는 사각형 종이에 그렸으며, 여백을 제외한 도안의 크기는 Adobe Illustrator 프로그램을 사용하여 측정해 본 결과 가슴본의 지름이 약 20.6cm 정도 된다. 도안의 구성은 흉배와 견화가 거의 일치한다. 용은 두 장 모두 정면을 바라보는 반룡을 그렸

---

28   앞의 책.

29   정초는 그해의 맨 처음을 의미하는데, 또 다른 말로 한 해의 첫 날을 의미하는 정조(正朝)가 있다. 정조에는 왕세자와 백관이 왕 또는 왕비에게 조하(朝賀)·회례(會禮)하는 의식이 궁중행사의 하나로 정해져 있으며 많은 복식이 올려졌다. 이명은 (2003), 앞의 논문, 91.

으며, 꼬리의 방향까지 가슴본과 어깨본이 동일하다. 중앙에는 화주를 두었으며 용의 주위는 구름으로 채우고 하단에는 삼산(三山)과 파도, 물결, 보문(寶紋)을 넣었다.

경술년의 후보로는 1790년, 1850년, 1910년을 뽑을 수 있다. 1790년은 정조 14년으로 효의왕후(孝懿王后, 1753-1821)가, 1850년은 철종 2년으로 철인왕후(哲仁王后, 1837-1878), 1910년은 순종 2년으로 순정효황후(純貞孝皇后, 1894-1966)가 중전의 자리에 있다. 이 중 경술년 흉배는 1790년 37세의 효의왕후를 위한 것으로 추정된다.

그림 22 | 경술년 가슴본 얼굴
국립고궁박물관 소장

〈그림 22〉의 용의 얼굴을 〈그림 11〉의 갑자년 본과 비교해 보면 입꼬리와 볼에 뾰족하게 그린 수염이 그대로 유지되었고, 뒷머리의 갈기 역시 위를 향해 날리는 모습으로 표현하였다. 다리의 터럭 또한 갑자년 본과 마찬가지로 길고 짧은 털을 이중으로 그렸다. 화주의 화염

(火焰)을 표현한 방법 역시 〈그림 23〉의 갑자년 본과 〈그림 24〉의 경술년 본 모두 한 쪽 방향으로 날리고 있어 유사하다.

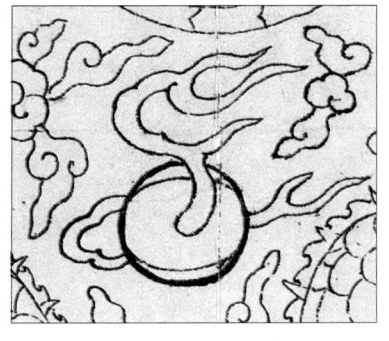 

| 그림 23 \| 갑자년 등본 화주
국립고궁박물관 소장 | 그림 24 \| 경술년 가슴본 화주
국립고궁박물관 소장 |

구름은 여의형 운두에 꼬리가 달린 형태로 용 주위의 빈 공간을 채우고 있다. 꼬리의 개수는 2개에서 4개까지 그려 빈 공간에 맞춰 구름의 형태를 자유롭게 배치한 갑자년 본과 유사하다. 그러나 〈그림 25〉처럼 용 머리 위에 위치한 구름은 갑자년 본에는 없었던 것으로 둘 사이 차이점도 있다. 이는 뿔 뒤로 갑자년 본에는 없었던 서기(瑞氣)가 양쪽으로 추가되면서 그 사이에 빈 공간이 생겨 구름으로 채운 것으로 보인다. 여의형 운두에 'X'자 모양으로 4개의 꼬리를 그리고 그 사이에 작은 구름 2개를 넣어 여백을 채웠다. 이 위치의 구름은 이후 〈그림 26〉[30] 의친왕비(義親王妃, 1881-1964)의 당의처럼 좌우로 길게 2개의 꼬리를 수놓는 것으로 변화한다. 이는 뒤에서 살펴볼 흉배본들을 통해 변화 과정을 확인할 수 있으며, 시대를 구분하는 단서가 된다.

---

30   국립고궁박물관(2014), 앞의 책, 124.

그림 25 | 경술년 가슴본 구름
국립고궁박물관 소장

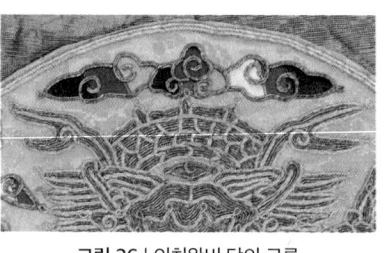

그림 26 | 의친왕비 당의 구름
경운박물관 소장

한편, 배경 문양으로 〈그림 27〉처럼 하단에는 삼산과 파도, 물결, 보문을 그려 구름으로만 채운 갑자년본과는 차이를 보인다. 도안의 구성을 좀 더 살펴보면 중앙과 좌우에 세 개의 봉우리가 있는 삼산을 그리고 사이에 물결을 넣었다. 삼산 뒤에는 파도와 물방울을 그렸다. 보문은 전보(錢寶)와 서각(犀角), 서보(書寶) 세 종류가 사용되었다. 중앙에 있는 삼산의 가운데 봉우리에는 전보를, 물결 위에는 서각을, 파도 속에는 서보를 두었다. 하단의 문양들은 중심선을 기준으로 좌우 대칭을 이룬다.

이러한 하단 구성은 이후 살펴볼 당의와 원삼, 적의 등 여성용 용

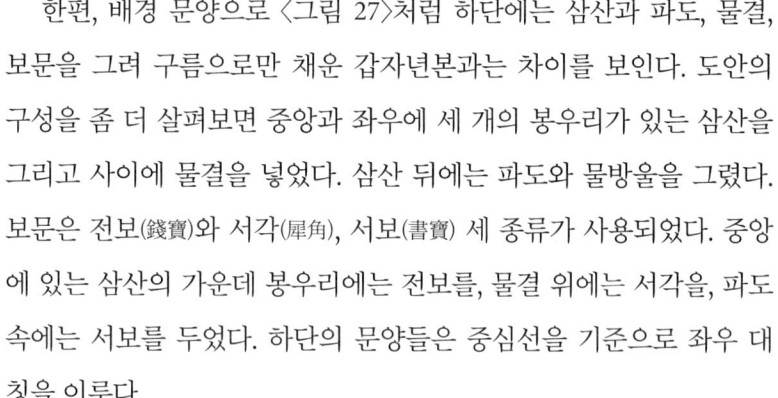

그림 27 | 경술년 가슴본 하단 문양
국립고궁박물관 소장

보에서 공통적으로 발견된다. 하지만 삼산의 비율이나 전보의 위치, 물결의 개수 등에 있어 차이를 보인다. 먼저 삼산의 비율을 보면 중앙의 봉우리가 좌우 봉우리의 두 배 정도 길이가 되며, 전보의 위치는 좌우 봉우리의 정상을 넘지 않는다. 물결은 좌우로 한 개씩만 넓게 그렸고, 서각에는 삼분의 이 지점에 'V'자로 두 줄을 넣었다.

한편, 갑자년 본에는 없던 테두리가 생겨났다. 별도의 테두리를 그리지 않고 흉배의 크기에 맞춰 원형으로 잘라 경계를 표시했던 갑자년 본은 여백이 전혀 없다. 이와 달리 경술년 본은 네모난 종이에 도안을 그리고 원형의 테두리를 한 줄로 그려 흉배의 경계를 표시하였으며, 남는 여백에 제작 연대와 용도 등을 적어 넣었다. 가슴본의 테두리 지름이 약 20.6cm로 갑자년 본에 비해 많이 작아졌다.

2) 19세기

① 기묘년(1819) 당의 흉배

기묘년에 새로 만든 당의용 흉배본은 가슴과 등에 부착하는 흉배 1장과 어깨에 부착하는 견화 2장으로 총 3장이 한 벌을 이룬다.[31] 오조룡을 그려 왕비가 사용한 것으로 추정되며, 가슴본의 뒷면에는 '긔묘신조 당고의 흉비', 좌우 어깨본의 뒷면에는 '긔묘신조 당고의 흉비 견화'라는 묵서가 있어 제작시기와 용도, 사용 위치를 알 수 있다.

---

31   위의 책, 120.

〈그림 28〉[32]의 가슴본을 보면 경술년 본과는 달리 흉배 모양에 맞춰 2.5cm 정도의 여백을 남겨두고 종이를 둥글게 잘라냈다. 테두리까지의 지름은 가슴본에서 측정했을 때 약 18.9cm 정도가 된다. 용은 모두 반룡을 그렸는데, 견화 두 장은 꼬리와 다리의 방향을 반대로 그려 좌우 대칭이 된다. 그래서 옷에 부착했을 때 용의 꼬리가 착용자의 앞쪽을 향한다. 용의 주위로 구름을 넣고, 하단에는 삼산과 파도, 물결, 보문을 그려 도안의 구성이 경술년 본과 동일하다.

그림 28 | 기묘년 당의 흉배 가슴본과 묵서 확대
국립고궁박물관 소장

기묘년의 후보로는 1759년, 1819년, 1878년을 뽑을 수 있다. 1759년은 영조 35년으로 정순왕후(貞純王后, 1745-1805)가, 1819년은 순조 19

---

32   위의 책.

년으로 순원왕후(純元王后, 1789-1857), 1879년은 고종 16년으로 명성황후(明成皇后, 1851-1895)가 중전의 자리에 있었고, 이 중 1819년 30세의 순원왕후가 사용한 것으로 추정된다.

그림 29 | 기묘년 가슴본 얼굴
국립고궁박물관 소장

〈그림 29〉 용의 얼굴을 〈그림 22〉 경술년 본과 비교해 보면 입꼬리와 볼의 수염은 아직까지 그대로 남아 있으나, 뒷머리의 갈기는 끝부분만 살짝 위로 뻗어 'ㅡ'자로 정형화되어가는 과정을 보여준다. 구름역시 경술년 본의 표현 방식을 따라 여의형 운두에 꼬리가 달린 구름으로 빈 공간을 채우고 있다. 머리 위의 구름은 〈그림 29〉처럼 4개의 꼬리를 그리고 그 사이에 2개의 구름을 넣었는데, 경술년에 비해 옆으로 길어진 행태로 변하였다. 이는 뿔과 서기의 각도가 좌우로 더 벌어져 사이 공간이 넓어졌기 때문이다.

다리의 터럭은 여전히 이중으로 그리고 있지만 〈그림 30〉 경술년

그림 30 | 경술년 가슴본 다리 터럭, 앞다리(左)·뒷다리(右)
국립고궁박물관 소장

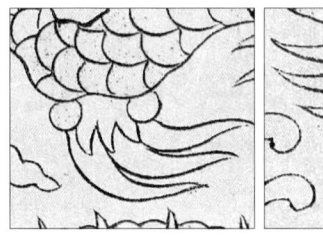

그림 31 | 기묘년 가슴본 다리 터럭, 앞다리(左)·뒷다리(右)   그림 32 | 기묘년 가슴본 화주
국립고궁박물관 소장   국립고궁박물관 소장

본에 비해 〈그림 31〉 기묘년 본은 길이도 짧아지고 표현도 단순해졌
다. 또한, 경술년 본에서는 앞뒤, 좌우 모든 다리에 이중으로 그렸지
만, 기묘년 본은 〈그림 31〉처럼 꼬리쪽 뒷다리 하나는 모든 본에서 긴
털만 그렸다. 화주의 화염은 〈그림 32〉와 같이 한쪽 방향으로 날리고
있지만, 〈그림 24〉 경술년 화주와 비교하면 다리의 터럭과 마찬가지
로 표현이 단순해졌다.

　하단 문양은 〈그림 33〉과 같이 경술년 본과 동일하게 삼산과 파도,
물결, 보문으로 채웠다. 그러나 세부적인 묘사에 있어 차이점도 보인
다. 먼저 삼산의 길이에 변화가 있다. 경술년 본에 비해 중앙의 긴 봉
우리가 좌우 봉우리보다 길어져 두 배를 넘는 비율이 되었다. 전보의
위치는 아직까지 좌우 봉우리의 정상을 넘지 않으나, 45도 회전시켜

그려 가운데 부분 모양이 달라졌다. 서각 안에는 'V'자 문양을 끝까지 채워 넣었고, 각 꼭짓점에 작은 동그라미가 새롭게 생겨났다.

그림 33 | 기묘년 가슴본 하단 문양
국립고궁박물관 소장

한편, 경술년 본에서 한 줄로 그렸던 테두리가 두 줄로 늘어났다. 이후 살펴볼 여성용 용보는 모두 두 줄의 테두리를 갖고 있으며, 의친왕비 당의나 영친왕비 적의 등에 부착된 용보 역시 모두 굵은 금사 두 올을 사용하여 테두리를 수놓았다. 테두리까지의 지름은 약 18.9cm로 20.6cm인 경술년 본에 비해 작아졌다.

② 무술년(1838) 군복 흉배

〈그림 34〉[33]는 목판에 오조룡을 새긴 흉배본으로 무술년에 제작하였다. 반원형 목판 2개와 원형 1개가 한 벌로, 손잡이에 각각 '무술군복 흉비판', '무슐신조군복 흉비견화판'이라는 묵서가 있어 제작 시기

---

33   국립고궁박물관(2013), 『궁중문양판』, 국립고궁박물관, 25.

와 용도를 알 수 있다. '흉비견화판'이라는 묵서로 볼 때 등과 어깨는 하나의 본으로 사용하였으며, '흉비판'이라 쓴 둘로 나뉜 것이 가슴본이다.[34] 크기는 가슴본의 지름이 20cm, 등과 어깨본이 18.6-18.9cm로 차이가 조금 있다.

가슴본은 〈그림 35〉[35]처럼 승룡을 서로 마주보게 새겨 좌우 대칭을 이루며, 삼산과 물결, 파도, 보문을 하단에 넣었다. 화주는 온전한 모습으로 오른쪽에 위치하는데, 목판을 찍어 흉배로 제작하면 왼쪽에 오게 된다. 화주를 반으로 갈라 중앙에 배치했던 갑자년 본과는 차이가 있다. 등과 어깨본은 정면을 바라보는 반룡을 화면에 가득 차게 배치하고, 하단에는 삼산과 물결, 파도, 보문을 새겼다.[36]

무술년 본의 가장 큰 특징은 하단에 삼산과 물결, 파도, 보문을 넣

그림 34 | 무술년 군복 흉배 등·어깨본
국립고궁박물관 소장

그림 35 | 무술년 군복 흉배 가슴본
국립고궁박물관 소장

---

34 위의 책.

35 위의 책, 24.

36 송수진·홍나영(2019), 앞의 논문, 86.

은 것이다. 이러한 하단 문양은 왕비와 세자빈의 흉배에서 볼 수 있는 것으로, 특히 앞서 살펴본 것처럼 정원형의 테두리는 여성용으로 여겨졌다. 만일 묵서가 없었다면 등과 어깨용 흉배판은 오조룡을 새겨 왕비가 사용한 것으로 분류되었을 것이다. 실제로 적의나 원삼, 당의용 흉배본과 도안의 구성만 놓고 본다면 차이가 없다.[37]

무술년의 후보로는 1778년, 1838년, 1898년을 뽑을 수 있다. 1778년은 정조(正祖, 1752-1800) 2년, 1838년은 헌종(憲宗, 1827-1849) 4년, 1898년은 고종(高宗, 1852-1919) 25년으로, 이 중 1838년 11세의 헌종이 사용한 것으로 보인다. 먼저 〈그림 36〉 용의 얼굴을 갑자년 군복용 흉배본과 비교하면 입꼬리와 볼에 뾰족한 수염이 아직 그대로 있고, 뒷머리 갈기 역시 위를 향해 사선으로 날리고 있다. 용의 주위는 구름으로 채웠는데 〈그림 37〉처럼 여의형 운두에 2-4개의 꼬리가 달린 형태로 갑자년 본과 큰 차이가 없다.[38]

그림 36 | 무술년 등·어깨본 얼굴
국립고궁박물관 소장

그림 37 | 무술년 등·어깨본 구름
국립고궁박물관 소장

---

37   위의 논문.

38   위의 논문.

한편, 기묘년 당의용 흉배본과 마찬가지로 테두리는 두 줄로 표현하였다. 위에서 설명한 것처럼 두 줄로 된 정원형의 테두리는 국말 여성용 용보에서 볼 수 있는 특징이다. 그러나 철종(哲宗, 1831-1863) 어진의 견화 부분(그림 38)[39]을 살펴보면 두 줄로 그린 원형의 테두리를 확인할 수 있다. 즉, 18세기 중반까지는 왕의 흉배에 별로의 테두리를 표시하지 않았지만, 18세기 말에 원형의 테두리가 생겨나 남녀 구분 없이 사용된 것을 알 수 있다.[40]

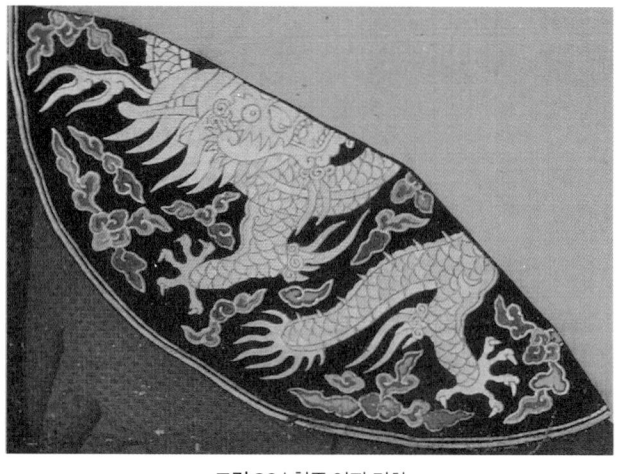

그림 38 | 철종 어진 견화
국립고궁박물관 소장

제작 연대를 추적하기 위해 크기를 비교해 보면 등본의 지름이 약 19cm 정도로, 이는 28cm에 육박하는 갑자년 흉배본에 비해 매우 작아진 크기이다. 무술년을 1778년으로 보기에는 갑자기 크기가 너무

---

39   철종어진[2018. 11. 20 검색], 국립고궁박물관, http://www.gogung.go.kr

40   송수진·홍나영(2019), 앞의 논문, 87.

작아져 무리가 있다고 판단된다. 19cm는 순종의 용보와 같은 크기로, 단순히 크기만 놓고 본다면 1898년 고종이 사용한 것으로 생각할 수도 있다. 그러나 도안의 조형적 특징을 뒤에서 살펴볼 국말 군복용 흉배본과 비교하면 큰 차이가 있어 고종의 것으로 판단하기에는 무리가 있다.[41]

무술년을 1838년으로 보면 헌종이 11세 때 사용한 것이 된다. 아직 성장기에 있는 10대 소년을 위한 것으로, 크기가 같더라도 연대가 올라갈 수 있는 판단의 근거가 된다.[42] 또한, 뒤에서 살펴볼 흉배본을 통해 아직 성인이 되지 않은 왕세자가 성장하면서 흉배의 크기도 함께 커지는 것을 확인할 수 있다. 한편, 19세기 중반 성인이 사용한 흉배는 이보다 컸을 것으로 추정된다.[43]

③ 기묘년(1879) 군복 흉배

〈그림 39〉[44]는 오조룡을 그린 군복용 흉배본으로 기묘년에 만들었다. 반원형의 가슴본 2장과 등본 1장, 좌우 어깨본 2장으로 총 5장이 한 벌을 이룬다. 가슴본의 앞면과 등본의 뒷면에는 '긔묘신조 군복룡흉비', 오른쪽 어깨본 뒷면과 왼쪽 어깨본 앞면에는 '긔묘신조 군복룡흉비 견화'라는 묵서가 있다. 보관용 종이도 함께 전해지는데 '직금

---

41   위의 논문.

42   위의 논문.

43   위의 논문.

44   국립고궁박물관(2014), 앞의 책, 60.

그림 39 | 기묘년 군복 흉배 가슴본과 묵서 확대
국립고궁박물관 소장

그림 40 | 기묘년 군복 흉배 등본
국립고궁박물관 소장

룡흉비 상의원의니온견양'라고 쓰여 있다.[45] 원형으로 자른 종이본의 지름은 22-23cm 정도이며, 여백을 제외한 실제 흉배의 크기는 Adobe Illustrator 프로그램으로 측정해본 결과 등본의 지름이 약 19.4cm 정도 된다.[46]

기묘년 본은 앞서 살펴본 두 건의 군복용 흉배본과는 큰 차이가 있다. 〈그림 40〉[47]처럼 등본은 물론 좌우 어깨본도 모두 가슴본과 같은 승룡으로 용의 형태가 바뀐 것이다. 가슴본의 도안은 무술년 흉배판과 구성이 거의 동일하다. 중심을 향해 서로 마주보는 승룡을 그리고 주위를 구름으로 채웠다. 하단에는 삼산과 물결, 파도, 보문을 넣었으며 화주는 온전한 형태로 왼쪽 본에 그렸다.[48]

반면 등본과 어깨본은 정면을 바라보는 반룡이 아닌 측면을 향한 승룡을 화면에 가득 차게 그렸다. 등본의 용은 왼쪽을 바라보며, 어깨본은 부착했을 때 용의 얼굴이 앞쪽을 향하도록 방향을 배치하였다. 배경 문양은 가슴본과 동일하게 주위를 구름으로 채우고 하단에 삼산과 물결, 파도, 보문을 그렸다.[49]

기묘년 본의 후보로는 1759년, 1819년, 1879년을 들 수 있다. 1759년은 영조(1694-1776) 35년, 1819년은 순조(1790-1834) 19년, 1879년은 고종(1852-1919) 16년으로, 이 중 1879년 27세의 고종을 위한 것으로 보인

---

45   위의 책.

46   송수진·홍나영(2019), 앞의 논문, 87-88.

47   국립고궁박물관(2014), 앞의 책, 61.

48   송수진·홍나영(2019), 앞의 논문, 88.

49   위의 논문.

다.[50] 먼저 용의 얼굴을 무술년 본(그림 41)과 비교하면 기묘년 본(그림 42)에서는 입꼬리와 볼의 뾰족한 수염이 생략되었다. 여백을 채운 구름은 이전 시기 본들과 유사하게 여의형 운두에 꼬리가 있는 형태를 유지하고 있다.[51]

그림 41 | 무술년 가슴본 얼굴
국립고궁박물관 소장

그림 42 | 기묘년 가슴본 얼굴
국립고궁박물관 소장

한편, 테두리에 다시 변화가 생겨 정원(正圓)을 이루며 두 줄로 표현했던 무술년 본과 달리 국말 왕의 용보처럼 24개의 곡선으로 이루어진 원형으로 바뀌었다. 흉배의 지름은 19.4cm로 순종의 용보와 비슷한 크기이다. 이러한 점들로 미루어 기묘년 본은 1879년 고종을 위해 만든 것으로 추정된다.[52]

50   위의 논문.

51   위의 논문.

52   위의 논문.

④ 기묘년(1879) 곤룡포 흉배

기묘년이란 묵서가 있는 흉배본은 총 네 벌이 남아 있다. 〈그림
43〉[53]은 곤룡포용 흉배본으로 발톱이 4개인 사조룡을 그려 왕세자의
것으로 볼 수 있다. 가슴과 등에 부착하는 흉배 2장, 어깨에 부착하는
견화 2장으로 총 4장이 한 벌을 이루며, 분실되지 않도록 두록색 실로
함께 묶어 보관하였다. 가슴본과 등본에는 '긔묘신조대본흉비', 좌우
어깨본에는 '긔묘신조대본견화'라는 묵서가 있다. 또한 가슴본의 앞
면에는 '흉', 등본 앞면에는 '비', 오른쪽 어깨본에는 '우견', 왼쪽에는
'좌견'이라는 묵서가 있어 정확한 사용 위치를 확인할 수 있다.[54] 4장

그림 43 | 기묘년 곤룡포 흉배 가슴본
국립고궁박물관 소장

---

53   국립고궁박물관(2014), 앞의 책, 88.

54   위의 책.

모두 직사각형의 유지(油紙)에 그렸으며, 여백을 제외한 흉배의 지름은 약 14.1cm 정도 된다.

흉배와 견화 모두 정면을 바라보는 반룡을 그렸으며, 용의 주위는 모두 구름으로 채우고 중앙에는 화주를 그렸다. 구름은 꼬리가 없이 가로로 긴 작고 단순한 형태로 그려 여의형 운두에 꼬리를 그렸던 같은 기묘년 군복용 흉배본과는 차이가 있다. 테두리는 24개의 곡선으로 이루어진 원형을 두 줄로 그렸다. 용의 꼬리는 흉배 두 장과 견화 한 장이 오른쪽을 향하고 있고, 나머지 견화 한 장은 왼쪽을 향하고 있다. 견화 두 장의 방향이 다른 이유는 입었을 때 꼬리가 앞쪽으로 오도록 그렸기 때문이다.

기묘년의 후보로는 1759년, 1819년, 1879년을 둘 수 있다. 1759년은 영조 35년으로 사도세자(思悼世子, 1735-1862)가, 1819년은 순조 19년으로 효명세자(孝明世子, 1809-1830)가, 1879년은 고종 16년으로 순종(1874-1926)이 세자 자리에 있었다. 흉배 도안의 지름이 14.1cm로 이는 성인이 사용하였다고 보기에는 무리가 있다. 따라서 24세였던 사도세자가 사용한 것으로 보기는 힘들다. 1819년 10세의 효명세자가 사용한 것으로 보기에도 무리가 있다. 앞서 살펴본 무술년(1838) 흉배본은 11세의 헌종이 사용한 것으로 추정되는데 크기가 18.6cm에 달해, 이보다 앞선 1819년 효명세자의 것이 14.1cm밖에 안 된다는 것은 크기 변화의 흐름에 맞지 않는다. 그래서 이 중 1879년 순종이 5세 때 사용한 것으로 보는 것이 타당하다.

용의 얼굴에서 〈그림 44〉처럼 볼과 입꼬리 부분의 수염이 생략되었는데 이는 같은 해 제작된 기묘년 군복용 흉배의 특징과 동일하다. 지금까지 하나로 연결된 형태로 그렸던 눈썹은 양쪽 눈 위에 분리해

그림 44 | 기묘년 가슴본 얼굴
국립고궁박물관 소장

그림 45 | 기묘년 가슴본 화주, 다리 터럭
국립고궁박물관 소장

서 두 개로 그렸으며, 뒷머리 갈기는 '一'자로 평행하게 표현하여 앞
선 시기 흉배본에서 본 반룡의 모습보다 정형화된 형태로 바뀌었다.
구름은 꼬리가 없는 형태로 머리 위에는 3개를 엇갈리게 배치하여 빈
공간을 채웠다. 화주의 화염은 〈그림 45〉처럼 좌우로 펼쳐진 모습으
로 바뀌어 한쪽 방향으로만 날리던 이전 시기의 흉배본들과 대조를
이룬다. 다리의 터럭 역시 모두 긴 털만 단순하게 그렸다.

　　사조룡을 그린 왕세자를 위한 곤룡포용 흉배본은 기묘년 본 말고
도 네 벌이 더 있다. 그중 세 벌은 도안의 세세한 부분까지 기묘년 본
과 거의 일치하고 있어 모두 순종이 세자 시절 사용한 것으로 보인다.
임오년에 그린 곤룡포용 흉배본은 흉배 2장과 견화 2장으로 총 4장이
한 벌을 이룬다. 모든 본의 뒷면에는 '임오 동궁마마 흉비'라는 묵서
가 있어 사용자와 제작 연대를 알 수 있다. 가슴본의 앞면에는 '흉비',
등본의 앞면에는 '등흉비', 양쪽 어깨본에는 '견화'라고 적혀 있어 정
확한 사용 위치를 확인할 수 있다.[55] 흉배의 지름은 등본에서 측정했

55　　위의 책, 92.

을 때 약 15.4cm 정도로 5세 때 사용한 기묘년 본보다 1cm 이상 크다. 임오년은 1882년으로 순종이 첫 번째 가례가 있었던 해이다. 가례를 위해 준비한 「발긔」 목록을 보면 용포를 여러 차례 올린 것을 확인할 수 있다.

정해년 흉배본 역시 흉배 2장과 견화 2장으로 구성된다. 가슴본과 등본의 뒷면에 '뎡희 동궁마마 룡흉비', 양쪽 어깨본의 뒷면에 '뎡희 동궁마마 룡흉비 견화'라는 묵서가 있다.[56] 정해년은 1887년으로 13세 때 순종이 사용한 본으로 보인다. 등본의 지름은 19.1cm로 임오년 본에 비해 많이 커졌으며, 순종의 황색 곤룡포에 부착한 용보의 크기와 비슷하다.

그림 46 | 곤룡포 흉배 흉배본
국립고궁박물관 소장

---

56   위의 책, 96.

지금까지 살펴본 기묘년, 임오년, 정해년 본과 도안의 구성이 거의 같은 흉배본 한 벌이 더 있다. 모두 4장이 한 벌로 2장에만 '흉비'라는 묵서가 있어 흉배와 견화를 구분할 수 있다. 〈그림 46〉[57]은 2장의 '흉비' 중 하나로 도안의 구성이 기묘년 본과 거의 동일하다. 흉배본의 지름은 약 14.9cm로 14.1cm인 기묘년 본보다는 크고 15.4cm인 임오년 본보다는 작다. 크기로 미루어 1880년에서 1881년 사이에 사용한 것으로 볼 수 있다.

⑤ 기묘년(1879) 원삼 흉배

기묘년에 만든 네 벌의 흉배본 중 〈그림 47〉[58]은 오조룡을 그린 원삼용으로 가슴과 등에 부착하는 흉배 2장과 어깨에 부착하는 견화 2장을 그려 총 4장이 한 벌을 이룬다. 가슴본과 등본의 앞면에는 '긔묘신조 원삼흉비', 양쪽 어깨본의 앞면에는 '긔묘신조 원삼 흉비 견화'라는 묵서가 있다.[59] 원형의 유지에 그렸으며 여백을 제외한 테두리까지의 지름은 가슴본에서 쟀을 때 약 20.4cm 정도 된다.

4장 모두 정면을 바라보는 반룡을 그렸으며, 용의 주위는 구름으로 채우고 하단에는 삼산과 파도, 물결, 보문을 그렸다. 가슴본과 등본의 도안은 동일하며 용의 꼬리가 왼쪽을 향하고 있다. 모두 '흉비'라고 적혀있어 어느 것이 가슴본이고 어느 것이 등본인지 구분할 수 없

---

57   위의 책, 102.

58   위의 책, 114.

59   위의 책.

다. 양쪽 어깨본 역시 좌우 구분 없이 '견화'라고 쓰여 있지만, 용의 꼬임이 서로 반대여서 위치를 구분을 할 수 있다. 영친왕비 홍원삼을 보면 어깨에 부착한 용보는 모두 꼬리가 앞쪽을 향하고 있으므로 오른쪽 어깨본은 꼬리가 오른쪽, 왼쪽 어깨본은 왼쪽을 향하고 있는 것으로 볼 수 있다. 구름은 여의형 운두에 꼬리가 있는 형태로 빈 공간에 맞춰 2-4개의 꼬리를 자유롭게 배치하였다. 테두리는 정원(正圓)을 두 줄로 그렸다.

그림 47 | 기묘년 원삼 흉배 흉배본과 묵서 확대
국립고궁박물관 소장

기묘년의 후보로는 1759년, 1819년, 1879년을 둘 수 있다. 1759년은 영조 35년으로 15세의 정순왕후(1745-1805)와 가례를 올린 해이며, 1819년은 순조 19년으로 순원왕후(1789-1857)가, 1879년은 고종 16년으로 명성황후(1851-1895)가 중전의 자리에 있었다. 이 중 1879년 명성황후가 사용한 것으로 추정된다.

기묘년에 그린 흉배본 중 여성용은 앞에서 살펴본 당의용이 한 벌 더 있다. 〈표 3〉은 이 둘을 비교한 것이다. 먼저 용의 얼굴을 비교해보면 큰 변화는 없이 유사한 구성을 갖는다. 볼과 입 꼬리의 수염은 그대로 유지 되었다. 뒷머리의 갈기 역시 둘 다 거의 수평으로 뻗고 있으나, 당의용 본의 갈기가 끝부분이 조금 더 날렵하며 살짝 위를 향

〈표 3〉 기묘년 당의와 원삼 흉배 도안 비교

	기묘년(1819) 당의 흉배	기묘년(1879) 원삼 흉배
얼굴		
구름		
화주		
삼산 전보 물결		

국립고궁박물관 소장

하고 있는 느낌이다. 두 개의 뿔이 벌어진 각도는 원삼 흉배에서 조금 줄어들었으며 뿔 뒤로 보이는 서기가 뿔에 바짝 붙었다. 이처럼 조금씩의 차이는 보이지만 용의 얼굴 표현 방식은 대체로 유사하다.

그러나 차이도 있다. 원삼용 본에서는 머리 뒤로 반원형을 그리고 있는 몸통 사이 빈 공간에 작은 구름이 하나 생겨났다. 이 부분은 지금까지 살펴본 반룡을 그린 흉배본에서는 모두 비워두었던 공간으로 기묘년(1819) 당의 흉배에서도 역시 비어 있어 두 본이 같은 기묘년에 제작되지 않았음을 암시한다.

머리 위에 그린 구름의 형태에도 차이가 있다. 당의용 흉배에서는 여의형 운두에 4개의 꼬리를 그리고 좌우 빈 공간에 다시 작은 구름을 하나씩 그렸다면, 원삼용 흉배에서는 여의형 운두에 2개의 꼬리를 크고 길게 그려 빈 공간을 채웠다. 화주의 화염에도 차이가 생겼다. 당의용 본에서는 한쪽 방향으로 날리고 있으나, 원삼용 본에서는 좌우로 펼쳐진 형태로 그려 앞서 살펴본 곤룡포용 흉배본과 같은 양식을 따르고 있다.

하단의 삼산과 전보, 물결의 구성을 비교해 보면 역시 차이점이 보인다. 삼산의 중앙에 배치한 전보의 위치에 변화가 생겼다. 당의용 본에서는 짧은 봉우리의 정상과 나란한 높이였지만, 원삼용 본은 그 보다 위에 위치한다. 전보의 위치가 위로 올라가면서 긴 봉우리에 걸린 구름 역시 위로 올라갔고 단순해졌다. 중앙과 좌우의 삼산 사이에 있는 물결의 개수도 증가하였다. 당의용 본에서는 좌우로 각각 1개의 물결을 넓게 그렸다면 원삼용 본에서는 좌우로 각각 4개의 물결을 동심원으로 그렸다.

이상의 차이점으로 볼 때 원삼용 본과 당의용 본은 같은 기묘년에 제작된 것으로 보기 어렵다. 원삼용 본은 용 머리 위 구름의 형태와 화주의 모양, 전보의 위치와 물결의 개수 증가 등의 특징을 미루어 볼 때 1879년 기묘년에 제작된 것으로 보인다. 1819년 당의용 본은 이보다 60년이 앞서지만 크기가 원삼용 본보다 작다. 이것으로 미루어 볼 때 원삼이 당의보다 격이 높은 예복으로 흉배의 크기 역시 더 컸음을 알 수 있다.

⑥ 임오년(1882) 군복 흉배

〈그림 48〉[60]은 임오년에 그린 군복용 흉배본으로 사조룡을 그렸다. 둘로 나누어진 가슴본 2장과 등본 1장, 어깨본 2장으로 총 5장이 한 벌을 이룬다. 가슴본과 등본, 왼쪽 어깨본의 뒷면에는 '임오 동궁마마 군복 흉비', 오른쪽 어깨본 뒷면에는 '임오 동궁마마 군복 흉비 견화', 양쪽 어깨본의 앞면에는 '견화', 보관용 종이에는 '직금룡흉비견화상의원의니온견양'이라는 묵서가 있다.[61] 종이본의 지름은 약 21cm이고, 여백을 제외한 도안의 지름은 등본에서 측정했을 때 약 17.2cm 정도 된다.[62]

임오년의 후보로는 1762년, 1822년, 1882년을 뽑을 수 있다. 1762년은 영조 38년으로 당시 세손만 있었을 뿐 사조룡을 쓸 수 있는 세자는 없었다. 1822년은 순조 22년으로 1812년에 책봉된 효명세자(1809-

---

60 위의 책, 66.

61 위의 책.

62 송수진·홍나영(2019), 앞의 논문, 89.

1830)가 13세였다. 1838년 11세의 헌종이 사용했던 흉배의 지름이 19cm이므로, 이보다 앞선 효명세자의 흉배는 무술년 본보다 작을 수 없다. 따라서 임오년은 1882년으로 보는 것이 타당하며, 1875년 세자로 책봉된 순종이 8세 때 사용한 것으로 볼 수 있다. 1882년은 순종이 첫 번째 가례를 올린 해로 당시 「발긔」 목록을 살펴보면 군복도 여러 벌 마련된 것을 확인할 수 있다.[63]

그림 48 | 임오년 군복 흉배 가슴본
국립고궁박물관 소장

다섯 장의 흉배본은 모두 승룡을 그렸으며 구름과 화주의 형태, 하단의 문양까지 모두 앞에서 살펴본 기묘년 군복용 흉배본과 유사하

---

63   위의 논문.

다. 등본과 어깨본에 그린 용의 방향 역시 동일하다.[64] 〈그림 49〉는 기묘년 군복용 흉배본 중 등본의 얼굴 부분으로 입꼬리와 볼의 수염이 가슴본과 마찬가지로 사라졌는데, 〈그림 50〉 임오년 본에서도 동일하게 확인된다. 연대를 추정하는 중요한 단서였던 테두리 역시 기묘년 군복본과 동일하게 24개의 곡선을 두 줄로 그렸다.[65]

그림 49 | 기묘년 등본 얼굴
국립고궁박물관 소장

그림 50 | 임오년 등본 얼굴
국립고궁박물관 소장

왕세자를 위한 군복용 흉배본은 세 벌이 더 전해진다. 도안의 세세한 부분까지 닮아 있어 모두 순종이 세자 시절 사용한 것으로 보인다. 정해년(1887) 본은 가슴본 2장, 등본 1장, 어깨본 2장이 한 벌로 총 5장이다. 가슴본과 등본의 뒷면에는 '뎡히 신조 동궁마마 군복 흉비', 양쪽 어깨본의 뒷면에는 '뎡히 신조 동궁마마 군복 흉비 견화'라는 묵서가 있다.[66] 등본의 지름은 약 19.5cm 정도 된다. 또 다른 흉배본으

---

64   위의 논문.

65   위의 논문.

66   국립고궁박물관(2014), 앞의 책, 74.

로 무자년(1888) 본이 있다. 역시 5장이 한 벌로 가슴본과 등본의 뒷면에는 '무ㅈ신조 동궁마마 군복 흉비', 양쪽 어깨본의 앞면에는 '무ㅈ신조 동궁마마 군복 흉비 견화'라는 묵서가 있다.[67] 등본의 지름이 약 20.5cm 정도로 정해년 본에 비해 크다.[68]

끝으로 어깨본에만 '견화'라는 묵서가 있는 군복용 본이 한 벌 더 있다. 위에서 본 다른 본들과 달리 네모난 종이에 도안을 그리고 원형으로 자르지 않았다. 가슴본을 한 장에 그려 모두 4장이 한 벌을 이룬다. 등본의 지름이 약 18.8cm로 17.2cm인 임오년 본보다는 크고, 19.5cm인 정해년 본보다는 작다. 크기로 추정해 볼 때 '견화'라고만 쓰여 있는 군복용 본은 임오년과 정해년 사이, 즉 1883년 계미년부터 1886년 병술년 사이에 사용했을 것으로 추정된다.[69]

한편, 임오년(1882)과 정해년(1887)에는 곤룡포용 흉배도 함께 마련되었다. 〈표 4〉는 순종이 사용한 흉배본의 크기를 정리한 것으로 군복은 등본의 크기이며, 상복은 '흉비'라고 묵서가 있는 본에서 측정한 것이다.[70] 같은 해에 그린 본의 크기를 비교해 보면 임오년과 정해년 모두 상복보다 군복용 흉배가 더 컸음을 알 수 있다.

---

67   위의 책, 70.

68   송수진·홍나영(2019), 앞의 논문, 90.

69   위의 논문.

70   곤룡포용 흉배본은 사용 위치에 대해 '흉비'와 '견화'로 나누어 기록하였을 뿐, 가슴본과 등본을 구분할 수 있는 내용은 없다. 용의 방향 역시 동일하기 때문에 고궁박물관에서 등본으로 구분한 것을 기준으로 크기를 측정하였다.

	기묘년(1879)	임오년(1882)	정해년(1887)	무자년(1888)
상복	14.1cm	15.4cm	19.1cm	-
군복	-	17.2cm	19.5cm	20.5cm

⑦ 임오년(1882) 적의 흉배

임오년에 만든 적의용 흉배본 〈그림 51〉[71]은 발톱이 4개인 사조룡을 그려 세자빈을 위한 것으로 볼 수 있다. 가슴과 등에 부착하는 흉배 2장, 어깨에 부착하는 견화 2장으로 총 4장이 한 벌을 이루며 실로 묶어 보관하였다. 가슴본과 등본의 앞면에는 '적의흉비', 뒷면에는 '임오 가례시 젹의 흉비', 양쪽 어깨본의 앞면에는 '젹의 견화', 뒷면에는 '임오 가례시 젹의견화'라는 묵서가 있어 제작 시기와 용도를 확인할 수 있다.[72] 단, 가슴본과 등본은 모두 '흉비'라고만 쓰여 있어 둘을 구분할 수 없다. 네 장 모두 원형의 종이본에 그렸으며 지름은 20-22cm 사이이고, 테두리까지의 지름은 '흉비'본에서 측정했을 때 약 18.3cm 정도 된다.

이 흉배본은 '임오 가례'라는 묵서가 있어 1882년 치러진 순종의 첫 번째 가례 때 순명효황후(純明孝皇后, 1872-1904)의 적의를 위해 마련한 것임을 알 수 있다. 임오년에 치러진 왕세자의 가례는 순종과 순명효황후의 가례밖에 없기 때문에 이 흉배본은 묵서만으로도 정확한 사

---

71 국립고궁박물관(2014), 앞의 책, 108.

72 위의 책.

용자를 확인할 수 있는 유일한 본으로 도안의 조형성을 분석할 때 기준이 되었다.

그림 51 | 임오년 적의 흉배 흉배본과 묵서 확대
국립고궁박물관 소장

　도안은 전형적인 여성용 용보의 구성을 그대로 따르고 있다. 반룡 주위를 구름으로 채우고 하단에는 삼산과 파도, 물결, 보문을 그렸으며, 중앙에는 화주를 두고 테두리는 정원(正圓) 두 줄로 마무리했다. 연대를 판단하는 단서가 되었던 부분들을 하나씩 살펴보면 다음과 같다.
　상단의 구름(그림 52)은 여의형 운두에 좌우로 긴 꼬리가 2개 달린 형태로 앞서 살펴본 기묘년 원삼본과 유사하나 당의본과는 차이를 보인다. 이를 근거로 기묘년에 제작된 두 본의 연대를 추정할 수 있었다. 그리고 용의 머리 뒤 빈 공간에 그린 작은 구름 역시 연대 판단의 기준이 된다. 머리의 갈기는 수평으로 뻗고 있으며 입꼬리의 수염도 그대로 유지되고 있다. 그러나 볼의 수염 부분에 변화가 나타났다. '흉비'라고 적혀있는 두 장의 본을 비교해 보면 〈그림 53〉은 기묘년 본처럼 볼에 수염을 그리고 그 뒤로 귀를 그렸다. 〈그림 54〉도 처음에는 동일하게 그렸으나 볼의 수염은 생략하고 반쯤 가려져 있던 귀를 온전히 그려 수정하였다. 네 장의 본 중 '흉비'라고 적은 본 한 장에만 이 부분을 수정하였는데, 실제 영친왕비의 적의 흉배에도 귀와 볼을 이런 식으로 수놓아 다른 부분들도 수정된 도안처럼 제작했을 것으로 보인다.

그림 52 | 임오년 흉배본 구름
국립고궁박물관 소장

그림 53 | 임오년 흉배본 얼굴
국립고궁박물관 소장

그림 54 | 임오년 흉배본 얼굴
국립고궁박물관 소장

화주의 화염 역시 연대 판단의 기준이 된다. 임오년 본은 〈그림 55〉처럼 좌우로 모두 뻗어 나가게 그렸는데, 기묘년(1819) 당의용 본은 오른쪽으로만 날리고 있어 차이를 보인다. 다리에 그린 터럭 역시 네 곳 모두 〈그림 56〉처럼 긴 털만 그리는 것으로 통일하였다. 기묘년 본은 긴 털과 짧을 털을 이중으로 그린 것과 긴 털만 그린 다리가 섞여 있어 후대로 가면서 단순하게 표현한 것으로 볼 수 있다.

하단 문양(그림 57)을 보면 삼산의 긴 봉우리와 좌우 짧은 봉우리의 길이 차가 기묘년(1879) 원삼용 본보다 더 커졌다. 전보는 긴 봉우리의 중심에 그려 좌우 봉우리 보다 높이 위치한다. 물결은 좌우로 4개씩 두 단으로 그렸으며 사이에 서각을 두었다.

그림 55 | 임오년 흉배본 화주
국립고궁박물관 소장

그림 56 | 임오년 흉배본 다리 터럭
국립고궁박물관 소장

그림 57 | 임오년 흉배본 하단 문양
국립고궁박물관 소장

⑧ 병술년(1886) 당의 흉배

병술년에 만든 당의용 흉배본(그림 58)[73]은 오조룡을 그려 중전이
사용한 것으로 보인다. 가슴과 등에 부착하는 흉배 2장, 어깨에 부착
하는 견화 2장으로 총 4장이 한 벌을 이룬다. 소장처인 고궁박물관에
서는 앞면에 '병술 당고의 신조', '병술 당고의 신조 흉비'라고 적은 것
을 가슴과 등에, 뒷면에 '병술 당고의 신조 견화 흉비', '병술 당고의
견화 신조'라고 적은 것을 양어깨에 사용한 것으로 분류하였다.[74] 묵
서에 '견화'가 들어간 것을 어깨본으로 구분한 것이다. 그러나 각 본
의 오른쪽 상단을 보면 사용 위치를 '흉비'와 '견화'로 작게 적어 놓아

그림 58 | 병술년 당의 흉배 견화와 묵서 확대
국립고궁박물관 소장

---

73   위의 책, 128.

74   위의 책, 126.

'병술 당고의 신조 견화 흉비'와 '병술 당고의 신조 흉비'가 가슴과 등에 사용한 것이며, '병술 당고의 신조'와 '병술 당고의 견화 신조'가 어깨본임을 알 수 있다. 아마도 묵서를 적을 때 실수하여 '견화'로 적은 뒤 다시 '흉비'를 적은 것으로 보인다. 사각형 유지에 그려 여백을 잘라내지 않았으며 테두리까지의 지름은 '흉비'본에서 측정했을 때 약 18.2cm 정도 된다.

네 장 모두 반룡을 그렸으며 구름과 하단의 문양 구성이 임오년 적의본과 거의 유사하다. 오른쪽 어깨본은 임오년 적의용 흉배본처럼 귀 부분을 수정하여 덧그렸다. 도안의 특징을 앞서 살펴본 흉배본들과 비교해 보면 병술년의 후보로 1826년과 1886년을 뽑을 수 있다. 1826년은 순조 26년으로 순원왕후(1789-1857)가, 1886년은 고종 23년으로 명성황후(1851-1895)가 중전의 자리에 있었다.

〈표 5〉는 같은 오조룡을 그린 기묘년(1879) 원삼 흉배와 병술년 당의 흉배의 오른쪽 어깨본을 비교한 것이다. 먼저 얼굴을 살펴보면 뒷머리의 갈기는 모두 수평으로 뻗고 있으며 머리와 몸통 사이에 작은 구름을 그려 넣어다. 입꼬리에 뾰족하게 그린 수염도 유지되고 있으나 볼의 수염과 귀 부분은 변화가 있다. 병술년 본은 볼의 수염을 생략하고 귀를 온전한 형태로 덧그려 임오년 적의용 본처럼 수정하였다.

머리 위의 구름은 여의형 운두에 좌우로 긴 꼬리를 하나씩 그려 동일한 구성을 보여준다. 화면 중앙에 위치한 화주 또한 좌우로 뻗어 나가는 화염을 이중으로 표현하고 주위 빈 공간에 구름을 그려 동일한 양식을 따르고 있다. 하단에 그린 삼산과 물결, 파도, 보문 역시 비슷한 양식을 보여준다. 다만, 삼산의 긴 봉우리와 짧은 봉우리의 길이 차가 더 커졌다.

<표 5> 기묘년 원삼과 병술년 당의 견화 도안 비교

	기묘년(1879) 원삼 견화	병술년(1886) 당의 견화
얼굴		
구름		
화주		
삼산 전보 물결		

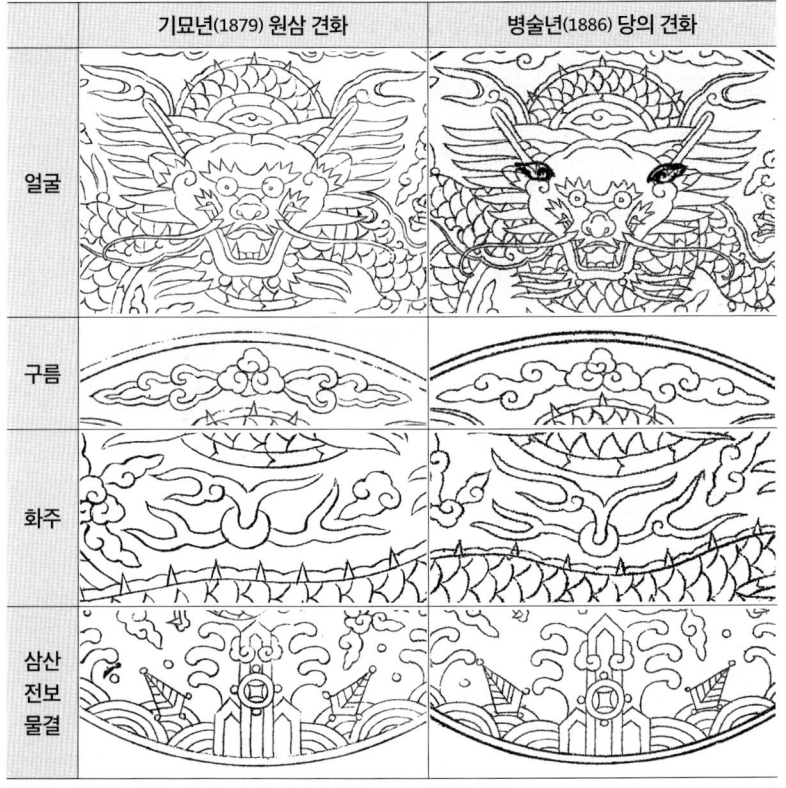

국립고궁박물관 소장

이러한 특징들로 볼 때 때 병술년 흉배본은 기묘년(1879) 원삼용 본과 임오년(1882) 적의용 본의 특징을 이어가고 있다고 할 수 있다. 만일 병술년을 1826년으로 본다면 앞서 살펴본 기묘년(1819) 당의용 본과 함께 순원왕후가 사용한 것이 된다. 하지만 같은 당의용 본임에도 기묘년 본은 18.9cm로 18.2cm인 병술년 본에 비해 크기가 커서 같은 사람을 위한 것으로 보기 어렵다. 따라서 병술년은 1886년으로, 35세의 명성황후가 사용한 것으로 보인다.

⑨ 정유년(1897) 곤룡포 흉배

〈그림 59〉[75]는 정유년에 만든 오조룡을 양각한 흉배판이다. 목판의 뒷면에는 '뎡유듕츄신조 흉비판일쌍'이라는 묵서가 있어[76] 정유년음력 8월[仲秋]에 만들었음을 알 수 있다. '흉비판일쌍'이라 쓴 묵서의 내용으로 볼 때 한 쌍으로 만들었을 것으로 추정되나 국립고궁박물관에는 한 개만 남아 있다. 대신 국립민속박물관에 동일한 묵서가 있는 흉배판이 한 개 소장되어 있어 둘이 한 쌍으로 제작된 것으로 보인다. 고궁박물관 소장 흉배판은 용의 꼬리가 오른쪽을 향하고 있고, 민속박물관 소장품은 왼쪽을 향하고 있어 흉배의 부착 위치에 맞춰 두 개의 흉배판을 제작한 것으로 볼 수 있다. 위치에 따른 용의 꼬리 방향은 다음 장에서 자세히 살펴보고자 한다.

도안의 구성은 유지에 그린 곤룡포용 흉배본과 유사하여 정면을 바라보는 반룡을 화면에 가득 차게 새기고 남은 여백은 구름으로 채웠다. 구름은 앞서 살펴본 순종의 곤룡포용 흉배본과 동일하게 작고 납작한 형태로 가로 방향으로 빈틈없이 새겨 넣었다. 다만 위아래 양 끝에 여의형 구름을 하나씩 넣어 순종의 흉배본과 차이를 두었다. 테두리는 24개의 곡선으로 이루어진 원형을 두 줄로 양각하였다. 지름은 19.3-20.3cm로 세로보다 가로 길이가 1cm 정도 길다.

정유년의 후보로는 1837년과 1897년을 뽑을 수 있다. 1837년은 헌종(1827-1849) 3년, 1897년은 고종(1852-1919) 34년으로, 그중 1897년 45

---

75   국립고궁박물관(2013), 앞의 책, 16.

76   위의 책.

그림 59 | 정유년 곤룡포용 흉배판과 건탁
국립고궁박물관 소장

세의 고종이 사용한 것으로 추정된다. 정유년을 1837년으로 본다면 위에서 살펴본 무술년(1838) 군복용 흉배판보다 1년 앞서 제작한 것이 된다. 그러나 무술년(1838) 본의 지름이 18.6-18.9cm로 정유년 본이 무술년 본보다 1cm 가량 크다. 즉, 10세 때 사용한 흉배가 11세 때 사용한 것 보다 크게 된다. 그렇지만 순종이 세자시절 사용한 흉배본을 통해 사용자가 성장하면 흉배의 크기도 함께 커지는 것을 확인했으며, 특히 같은 나이에 사용한 흉배를 비교했을 때 군복용 흉배가 곤룡포용 흉배보다 조금 컸다.

또한, 용의 얼굴과 화주의 표현방법, 테두리 모양 등이 무술년 본과는 큰 차이를 보인다. 〈표 6〉은 무술년 흉배판과 정유년 흉배판을 비교한 것이다. 먼저 용의 얼굴을 보면 정유년 본은 입꼬리와 볼의 수염이 생략되었으며 뒷머리 갈기는 무술년에 비해 '一'자로 곧게 뻗고 있다. 화주의 묘사 역시 차이를 보인다. 무술년 본은 화염을 한 방향으로만 날리는 단순한 형태로 새기고 빈 공간에 구름을 넣었지만, 정유년 본의 화염은 좌우로 길게 뻗어 나가는 복잡한 형태이다. 이러한 점들을 종합해 볼 때 정유년 흉배판은 1897년 고종의 곤룡포용 흉배로 제작한 것으로 볼 수 있다.

〈표 6〉무술년 흉배판과 정유년 흉배판 도안 비교

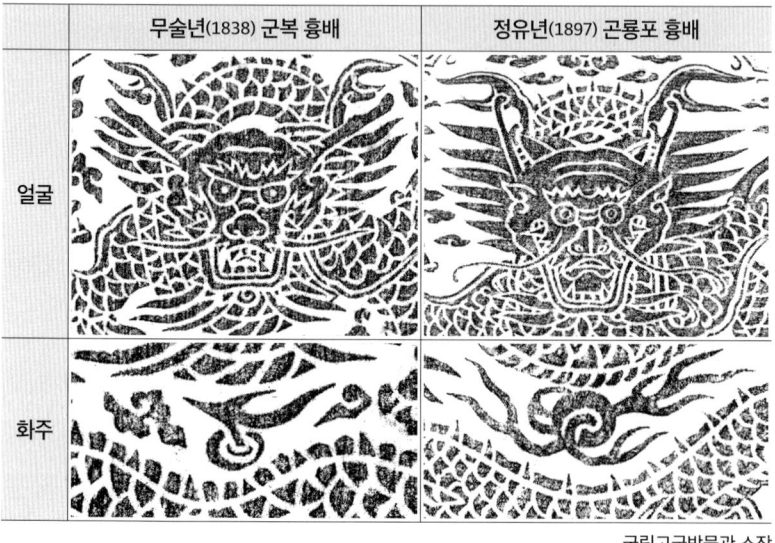

	무술년(1838) 군복 흉배	정유년(1897) 곤룡포 흉배
얼굴		
화주		

국립고궁박물관 소장

3) 20세기

① 신축년(1901) 흉배

〈그림 60〉[77]은 신축년에 만든 흉배판으로 오조룡을 양각하였다. 뒷면에는 가운데 손잡이를 달아 잡고 문양을 찍을 수 있게 만들었고,

---

77   위의 책, 17.

손잡이 오른쪽에 '신튝신조 벽계실마마흉비'라는 묵서가 있어 신축년에 제작한 것을 알 수 있다.[78] 대부분의 흉배판이 테두리에 맞춰 가장자리를 깎아 낸 것에 비해 8각형으로 모서리를 잘라낸 것이 독특하다.

도안의 구성을 보면 반룡을 화면에 가득 차게 배치하고 주위를 구름으로 채웠다. 중앙에는 화주를 두었으며, 하단에는 삼산과 물결, 파도, 보문을 넣고, 테두리는 두 줄로 양각하였다. 지름은 18.6cm이다.

대부분의 흉배본은 두 개 이상이 짝을 이루는 데 비해 이 흉배판은 하나만 전해진다. 위에서 본 정유년 흉배판의 경우 뒷면에 묵서로 '흉비판일빵'이라 적어 처음부터 쌍으로 제작되었음을 알 수 있지만, 신축년 흉배판은 수량에 대한 기록이 없고 하나만 남아 있어 하나의 판으로 여러 위치를 사용한 것으로 보인다.

그림 60 | 신축년 흉배판
국립고궁박물관 소장

---

78   위의 책.

신축년의 후보로는 1781년, 1841년, 1901년을 뽑을 수 있다. 1781년은 정조(1752-1800) 5년, 1841년은 헌종(1827-1849) 7년, 1901년은 고종(1852-1919) 38년으로, 그중 1901년 제작한 것으로 보인다.

〈표 7〉 병술년 당의 견화와 신축년 흉배판 도안 비교

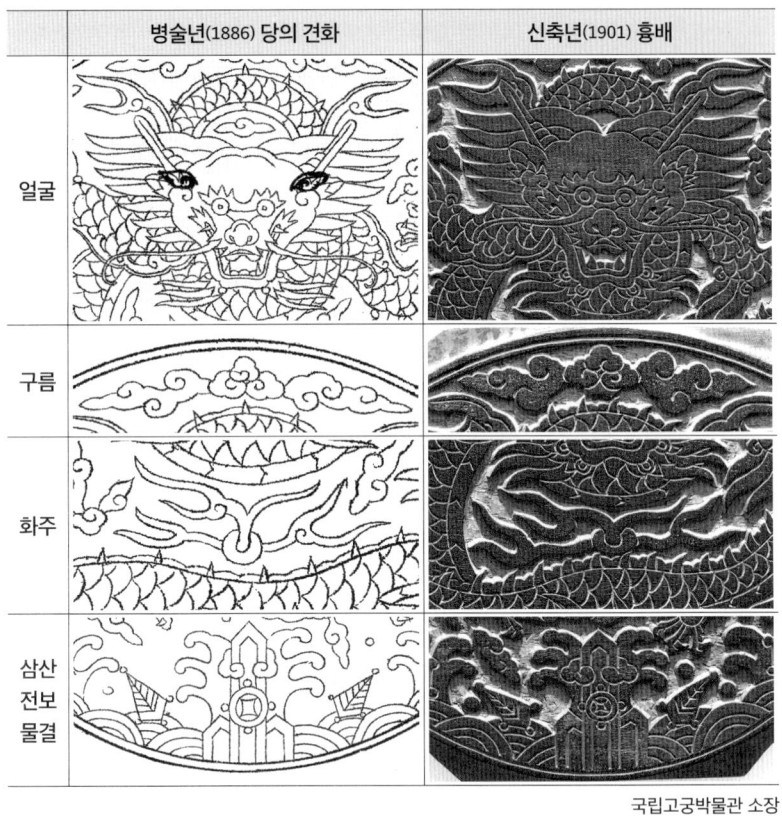

	병술년(1886) 당의 견화	신축년(1901) 흉배
얼굴		
구름		
화주		
삼산 전보 물결		

국립고궁박물관 소장

〈표 7〉은 병술년(1886) 당의용 견화와 신축년 흉배판을 비교한 것이다. 용의 얼굴을 보면 뒷머리의 갈기는 거의 'ㅡ'자로 뻗어 나가며, 입꼬리와 볼에 뾰족하게 표현한 수염은 그대 로 남아 있다. 한편, 병

술년 본에서 볼 수 있는 머리와 몸통 사이에 그린 작은 구름은 신축년 본에서는 빠져 있다.

머리 위의 구름은 여의형 운두에 좌우로 긴 꼬리를 하나씩 그려 병술년 본과 동일한 구성을 보여준다. 화주 역시 좌우로 뻗어 나가는 화염을 이중으로 표현하여 비슷한 양식이다. 하단의 삼산과 물결, 파도, 보문 역시 둘이 비슷한 구성을 이룬다. 이러한 특징들을 종합해볼 때 신축년 흉배판은 병술년(1886) 흉배본의 양식을 이어가는 것으로 볼 수 있어 신축년은 1901년으로 추정된다.

신축년 흉배판은 오조룡을 새겨 넣어 왕비를 위한 것으로 볼 수 있다. 그러나 고종은 명성황후(1851-1895) 사후 새로운 정실 비(妃)를 맞이하지 않아 1901년에 황후의 자리는 비어 있었다. 흉배판의 뒷면에는 '벽계실마마'라고 사용자를 밝히고 있는데, 벽계실은 경운궁(현 덕수궁)에 있었던 건물로 추정된다.[79] 1901-1902년 고종의 50세 생일과 즉위 40주년 행사에 필요한 준비 및 제반절차를 기록한 『내외진연등록(內外進宴謄錄)』을 보면 "御前-皇太子前-景孝殿-洪陵-碧溪室-明憲太后殿-皇太子妃宮" 순서로 물목을 기록하였다.[80] 경효전(景孝殿)은 명성황후의 신위를 모시던 혼전(魂殿)이며, 홍릉(洪陵)은 명성황후의 구릉(舊陵)을 말한다. 명헌태후(明憲太后, 1831-1904)는 헌종의 계비인 효정왕후를 가리킨다. 따라서 기록 순서로 볼 때 벽계실(碧溪室)은 고종 황제

---

79 위의 책, 379.

80 『내외진연등록』을 보면 외진연(外眞宴)과 내진연(內進宴)의 상차림[內入床]과 상 위를 장식한 꽃[床花坪]을 御前, 皇太子前, 景孝殿, 洪陵, 碧溪室, 明憲太后殿, 皇太子妃宮, 順和宮, 英親王, 淳嬪宮, 延原郡夫人 순서로 기록하였다.

와 밀접한 위치에 있었던 인물로 추정된다.[81]

당시 황실에서 가장 영향력 있는 여성은 순헌황귀비(純獻皇貴妃, 1854-1911)로 1897년부터 황후로 승격시키자는 의견이 지속적으로 있었다. 끝내 황후에는 오르지 못했지만, 1900년에는 순빈(淳嬪)에, 1901년에는 순비(淳妃)에 봉해졌고, 1903년에는 황귀비(皇貴妃)로 책봉되었다. 〈그림 61〉처럼 용보를 부착한 원삼을 입고 있는 순헌황귀비의 사진도 있어 비록 왕의 정실부인은 아니지만 용보를 사용한 것을 알 수 있다. 그러나 『내외진연등록』을 보면 벽계실, 명헌태후전, 황태자비궁 뒤로 영친왕과 순빈궁(淳嬪宮)에게 올린 찬품(饌品)과 상화(床花)를 따로 정리하고 있어 당시 빈(嬪)의 신분이었던 순헌황귀비를 순빈궁으로 부른 것을 알 수 있다. '마마'라는 존칭 역시 왕과 왕비, 대비, 그리고 세자에게만 사용하던 호칭[82]으로, 1901년 순비로 봉할 때 올린 「의복 발긔」[83]를 보면 '자가'[84]라는 존칭을 사용하였다. 이러한 내용을 종합해 볼 때 '벽계실마마'는 순헌황귀비로 보기는 어렵다고 생각된다.

그렇다면 오조룡 용보를 사용할 수 있는 지위를 갖춘 '벽계실마마'는 살아 있는 인물 중에는 찾을 수 없다. 오조룡을 사용할 수 있으며 고종과 밀접한 위치에 있는 여성으로는 명성황후와 헌종의 모후(母后)

---

81   국립고궁박물관(2013), 앞의 책, 379.

82   김용숙(1974), 「朝鮮宮中風俗의 硏究」, 숙명여자대학교 대학원 박사학위논문, 104.

83   「자가봉비시의복볼긔」, MF35-004658, 한국학 디지털아카이브, http://yoksa.aks. ac.kr

84   자가(쟈가·자가)는 공주, 옹주 및 후궁에게 사용한 존칭이다. 김용숙(1974), 앞의 논문, 108.

그림 61 | 원삼 차림의 순헌황귀비와 흉배
국립고궁박물관 소장

인 신정왕후(神貞王后, 1808-1890)[85]가 있다. 고종은 익종(翼宗)의 양자로
입후(入後)된 후 즉위하여 신정왕후는 법적인 모후가 된다.

　1903년 순비를 황귀비로 책봉하는 날을 정하면서 기일에 앞서 종
묘와 경효전에 가서 제를 지낼 때 명성황후에게 진상된 「의대 발긔」
가 남아 있다.[86] 이를 통해 사후에도 의대가 진상된 것을 확인할 수 있
으며, 진상 목록을 보면 황원삼이 있어 용보가 함께 제작되었을 가능
성이 있다. 이러한 점을 미루어 신축년 흉배판은 사후 진상된 의대를
위해 제작한 것으로 추정되며, 명성황후나 신정왕후를 위한 것으로
보인다. 이후 경운궁에 있었던 '벽계실'이 무슨 용도의 건물인지 밝혀
진다면 정확한 사용자를 확인할 수 있을 것이다.

85　신정왕후는 순조의 장자인 효명세자(孝明世子, 1809-1830)의 빈(嬪)이다. 효명세자는
　　아들인 헌종이 즉위 후 익종(翼宗)으로 추존되었다. 신정왕후[2019. 6. 17 검색], 한국
　　민족문화대백과사전, http://encykorea.aks.ac.kr

86　이명은(2003), 앞의 논문, 88.

② 을사년(1905) 흉배

〈그림 62〉[87]는 을사년 음력 5월[仲夏]에 만든 흉배판으로 오조룡을
양각하였다. 두 개의 판이 한 벌을 이루며 뒷면에는 모두 '을ᄉᆞ듕하신
조 흉비판일빵'이라 쓰여 있어 제작 시기와 수량을 알 수 있다. 앞서
살펴본 본들은 부착 위치에 따라 '흉배'와 '견화'를 구분하여 적었고,
등본과 어깨본을 하나의 판으로 만든 무술년 군복용 흉배판 역시 사
용 위치를 '흉비견화판'이고 정확하게 명시하였다. 을사년 흉배판은
두 개 모두 '흉비'라고만 쓰여 있어 가슴과 등에 사용한 것으로 생각
할 수도 있다. 그러나 앞에서 본 정유년(1897) 곤룡포용 흉배판의 경우
'흉비판일빵'이라고 썼지만, 두 개의 판에 새긴 용의 꼬리 방향이 서
로 반대여서 하나는 오른쪽 어깨판, 즉 견화로 사용한 것으로 추정된
다. 따라서 을사년 흉배판 역시 흉배뿐만 아니라 견화로도 사용했을
가능성이 있다.

그림 62 | 을사년 흉배판과 건탁
국립고궁박물관 소장

---

87   국립고궁박물관(2013), 앞의 책, 18.

도안을 보면 측면을 향한 승룡을 목판에 가득 차게 배치하고, 화주는 얼굴 옆에 두었다. 여백은 구름으로만 채웠는데 대부분 여의형 운두에 꼬리가 있는 형태로 공간에 맞춰 모양을 새겨 넣었다. 테두리는 24개의 곡선으로 이루어진 원형을 두 줄로 양각하였다.[88] 지름은 20.4-21cm이다.

을사년의 후보로는 1785년, 1845년, 1905년을 가정할 수 있다. 1785년은 정조(1752-1800) 9년, 1845년은 헌종(1827-1849) 11년, 1905년은 고종(1852-1919) 42년으로 이 중 1905년에 제작한 것으로 보인다. 먼저 테두리의 형태로 볼 때 1785년으로 보기에는 무리가 있다.

〈표 8〉[89]은 무술년(1838)과 기묘년(1879), 을사년 흉배본 중 승룡의 얼굴을 비교한 것이다. 무술년 본은 입꼬리와 볼 부분에 뾰족하게 새

〈표 8〉 무술년·기묘년·을사년 승룡 얼굴 도안 비교

무술년(1838)	기묘년(1879)	을사년(1905)

국립고궁박물관 소장

---

88 위의 책.

89 을사년 흉배판은 온전한 원형에 새긴 승룡으로 기묘년 본 중 등본의 승룡과 비교하였다. 그러나 무술년 본은 두 개로 나누어진 가슴본에만 승룡을 사용하여 원형에 그린 기묘년, 을사년 승룡과는 갈기와 주둥이의 긴 수염이 뻗은 방향 등에 있어 차이가 있다.

긴 수염이 있는 반면, 을사년 본은 생략하여 같은 헌종 연간에 사용한 것으로 보기 어렵다. 즉, 1845년 역시 제외된다. 다시 기묘년 본과 비교하면 입꼬리와 볼 부분, 그리고 귀를 표현하는 방식이 서로 닮아 있어 을사년은 1905년으로 볼 수 있다.

오조룡을 새긴 을사년 흉배판은 24개의 곡선으로 이루어진 테두리와 가슴본을 하나로 제작한 점으로 미루어 왕의 상복(常服)에 사용한 것으로 볼 수 있다. 그러나 1905년은 대한제국을 선포한 이후로 왕은 황제로, 왕세자는 황태자로 격상되며 복식 제도에도 변화가 생겼다. 대한제국 시기 황제와 황태자의 상복은 『대한예전(大韓禮典)』과 『증보문헌비고(增補文獻備考)』에서 확인할 수 있다. 황제의 상복은 황색 포에 가슴과 등, 양어깨에 용보를 달았으며[90], 황태자는 색상만 적색[91]으로 차등을 두었을 뿐, 용보에 몇 조룡(爪龍)을 사용하였는지에 대한 구체적인 내용은 없다.

다행히 대한제국 시기 황제와 황태자의 용포가 모두 남아 있어 유물을 통해 확인이 가능하다. 순종 황제와 영친왕의 용포를 보면 모두 오조룡보를 사용하여 황태자는 왕의 상복을 그대로 따랐음을 알 수 있다. 결국 오조룡을 새긴 을사년 흉배판은 황제 또는 황태자를 위한 것으로 볼 수 있다. 1905년은 광무(光武) 9년으로 고종 황제나 황태자였던 순종의 용보를 제작하는 데 사용한 것으로 보인다. 「궁중발기」 중 을사년 단오(端午)에 올린 상감마마와 동궁마마 의대에 용포가 포

---

90   이 내용은 『대한예전』과 『증보문헌비고』에서 확인할 수 있다.
     『大韓禮典』 卷5, 冠服圖說, 黃袍 黃色 盤領窄袖 前後及兩肩 各金織盤龍一
     『增補文獻備考』 卷79, 袍黃色盤領窄袖 前後及兩肩 各金織盤龍一

91   『增補文獻備考』 卷79, 袍赤色盤領窄袖 前後及兩肩 各金織盤龍一

함되어 있어[92] 이때 사용하였을 가능성이 있다.

을사년 흉배판은 측면을 향하고 있는 승룡을 새겨 앞에서 살펴본 곤룡포용 흉배본과는 차이를 보인다. 순종의 세자시절 흉배본과 정유년(1897) 흉배판을 보면 흉배, 견화 모두 정면을 바라보는 반룡을 그리고 주위는 구름으로 채웠다. 지금까지 살펴본 흉배본에서 승룡은 군복용 본에만 사용되었다. 그러나 하단에 삼산과 물결 등을 넣어 용과 구름만 새긴 을사년 흉배판과는 역시 차이를 보인다.

한편, 한국전쟁 당시 부산 창고 화재로 불타버린 어진과 예진(睿眞)[93]의 잔편 가운데 을사년 흉배판의 사용자를 추적할 수 있는 단서가 남아 있다. 〈그림 63〉[94]은 1902년 순종이 아직 황태자 신분일 때 그린 것으로 추정되는 예진이다.[95] 의자의 형태와 바닥에 깔린 화문석의 양식 등을 비교해 봤을 때 1902년 그린 것으로 볼 수 있어 비록 익선관에 홍룡포를 입은 모습이지만 왕이 아닌 황태자의 예진으로 보고 있다.[96]

〈그림 64〉는 예진의 흉배와 우견 부분을 확대한 것이다. 용의 형태를 보면 지금까지 상복에 사용한 반룡이 아닌 측면을 향한 승룡을 그린 것을 확인할 수 있다. 가슴에 그린 용은 꼬리가 왼쪽을 향하고 있

---

92   이명은(2003), 앞의 논문, 104-105.

93   예진(睿眞)은 왕자의 초상화를 말한다. 조선미(2012), 『왕의 얼굴 : 한·중·일 군주 초상화를 말하다』, 사회평론, 41.

94   국립고궁박물관 사진 제공.

95   조선미(2019), 『어진, 왕의 초상화』, 한국학중앙연구원 출판부, 311.

96   위의 책, 311-312.

으며, 우견은 오른쪽을 향하고 있다. 화주는 얼굴 위쪽에 두었으며 화염은 위쪽을 향해 날리고 있다. 구름은 여의형 운두에 꼬리가 있는 형태로 순종이 세자 시절 사용한 흉배본과는 다른 모습이다.

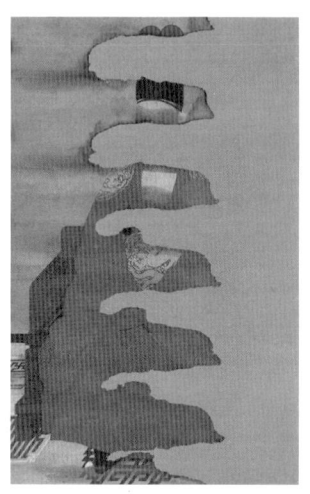

그림 63 | 순종 예진 추정
국립고궁박물관 소장

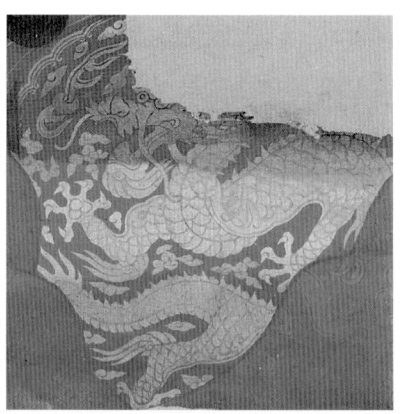

그림 64 | 순종 예진 견화와 흉배
국립고궁박물관 소장

예진 속 흉배와 견화는 을사년 흉배판과 용과 화주, 구름의 형태가 거의 일치하며 테두리 양식도 동일하다. 이러한 점들로 미루어 을사년 흉배판은 순종이 황태자 신분으로 사용한 것으로 볼 수 있다. 결국 대한제국 시기 황태자는 상복으로 오조룡보를 부착한 홍룡포를 입어 조선시대 왕과 같은 제도를 이은 것처럼 보이지만, 반룡이 아닌 승룡을 사용하여 왕과는 다른 신분임을 드러낸 것을 알 수 있다. 또한, 반룡은 승룡보다 격이 높은 용으로 사용된 것을 알 수 있다.

을사년 흉배판은 좌우 대칭을 이루는 두 개가 한 벌로 문양을 찍었을 때 꼬리가 왼쪽을 향하는 판을 가슴과 등, 왼쪽 어깨에 사용하고, 오른쪽을 향하는 판을 오른쪽 어깨에 사용한 것으로 생각된다. 좌우 반전된 두 개의 판을 각각 가슴과 등에 사용하였다는 추정[97]도 있다. 하지만 승룡을 그린 군복용 흉배본을 보면 등에 꼬리가 왼쪽을 향하게 그린 본을 사용하여 상복에서도 가슴과 등에 같은 본을 사용하였을 것으로 보인다. 더불어 뒷면에 적은 '흉븨판일쌍'의 '흉배'는 흉배와 견화를 모두 포함한 의미로 볼 수 있다.

③ 정미년(1907) 흉배

〈그림 65〉[98]는 정미년 음력 12월[季冬]에 제작한 흉배판으로 발톱이 네 개인 사조룡을 새겨 넣었다. 두 개의 판이 한 벌을 이루며 뒷면

---

97   국립고궁박물관(2013), 앞의 책, 18.

98   위의 책, 20.

에는 모두 '뎡미계동 흉비일빵 ᄉ족'이라고 적혀 있다.[99] 도안의 구성을 보면 측면을 응시하는 승룡을 목판에 가득 차게 배치하고 남는 공간을 구름으로 채웠다. 구름은 대부분 꼬리가 없이 가로로 긴 형태이며 공간이 넓은 부분에만 여의형 운두에 꼬리가 있는 구름을 새겨 넣었다. 화주는 얼굴 옆에 두었고 화염은 위쪽으로 날리는 모양이다. 테두리는 정원형으로 두 줄을 양각하였다. 두 개의 판은 문양이 좌우 반전된 형태이다.[100] 지름은 18.2-18.5cm로 가로가 조금 길다.

정미년의 후보로는 1787년, 1847년, 1907년을 꼽을 수 있다. 1787년은 정조 11년으로 사조룡의 용보를 사용할 수 있는 세자의 자리가 비어 있었다.[101] 또한, 앞서 살펴본 경술년(1790) 당의용 흉배본은 테두리를 한 줄로 그리고 있어, 두 줄로 양각한 정미년 본의 제작 시기를 1787년으로 보기에는 무리가 있다. 1847년은 헌종 13년으로 경빈김씨(慶嬪金氏, 1831-1907)와 가례를 치른 해이다. 경빈김씨는 헌종이 후사(後嗣)가 없어 정식으로 간택하여 들인 후궁으로 1847년 역시 세자의 자리는 비어 있었다. 결국 정미년은 1907년으로 볼 수밖에 없다.

1907년은 고종이 강제 퇴위를 당해 순종에게 양위한 해로 대한제국(1897-1910)을 선포한지 11년이 된 해이다. 조선시대까지 사조룡을 수놓은 용보는 왕세자와 세자빈을 위한 것이지만, 대한제국 이후 왕이 황제가 되면서 세자는 황태자, 왕자는 친왕으로 격상되었다. 앞서

---

99   위의 책.

100   위의 책.

101   정조의 장자인 문효세자는 1786년 5세의 나이로 사망하였고, 정조의 뒤를 이은
      순조는 1790년에 태어나 1787년에는 세자의 자리가 비어 있었다.

그림 65 | 정미년 흉배판과 건탁
국립고궁박물관 소장

살펴본 것처럼 대한제국 시기 황태자는 오조룡 용보를 사용하였다.

결국 사조룡을 새긴 정미년 흉배판은 황태자 이하의 신분에서 사용한 것이 된다. 고종은 황제에 등극한 이후 1900년에 의화군 이강(義和君 李堈, 1877-1955)과 이은(李垠, 1897-1970)을 의왕(義王)과 영왕(英王)으로 책봉하였다. 그리고 1907년 7월 순종이 황제에 즉위하면서 영왕을 황태자에 책봉하였고, 8월 요절한 고종의 서장자(庶長子) 완화군(完和君, 1868-1880)을 완왕(完王)에 추봉하였다. 따라서 정미년(1907) 12월에 친왕 위에는 의왕이 있었고, 1880년 사망한 완화군이 완왕에 추봉되어 있었다.

급하게 편찬된 『대한예전』은 관복제도에 있어 생략된 부분이 많다. 그중 조선에 없던 친왕의 관복에 대한 부분도 빠져 있다. 『대한예전』의 근간이 된 『대명회전』에 따르면 친왕의 상복은 황태자와 같다고 규정하고 있다.[102] 그러나 『증보문헌비고』를 보면 대한제국의 친왕은 면복(冕服)으로 조선의 왕세자에 해당하는 칠장복(七章服)[103]을 사용하여 구장복(九章服)[104]으로 규정한 『대명회전』과는 차이가 있다. 따라서 상복 역시 명의 친왕, 즉 황태자의 것이 아닌 조선의 왕세자의 제도를 따랐을 가능성이 있다. 즉, 사조룡보는 친왕이 사용한 것이 아닐까 생각된다.

정미년 흉배판은 승룡을 새기고 주위를 구름으로 채워 순종이 황태자 신분으로 사용한 을사년(1905) 흉배판과 도안의 구성이 동일하다. 그러나 테두리를 정원형 두 줄로 양각하여 당시 남성용 용보가 24개의 곡선으로 이루어진 테두리를 갖는 것과는 차이를 보인다. 테두리의 형태만 놓고 여성용으로 본다면 1907년 10월 의왕비로 책봉된 의친왕비가 사용하였을 가능성이 있다. 하지만 의친왕비의 당의에 부착된 용보는 전형적인 여성용 용보의 모습으로 반룡이 사용되어 정미년 흉배판과는 도안에 있어 큰 차이를 보인다.

용의 얼굴을 표현하는 방법에 있어서도 지금까지 보았던 흉배본과는 차이가 있다. 〈표 9〉는 기묘년(1879)과 을사년(1905), 정미년 흉배본의 승룡 얼굴 부분을 비교한 표이다. 보통 이마에는 곡선을 한줄 정도 넣는 것이 일반적인 데 반해 정미년 흉배판은 점문양을 새겨 넣어 다른 본과는 차이를 보인다. 이마의 점문양은 뒤에서 살펴볼 계축년 흉배판에서도 나타나는 특징으로 금사로 수를 놓을 경우 표현하기 어

---

102 『大明會典』卷60, 親王冠服 常服 永樂三年定 冠袍帶靴俱與 東宮同

103 『增補文獻備考』卷79, 親王冠服 冕服七章

104 『大明會典』卷60, 親王冠服 袞冕 洪武二十六年定 袞冕九章

기묘년(1879)	을사년(1905)	정미년(1907)
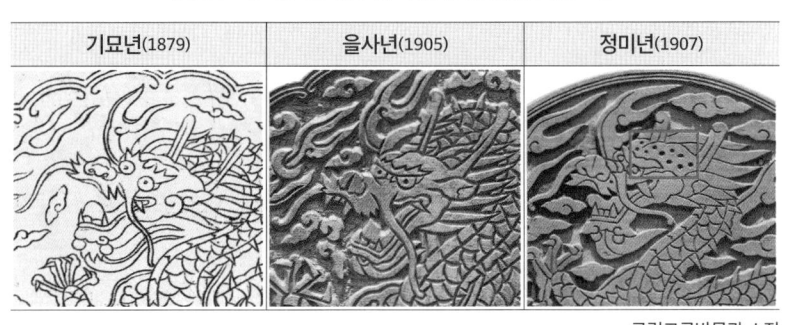		

국립고궁박물관 소장

려운 부분이다. 계축년 흉배판이 금박을 위한 흉배판임을 감안할 때, 정미년 흉배판 역시 금박판이 아닐까 생각해 본다.

대한제국 시기 왕족이 사용한 흉배는 대부분 금사로 수놓은 것으로, 금박으로 찍은 것은 덕혜옹주와 구왕자의 돌 의복에서만 볼 수 있다. 정미년 흉배판은 크기로 볼 때 성인이 사용한 것으로 볼 수 있어 금박용으로 볼 경우 생존해 있는 왕족이 사용한 것으로 보기 어렵다. 따라서 친왕으로 추존된 완왕을 위한 것이 아닐까 추정해 본다. 명성황후의 경우 사후에도 제를 지낼 때 의대가 올려진 내용을 확인할 수 있어, 1907년 완화군을 완왕으로 추봉한 이후 의대를 올렸을 가능성이 있다.

④ 계축년(1913) 흉배

〈그림 66〉[105]은 계축년에 만든 흉배판으로 발톱이 네 개인 사조룡

---

105 국립고궁박물관(2013), 앞의 책, 22.

이 양각되어 있다. 뒷면에 '계튝신조 좌견'이라는 묵서가 있어 왼쪽 어깨에 사용한 문양판으로 보이며, 좌우를 구분한 것으로 볼 때 우견이 따로 존재하였으나 소실된 것으로 추정된다[106]. 지름은 9.6-9.9cm이다. 도안을 보면 측면을 바라보는 승룡을 목판에 가득 차게 새기고, 얼굴 아래 빈 공간에 화주를 넣었다. 다른 흉배판에 비해 크기가 작아 빈 공간이 적지만 남은 공간은 구름으로 채우고 테두리는 24개의 곡선으로 이루어진 원형을 한 줄로 새겼다.

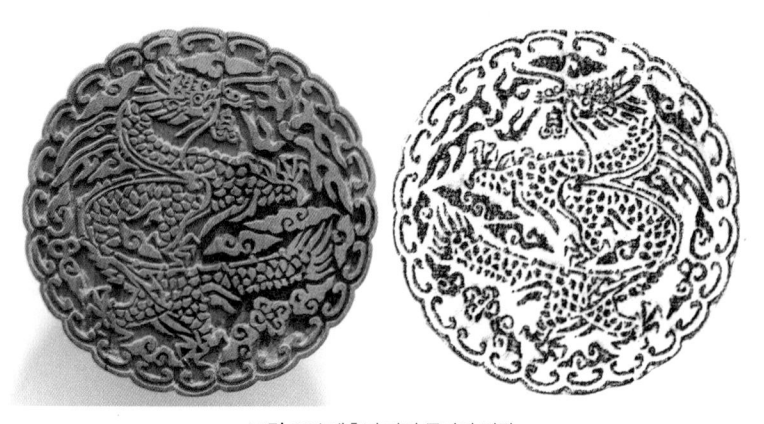

그림 66 | 계축년 좌견 목판과 건탁
국립고궁박물관 소장

계축년은 1913년으로 좌견 목판은 덕혜옹주(1912-1989)의 당의에 사용한 것으로 추정된다. 테두리의 형태는 남성용으로 볼 수 있지만, 1913년 지름이 10cm가 채 안 되는 견화를 사용할만한 어린 왕족은 덕

---

106   위의 책.

그림 67 | 덕혜옹주 돌사진
국립고궁박물관 소장

그림 68 | 덕혜옹주 부금당의
국립고궁박물관 소장

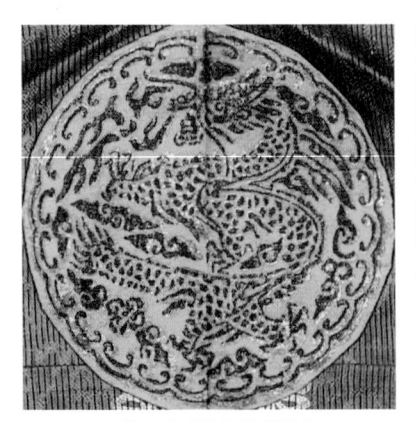

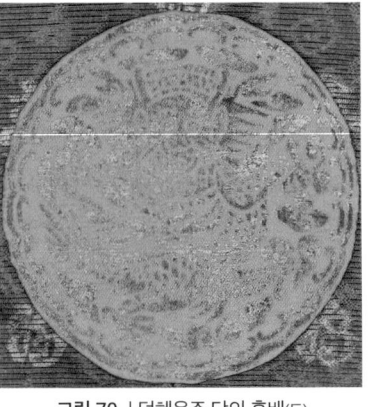

그림 69 | 좌견 목판 건탁과
당의 왼쪽 견화 문양 겹침
연구자 작업

그림 70 | 덕혜옹주 당의 흉배(등)
국립고궁박물관 소장

혜옹주밖에 없었다.[107] 〈그림 67〉[108]은 1913년경 찍은 덕혜옹주의 돌
날 기념사진으로 사진 속 당의는 〈그림 68〉[109]로 추정된다. 당의에는
가슴과 등, 양어깨에 부금한 용보를 부착하였는데 계축년 목판은 이
용보를 제작할 때 사용한 것으로 보인다. 〈그림 69〉는 계축년 목판을
건탁한 것과 당의의 왼쪽 견화 문양을 Adobe Photoshop을 이용하여
겹친 것으로 둘의 문양은 거의 일치한다. 〈그림 70〉[110]은 덕혜옹주 당
의의 등에 부착한 흉배로 승룡을 쓴 견화와는 달리 가슴과 등에는 정
면을 바라보는 반룡을 사용하였다.

덕혜옹주의 흉배는 지금까지 살펴본 다른 흉배들에 비해 문양이

---

107   광화당(光華堂) 이씨가 낳은 왕자 이육(李堉, 1914-1916)과 보현당(寶賢堂) 정씨가 낳은
      왕자 이우(李𡓳, 1915-1916)는 모두 1913년 이후 태어났다.

108   덕혜옹주 초상사진[2019. 4. 30 검색], 국립고궁박물관, http://www.gogung.go.kr

109   국립고궁박물관(2013), 앞의 책, 23.

110   덕혜옹주 문항라 부금 당의[2019. 4. 30 검색], 국립고궁박물관, http://www.gogung.go.kr

거칠고 투박하다. 돌쟁이를 위한 것이기 때문에 크기가 작아 정교한 작업이 어려울 수도 있었겠지만, 1913년은 이미 일제에 의해 대한제국의 국권을 빼앗긴 이후로 왕실의 사정이 예전 같지 않았기 때문으로 볼 수 있다. 또한 옹주의 신분에 사용할 수 없는 용 문양을 사용한 점 역시, 망국의 시대 상황 속에서 옹주에 대한 고종의 각별한 애정이 있었기에 가능했던 것으로 보인다.

2. 용도에 따른 특징

시대순으로 제작 연대를 추정한 흉배본 21건에 대해 남성용과 여성용으로 나누어 용도별 특징을 분석하였다. 정확한 용도와 사용자 추정이 어려운 정미년(1907) 흉배판을 제외한 20건 중 남성용은 13건, 여성용은 7건이다.

1) 남성용

왕과 왕세자를 위한 용보는 상복(常服)인 곤룡포와 군복(軍服)인 전복·동다리에 부착한 것으로 나눌 수 있다. 13건의 흉배본 중 상복을 위한 것은 6건이며, 군복을 위한 것은 7건이다.

① 상복

왕의 상복(常服)은 정사(政事)를 돌볼 때 입었던 시사복(視事服)으로 곤룡포(袞龍袍)라고도 한다. 상복의 형태는 둥근 깃을 단 단령[團領·盤領]으로 가슴과 등, 양어깨에 직조(織造)나 자수(刺繡)로 제작한 용보를 달았다.

상복에 사용한 용보는 어진(御眞)과 흉배본, 자수 용보를 통해 확인할 수 있다. 조선시대 어진은 한국전쟁 이전까지 함경도 준원전과 전라도 경기전의 태조 어진을 비롯하여 창덕궁 선원전에 열두 임금의 어진 48점이 봉안되어 있었다. 그러나 1954년 전란을 피해 다른 왕실 문화재와 함께 부산으로 옮겨갔다 보관 창고의 화재로 인해 대부분 소실되었다.[111] 남아 있는 어진 중 태조와 세조, 영조, 고종, 순종의 어진에서 왕의 상복을 확인할 수 있다.

흉배본은 앞서 살펴본 것 중 6건 20점이 상복에 사용한 것으로 종이본이 4건 16점, 목판본이 2건 4점이다. 종이본 4건은 모두 사조룡을 그려 왕세자가 사용한 것이며, 목판본 2건은 오조룡을 새겨 왕과 황태자를 위한 것이다. 이와 함께 사용자가 명확한 순종 황제의 황룡포와 영친왕의 홍룡포에 부착된 용보를 함께 분석하였다.

조선 초기 용보는 태조(太祖, 1335-1408)의 어진을 통해 확인할 수 있다. 태조의 어진은 총 26점이 있었으나 대부분 소실되었고, 온전한 형태로 남아 있는 것은 경기전에 봉안했던 〈그림 71〉[112] 뿐이다.[113]

---

111   조선미(2019), 앞의 책, 6-7.

112   조선태조어진[2019. 3. 19 검색], 문호재청 국가문화유산포탈, http://www.heritage.go.kr

113   조선미(2012), 앞의 책, 59-60.

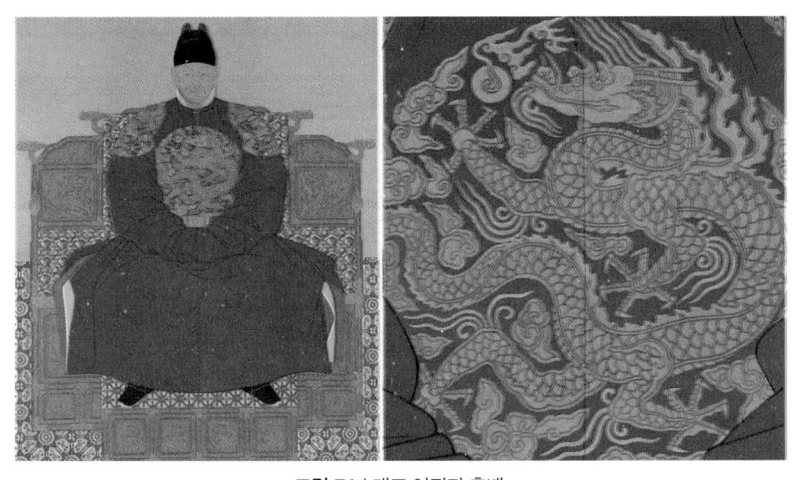

그림 71 │ 태조 어진과 흉배
어진박물관 소장 / 문화재청 제공

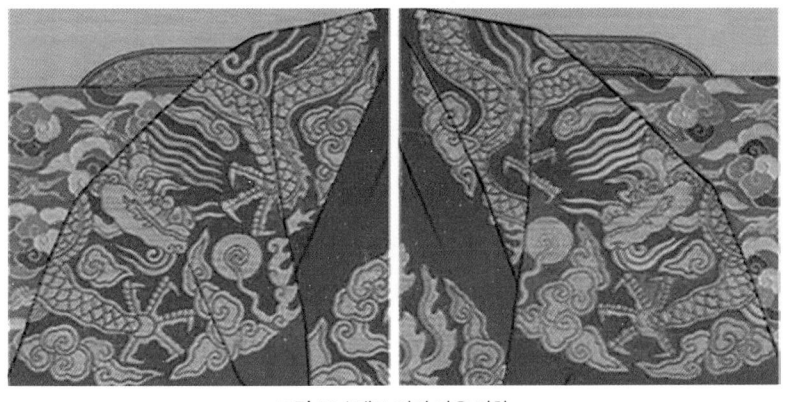

그림 72 │ 태조 어진 좌우 견화
어진박물관 소장 / 문화재청 제공

경기전 어진은 고종 9년(1872) 영희전(永禧殿) 어진을 모사한 이모본[114]
으로 태조는 청색 곤룡포를 입고 있다. 가슴과 양어깨에 모두 측면을
향하고 있는 승룡을 그리고 얼굴 옆에 화주를 두었으며 빈 공간은 구

---

114   위의 책, 60.

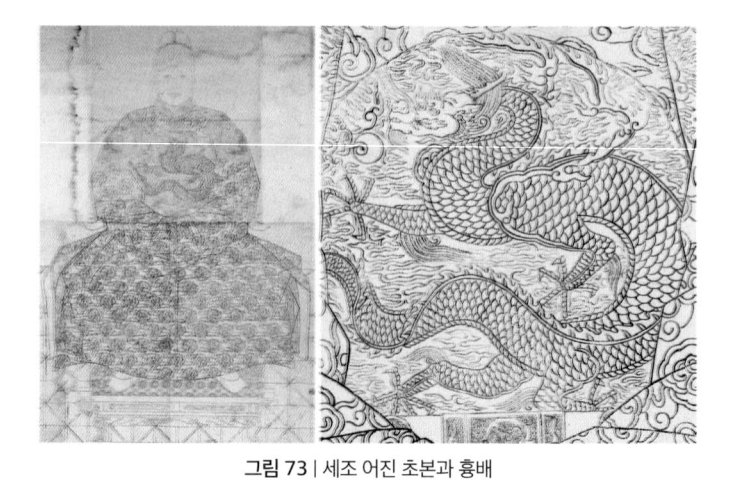

그림 73 | 세조 어진 초본과 흉배
국립고궁박물관 소장

름을 채워 별도의 테두리 없이 원형을 만들었다. 용은 모두 승룡을 그
렸지만 가슴과 어깨의 도안에는 차이가 있다. 가슴에 그린 승룡은 〈그
림 71〉처럼 머리가 용보의 윗부분에 위치하지만, 양쪽 어깨에는 〈그
림 72〉처럼 머리가 아래쪽에 오도록 그려 흉배와 견화에 다른 도안을
사용한 것을 확인할 수 있다.

　조선 초기 어진으로는 세조(世祖, 1417-1468) 어진 초본(抄本)도 전해
진다. 〈그림 73〉[115]은 김은호(金殷鎬, 1892-1979)가 1935년 이왕직(李王職)
의 요청으로 선원전(璿源殿)의 세조 어진을 모사할 당시 그린 초본이
다.[116] 세조 어진은 1735년 이모본을 제작하고 원본은 1872년 세초(洗
草)하여 남아 있는 초본은 이모본을 본뜬 것이다.[117] 용보는 〈그림 73〉

115　세조어진초본[2019. 4. 30 검색], 국립고궁박물관, http://www.gogung.go.kr

116　조선미(2019), 앞의 책, 233-234.

117　신재근(2017), 「국립고궁박물관 소장 〈세조어진초본〉 고찰」, 국립고궁박물관, 『古

처럼 승룡을 그리고 얼굴 아래 화주를 두었다. 양어깨에도 승룡을 그렸지만 머리가 아래쪽에 위치하고 있어 흉배와 견화 모두 전체적인 구도는 태조 어진과 거의 유사하다. 두 어진 속 용보의 가장 큰 차이점은 빈 공간을 채운 방식이다. 태조 어진은 여의형 운두에 꼬리가 있는 구름을 공간에 맞춰 큼직하게 그린 반면, 세조 어진은 용의 몸에서 뿜어져 나온 서기(瑞氣)와 유사한 형태의 것을 빈틈없이 그렸다. 그리고 가슴에 그린 용보에만 원형의 테두리를 한 줄로 그렸는데, 이는 용보의 경계를 표시하기 위한 선으로 후기에 볼 수 있는 테두리와는 다른 것으로 보인다. 양 어깨에는 별도의 선을 그려 경계를 표시하지 않아 용보의 제작 방식에 의문을 남긴다.

대부분의 어진이 한국전쟁 당시 화재로 소실되었고, 전해지는 유물 또한 없기 때문에 16-17세기 용보의 도안은 확인이 어렵다. 세조 이후로 남아 있는 어진은 영조(英祖, 1694-1776)의 반신상(半身像)으로 18세기 왕의 상복을 확인할 수 있다. 〈그림 74〉[118] 영조 어진은 1900년 역대 임금의 어진을 모셔두었던 경운궁(慶運宮)의 선원전(璿源殿)에 화재가 발생하여 소실된 어진을 모사할 때 제작된 것이다. 당시 육상궁(毓祥宮)에 모셨던 1744년에 그린 어진을 본떠 채용신(蔡龍臣, 1850-1941)이 그린 것으로[119], 표제는 고종 황제가 직접 적었다.[120]

두 세기 이상의 긴 시간이 흐르면서 영조 어진 속 용보는 세조 어

宮文化』10, 74.

118 영조어진[2019. 3. 20 검색], 국립고궁박물관, http://www.gogung.go.kr

119 조선미(2012), 앞의 책, 80.

120 『고종실록』권41, 고종 39년(1901) 1월 5일.

그림 74 | 영조 어진과 흉배
국립고궁박물관 소장

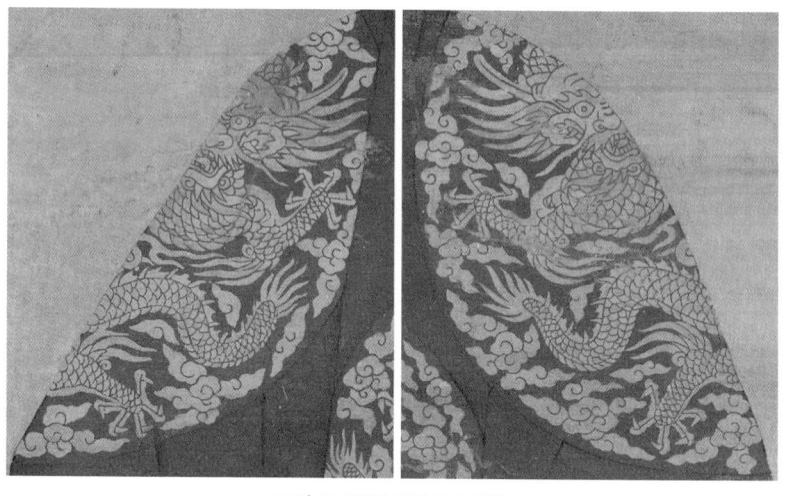

그림 75 | 영조 어진 좌우 견화
국립고궁박물관 소장

진과는 큰 차이를 보인다. 가슴은 물론 양어깨의 도안이 모두 측면이
아닌 정면을 바라보는 반룡으로 바뀐 것이다. 승룡을 그린 태조와 세
조의 어진은 흉배와 견화에 그린 용의 꼬임이 다르다. 가슴에는 용의

머리를 윗부분에 그렸지만, 어깨에는 아래쪽에 그려 완전히 다른 도안이다. 그러나 영조 어진 속 흉배와 견화는 모두 가슴과 같은 모습의 반룡을 그렸다. 단, 좌우 견화는 어깨에 붙였을 때 꼬리가 가슴쪽을 향하게 그려 좌우 반전된 형상을 한다. 가슴에 그린 용보는 앞에서 보았을 때 용의 꼬리가 왼쪽을 향하도록 그렸는데, 이는 태조와 세조 어진 속 승룡의 꼬리 방향과도 일치한다.

빈 공간은 여의형 운두에 꼬리가 있는 구름으로 채웠다. 용의 자세가 바뀌면서 얼굴 아래 있던 화주는 똬리를 틀고 있는 몸통 사이로 옮겨가 용보의 중앙에 위치하게 되었다. 가슴에 그린 용보는 옥대(玉帶)에 가려 화주가 보이지 않지만, 〈그림 75〉 견화를 보면 화주와 화염을 반씩 그려 위치와 형태를 확인할 수 있다. 흉배와 견화 모두 별도의 테두리를 그리지는 않았지만 〈그림 74〉, 〈그림 75〉를 보면 용보의 경계 부분을 명확히 표시하여 따로 제작하여 붙인 것을 암시한다. 이는 금선(金線)으로 오조룡을 직조하여 꿰맨다는[121] 『국조상례보편(國朝喪禮補編)』의 제작법과도 일치한다.[122]

영조 이후 상복에 사용한 용보는 종이본과 목판본을 통해 확인할 수 있다. 종이본은 모두 사조룡을 그려 왕세자의 상복에 사용한 것이다. 4건 모두 순종이 세자 시절 사용한 것으로 4장이 한 벌을 이룬다. 가장 이른 시기에 제작된 것은 1879년 기묘년 본으로 4장 모두 앞면에 '대본흉비', '대본견화'라는 묵서가 있다. 앞장에서 살펴본 것처럼

---

121   『國朝喪禮補編』, 襲 …(중략)… 袍用六雲紋紅緞別用紅緞圓裁作本以金線織五爪龍縫綴於袍之胸背及左右肩

122   박성실(2016), 『어진에 옷을 입히다』, 민속원, 148.

일부 흉배본에는 '군복', '적의', '원삼', '당고의' 등 용도를 표시한 것처럼 '대본' 역시 용도를 의미하는 것으로 보인다. 즉, 곤룡포에 부착한 것을 '대본'이라 부른 것으로 추정된다.

용은 모두 정면을 바라보는 반룡을 그렸고 주위는 구름으로 채웠다. 화주는 몸통과 꼬리 사이 빈 공간에 그렸다. 용의 자세나 화주의 위치, 여백을 구름으로 채운 방식 등 전체적인 구성은 영조 어진을 그대로 따르고 있다. 그러나 어진에서 볼 수 없던 24개의 곡선으로 이루어진 테두리가 생겨났고, 구름의 모양 역시 변화가 있다. 영조 어진에서는 여의형 운두에 꼬리가 있는 구름을 공간에 맞춰 자유롭게 그렸다. 그러나 기묘년 흉배본은 가로로 긴 작고 납작한 구름을 서로 평행하게 그려 방향성이 생겼다.

용의 꼬리 방향은 '흉비'라 적은 가슴본과 등본, '우견'이라 적은 오른쪽 어깨본이 동일하여 오른쪽을 향하고, '좌견'이라 적은 왼쪽 어깨본만 왼쪽을 향하게 그려 넣었다. 양어깨는 어진과 동일하게 옷에 부착하였을 때 꼬리가 전면을 향하도록 좌우 견화본을 대칭이 되도록 그린 것이다. 또한, 어진에서는 확인할 수 없던 등본은 가슴본과 동일하게 그린 것을 알 수 있다.

이후 순종이 성장하면서 새로 제작한 세 벌의 흉배본은 모두 기묘년 본의 특징을 그대로 이어가고 있다. 〈표 10〉은 4건의 흉배본 중 가슴본을 비교한 것이다. 신체의 성장에 따라 흉배의 크기는 커졌지만 도안의 구성은 모두 동일하며, 특히 위치에 따른 용의 꼬리 방향이 모든 본에서 일치한다. 즉, 가슴본과 등본, 오른쪽 어깨본은 모두 꼬리가 오른쪽을 향하도록 그렸고, 왼쪽 어깨본만 왼쪽을 향하고 있다.

〈표 10〉 순종의 세자 시절 상복용 흉배본 비교

기묘년 (1879)	연도미상 (1880-1881)	임오년 (1882)	정해년 (1887)
14.1cm	14.9cm	15.3cm	18.8cm

국립고궁박물관 소장

　1897년 정유년에 제작한 목판본은 뒷면의 묵서처럼 한 쌍이 남아 있다. 도안의 구성은 순종의 흉배본과 거의 동일하며 크기는 19.3-20.3cm로 조금 크다. 두 개의 목판은 용의 모습이 좌우 대칭이 되도록 양각하여 다른 본이 없이도 흉배와 견화를 모두 제작할 수 있다. 그러나 순종의 흉배본은 사용 위치에 따라 정확히 흉배와 견화를 구분하여 적은 것에 반해, 정유년 목판본은 견화로만 사용된 본에도 '흉비'라고 적고 있어 흉배는 견화를 포괄하는 의미로도 사용된 것을 알 수 있다.

　한편, 반룡을 그린 영조의 어진과 순종의 종이본, 고종의 목판본을 비교해 보면 이상한 점이 발견된다. 영조 어진의 가슴에 그린 흉배는 꼬리가 왼쪽을 향하고 있는 것에 비해, 순종의 흉배본은 모두 오른쪽을 향하고 있어 차이를 보인다. 영조의 어진은 왕의 초상이고, 순종의 흉배본은 세자 시절 사용한 것이라 신분의 차이가 나타난다. 그러나 순종이 세자 시절 올린 임오가례 때 세자빈이 사용한 적의용 흉배본을 보면 같은 사조룡임에도 가슴본과 등본의 꼬리 방향이 왼쪽을 향하고 있어 이를 신분의 차이로 보기에는 무리가 있다.

또한, 황룡포를 입은 고종의 사진에서도 용의 꼬리는 영조의 어진과 마찬가지로 왼쪽을 향하고 있으며, 순종의 황룡포와 영친왕의 홍룡포 역시 동일하다. 뿐만 아니라 뒤에서 살펴볼 여성용 흉배본 역시모두 가슴본과 등본은 꼬리를 왼쪽을 향하게 그려 남녀의 차이로 보기에도 무리가 있다. 이러한 점들로 미루어 볼 때, 순종의 상복용 흉배본은 목판을 제작하기 위한 밑그림으로 사용되었을 가능성을 제시해본다. 목판에 새긴 흉배본은 종이에 찍어 사용하였기 때문에 도안의좌우를 반대로 새겨야 한다. 시사복인 상복은 다른 예복과 달리 일상으로 착용하였기 때문에, 한 해에도 여러 차례 진상되었고 계절에 따라 소재를 달리하여 새롭게 지어 올렸다. 그만큼 용보도 수차례 제작되어 이를 위한 본을 목판으로 제작한 것이 아닐까 추정해 본다.

결국 용의 꼬리는 흉배와 좌견(左肩)이 동일하여 왼쪽을 향하고, 우견(右肩)만 오른쪽을 향하게 사용한 것으로 볼 수 있다. 이를 근거로 정유년 흉배판의 용도를 구분하면 국립고궁박물관 소장본이 흉배와 좌견에 사용한 것이고, 국립민속박물관에 소장된 것이 우견으로 볼 수있다.

고종은 1897년 10월 12일 황제즉위식을 거행하고 국호를 '대한제국'으로 고쳐 내외에 선포하였다. 그리고 예제를 황제국의 위상에 맞춰 격상시키면서 복식 제도를 정비하였다. 곤룡포의 색상도 홍색에서황제를 상징하는 황색으로 격상되었고, 용보에도 변화가 생겼다. 대한제국 시기 황제의 용보는 순종 황제의 황룡포에 부착된 것이 남아있다.

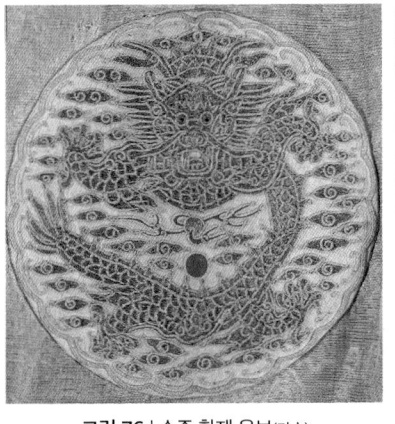

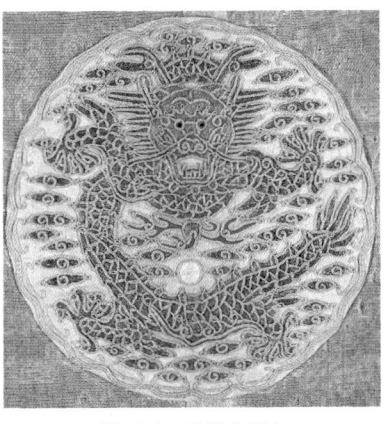

그림 76 | 순종 황제 용보(가슴)
세종대학교박물관 소장
문화재청 제공

그림 77 | 순종 황제 용보(등)
세종대학교박물관 소장
문화재청 제공

〈그림 76〉[123]은 가슴에 부착한 용보로 화주 아래 붉은색 해[日]를, 〈그림 77〉[124]은 등에 부착한 것으로 흰색 달[月]을 수놓았다. 일월문(日月紋)은 황제를 상징하는 것으로 왕의 9장복에는 사용할 수 없고, 황제의 12장복에만 포함되는 문양이다. 이처럼 용보에도 황제를 상징하는

그림 78 | 정유년 흉배판 화주
국립고궁박물관 소장

---

123   문화재청(2006), 앞의 책, 61.

124   위의 책.

문양을 추가하여 달라진 위상을 표출하였다. 정유년 목판본은 1897년 제작하였지만 황제즉위식이 있기 전인 음력 8월[中秋]에 만들어 〈그림 78〉[125]처럼 화주만 새겨 넣어 차이를 확인할 수 있다.

한편, 순종 황제의 황룡포에 부착된 두 점의 용보는 부착 위치에 있어 재고의 여지가 있다. 중요민속자료 제58호로 지정된 용보는 가슴과 등에 부착된 것만으로, 좌우 견화는 후에 제작된 복원품으로 알려져 있다.[126] 이 중 흉배 두 점은 용의 꼬리 방향이 서로 반대를 향하고 있다. 〈그림 79〉[127]는 고종 황제가 곤룡포를 입고 찍은 사진으로 좌우 견화를 확대해 보면 왼쪽에는 해를, 오른쪽에는 달을 수놓은 것이

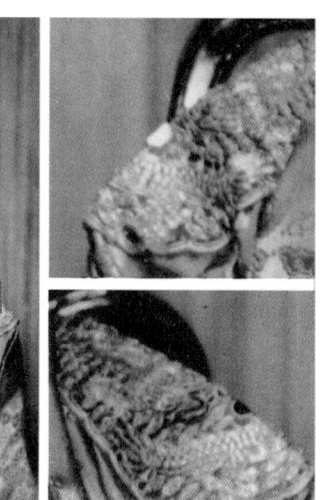

그림 79 | 황룡포 차림의 고종 황제와 좌우 견화
국립고궁박물관 소장

---

125 국립고궁박물관(2013), 앞의 책, 16.

126 문화재청(2006), 앞의 책, 59.

127 고종 황제 사진[2019. 4. 30 검색], 국립고궁박물관, http://www.gogung.go.kr

보인다. 가슴의 흉배는 옥대에 가려 화주 부분을 확인할 수 없다. 대신 순종 황제의 어진에서 화주 아래 부분을 확인할 수 있다.

〈그림 80〉은 순종이 승하한 뒤인 1928년 김은호가 그린 어진이다. 기유년(1909) 사진본[128]을 범본(範本)으로 삼아 그린 것으로 화재로 인해 오른쪽 삼분의 일 정도가 소실되어 가슴과 왼쪽 어깨의 흉배가 부분적으로만 남아 있다. 흉배와 견화는 모두 오조룡이 아닌 사조룡을 그렸는데, 이는 경술국치 이후 더 이상 황제가 아닌 '이왕(李王)'으로 신분이 내려갔기 때문으로 보고 있다.[129]

〈그림 81〉은 순종 황제 어진에서 흉배와 오른쪽 견화를 확대한 것

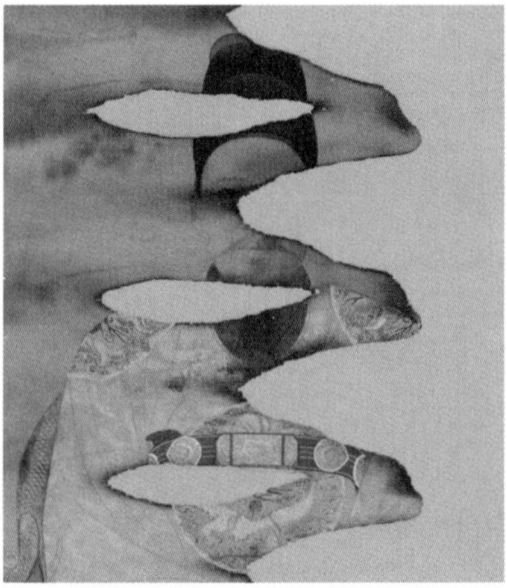

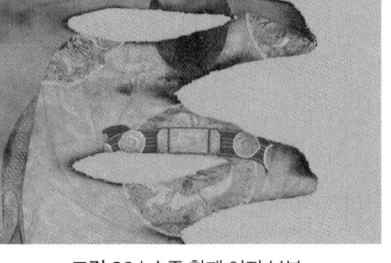

그림 80 | 순종 황제 어진 부분
국립고궁박물관 소장

---

128 기유년(1909) 사진본은 이와다[岩田] 사진관에서 촬영한 것으로 단발에 서구식 군복을 입고 앉아 있는 반신상이다. 김은호는 사진을 참고하여 의대(衣襨)를 익선관에 곤룡포로 바꾸어 어진을 완성하였다. 조선미(2019), 앞의 책, 199, 312-314.

129 위의 책, 316-319.

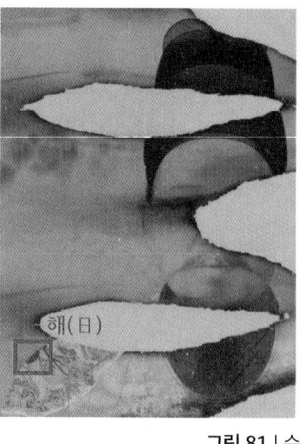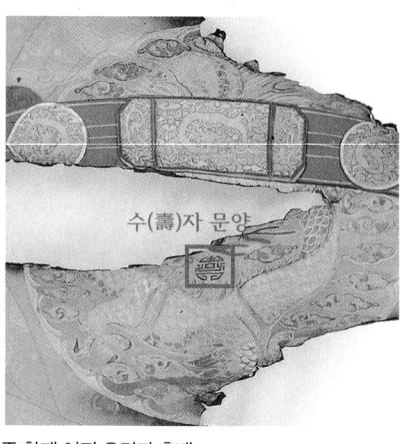

수(壽)자 문양

해(日)

그림 81 | 순종 황제 어진 우견과 흉배
국립고궁박물관 소장

이다. 왼쪽 견화는 화주 부분부터 타버려 일월문을 확인할 수 없지만, 오른쪽 견화는 아래 부분이 남아 있어 화주 아래 붉은색 해를 그린 것을 볼 수 있다. 〈그림 79〉 고종의 사진에서 오른쪽 어깨에 흰색 달을, 왼쪽 어깨에 붉은색 해를 수놓은 것과는 차이를 보인다. 순종 어진에서 왼쪽 견화를 확인할 수 없어 정확한 판단은 어렵지만 생전에 모습을 보면서 그린 것이 아닌 사후 추사(追寫)[130]된 점으로 미루어 볼 때 일월문의 좌우 위치를 잘못 그린 것이 아닐까 추정된다.[131]

한편, 흉배에는 일월문이 아닌 원형의 수(壽)자 문양을 넣어 견화와 차이를 두었다. 이를 근거로 고종의 사진 속 흉배 역시 일월문 대

---

130 어진 제작은 도사(圖寫), 추사(追寫), 모사(模寫)로 구분된다. 도사는 왕이 생존해 있을 때 그 모습을 바라보고 그린 것이며, 추사는 사후 그린 것을 말한다. 모사는 이미 그려진 어진이 훼손되었거나 새로운 진전(眞殿)에 봉안해야 될 경우 기존 어진을 범본으로 해서 신본을 그린 것을 말한다. 조선미(2012), 앞의 책, 42.

131 황제의 면복에서도 왼쪽 어깨에 붉은색 해를, 오른쪽 어깨에 흰색 달을 넣어 고종 황제의 사진 속 일월문 위치를 따르는 것이 옳은 것으로 생각된다.

그림 82 | 황룡포용 용보와 수(壽)자 문양 확대
단국대학교 석주선기념박물관 소장

신 수(壽)자 문양을 넣었을 가능성이 있다. 또한, 석주선기념박물관에는 운현궁(雲峴宮)에서 소장하고 있던 황제의 용보(그림 82)[132]가 남아 있는데 순종의 어진처럼 화주 아래 원형의 수(壽)자 문양을 수놓았다.

지금까지 확인한 내용들을 종합해 보면 순종 황제의 황룡포에 부착된 용보는 가슴과 등이 아닌 양쪽 어깨에 사용하였던 것으로 추정된다. 가슴과 등에는 달았던 흉배가 분실된 후 좌우 견화를 가슴과 등에 나누어 달은 것으로 짐작된다.

상복에 사용한 용보는 15세기까지는 측면을 향한 승룡을 그렸지만, 영조 어진부터는 정면을 바라보는 반룡으로 바뀌었다. 또한, 순종의 세자 시절 사용한 흉배본을 보면 흉배는 물론 견화도 모두 반룡을 수놓은 것을 알 수 있다. 이후 대한제국 시기에는 황제는 명 황제가 입었던 황룡포를, 황태자는 조선의 왕이 입었던 홍룡포를 입었으며, 모두 오조룡을 수놓은 용보를 사용하였다. 그러나 을사년(1905) 흉배

132 　단국대학교 석주선기념박물관 사진 제공.

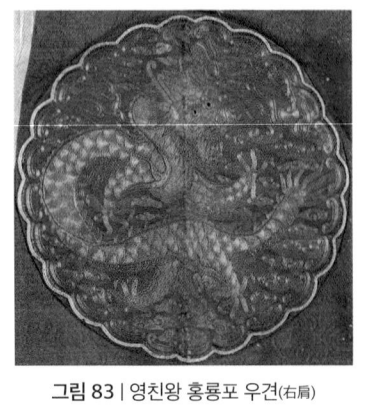 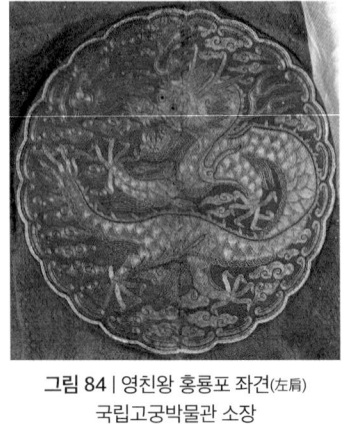

그림 83 | 영친왕 홍룡포 우견(右肩)
국립고궁박물관 소장

그림 84 | 영친왕 홍룡포 좌견(左肩)
국립고궁박물관 소장

판을 통해 황태자는 황제와 차이를 두기 위해 흉배와 견화 모두 승룡을 사용한 것을 확인하였다. 조선 초기 사용된 승룡이 대한제국 시기에 다시 나타난 것이다.

승룡을 수놓은 용보는 영친왕의 홍룡포에서도 확인할 수 있다. 가슴과 등에는 반룡을, 양어깨에는 〈그림 83〉[133], 〈그림 84〉[134]와 같이 승룡을 수놓은 용보를 달았다. 좌우 견화는 용의 방향이 서로 반전된 상태로 얼굴과 꼬리가 착용자의 앞쪽을 향하도록 부착하였다. 영친왕은 1907년 순종이 황제에 즉위하면서 황태자로 봉해졌다. 이 용포는 영친왕이 1922년 순종을 배알(拜謁)할 때 입었던 것으로, 순종은 황태자 시절 흉배와 견화 모두 승룡을 사용하였지만, 영친왕은 흉배에는 반룡을, 견화에는 승룡을 수놓아 차이를 보인다. 이는 경술국치 이후 혼란한 정국이 복식에도 반영된 것으로 볼 수 있다.

133　국립고궁박물관 사진 제공.

134　국립고궁박물관 사진 제공.

② 군복

왕의 군사복식에는 융복(戎服)과 군복(軍服)이 있다. 왕의 융복은 다른 예복에 비해 구체적인 자료가 부족하여 정확한 구성을 확인하기 어렵지만, 여러 문헌을 종합해본 결과 홍색 철릭에 가슴과 등, 양어깨에 용보를 달아 착용한 것으로 보인다.[135] 왕의 철릭에 용보를 갖춘 예는 정조 실록에서 확인할 수 있다. 그러나 융복을 입은 어진이나, 유물이 전혀 남아 있지 않아 실체를 파악하는 데 한계가 있다.

융복과 달리 왕의 군복은 어진을 통해 구성을 확인할 수 있다. 철종 12년인 1861년 그려진 철종(哲宗, 1831-1863) 어진(그림 85)[136]은 남아 있는 조선시대 어진 중 유일하게 군복을 착용한 모습이다.[137] 비록 삼분의 일이 한국전쟁 당시 화재로 소실되었지만, 용안(龍顏)과 의대(衣襨) 부분이 비교적 많이 남아 있어 군복의 구성을 살펴볼 수 있는 중요한 자료이다. 철종은 협수와 전복(戰服)을 입고 허리에는 요대(腰帶)와 전대(戰帶)를 둘렀으며, 머리에는 전립(戰笠)을 쓰고 있는 모습이다. 협수는 동다리로 길과 소매는 황갈색으로 하였으며, 홍색 소매를 중간부터 덧대었고 흰색 한삼을 그 아래 그렸다. 동다리 위에 입은 전복은 검은빛을 띠고 있다.[138] 가슴과 양어깨에 금색으로 칠한 용보를 그렸는데, 전복 위에 그린 것은 전대로 많이 가려졌지만 정원(正圓)을 반으

---

135   송수진·홍나영(2019), 앞의 논문, 92.

136   철종어진[2019. 4. 30 검색], 국립고궁박물관, http://www.gogung.go.kr

137   조선미(2012), 앞의 책, 90.

138   박성실(2016), 앞의 책, 74-75.

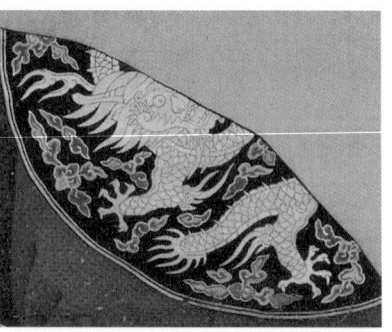

그림 85 | 철종 어진과 견화·흉배
국립고궁박물관 소장

로 나누어 양쪽에 부착한 것으로 보인다.[139]

이 밖에 왕의 군복용 흉배를 확인할 수 있는 자료로 흉배본이 있
다. 1744년부터 1888년까지 왕과 왕세자가 사용한 군복용 흉배본 7
건 30점이 전해진다. 대부분의 흉배본에 제작 시기와 용도에 대한 기
록이 남아 있어 정확한 연대 추정이 가능했고, 이를 통해 시대에 따른
변화를 정리하면 다음과 같다.

먼저 부착 위치에 따른 용의 형태에 변화가 있다. 군복으로 철종

---

139   송수진·홍나영(2019), 앞의 논문, 80.

어진과 같이 전복이나 괘자 같은 대금형 상의를 입었기 때문에 가슴본은 원형을 세로로 반을 갈라 좌우 대칭이 되도록 만들고 측면을 향한 승룡을 그렸다.[140] 이는 시대에 상관없이 모든 본에서 공통으로 나타난 특징이다. 그러나 등본과 어깨본에 그린 용의 형태는 시대별로 차이가 있다. 1744년 갑자년 본과 1838년 무술년 본은 정면을 바라보는 반룡을 사용했지만, 1879년 기묘년 본에서는 승룡을 그렸다. 남아 있는 흉배본이 많지 않아 정확한 변경 시점을 확인할 수는 없지만, 철종 어진에서도 견화에는 반룡을 그려 고종 연간에 승룡으로 바뀐 것으로 보인다.[141]

배경 문양에도 변화가 나타났다. 1744년 갑자년 본은 여백을 구름으로 채웠지만, 1838년 무술년 본에는 하단에 삼산과 물결, 파도, 보문이 추가되었다. 군복용 흉배에 하단 문양이 나타난 정확한 시점은 알 수 없지만, 적어도 헌종 연간부터는 사용된 것으로 볼 수 있다. 그러나 1861년에 그린 철종 어진의 흉배(그림 85)를 보면 용의 주위를 오색구름으로만 채웠을 뿐 하단 문양은 보이지 않는다. 시간적 맥락을 고려해 보면 무술년 본 이후 그려진 철종의 어진에도 삼산과 물결 등 하단 문양이 포함되는 것이 자연스럽겠으나 실제로는 빠져 있어 두 가지 양식이 공존하였을 가능성도 존재한다.[142]

---

140 위의 논문, 91.

141 위의 논문.

142 위의 논문, 92.

2) 여성용

왕권을 상징하는 용을 수놓은 용보는 왕실의 적통을 잇는 왕비와 세자빈, 세손빈만이 사용할 수 있었다. 남아 있는 용보는 적의(翟衣)와 원삼(圓衫), 당의(唐衣)에 부착한 것으로 대부분 국말 유물이다. 이보다 앞선 시기의 용보는 흉배본을 통해 확인할 수 있다. 앞장에서 살펴본 흉배본 중 여성이 사용한 것은 7건 19점으로 종이본이 5건 17점, 목판본이 2건 2점이다.

① 적의

적의(翟衣)는 가례나 책봉, 정조(正朝)나 동지(冬至)의 하례 등 가장 중요한 행사 때 왕실 적통을 잇는 여성이 입는 최고의 예복으로 왕과 왕세자의 면복(冕服)에 대응하며, 법복(法服)이라고도 하였다.[143] 조선 전기에는 명에서 사여받은 법복을 적의로 여겼으나, 실제로는 명나라 군왕비(君王妃)의 관모와 명부(命婦) 일품의 예복에 해당하는 대삼(大衫) 제도였다. 임진왜란과 병자호란 이후 더 이상 명에서 사여받을 수 없자 우리 식으로 변화된 적의를 직접 만들어 입었는데, 여러 시행착오를 거쳐 영조 때에 이르러 조선의 적의 제도가 완성되었다.[144] 이후 고종이 대한제국을 선포하고 예제를 황제국에 맞춰 격상시키면서, 적의 역시 명의 황후 적의를 본떠 새롭게 제도를 정비하였다.

---

143 洪那英·柳喜卿(1983), 앞의 논문, 5.

144 위의 논문, 17.

적의에는 가슴과 등, 양어깨에 용을 수놓은 용보를 달았는데, 이는 명과는 달리 조선의 적의 제도에만 있는 특징이다. 특히, 용보는 대례복으로 착용할 때만 부착하였고, 진연이나 진찬 등에 입은 적의는 상복(常服)에 해당하여 용보 대신 봉황 흉배를 달았다.[145] 신분에 따라 적의 색상을 달리하여 대비는 자색(紫色), 왕비는 대홍색(大紅色), 세자빈은 아청색(鴉靑色)을 사용하였다.

조선 후기 적의는 남아 있는 유물이 없어 확인이 불가능하다. 그렇지만 임오년(1882) 가례 시 세자빈이 사용한 적의용 흉배본이 남아 있어 국말 적의에 사용한 용보의 도안을 확인할 수 있다. 임오가례는 순종이 세자 시절 올린 첫 번째 가례이다. 기름종이에 그린 흉배본은 뒷면에 '임오가례시 젹의 흉비', '임오가례시 젹의견화'라는 묵서가 있어 사용 시기와 용도를 알 수 있으며, 사조룡을 그려 가례의 당사자인 세자빈이 사용한 것을 유추할 수 있다.

임오년 가례 시 마련한 의대(衣襨) 관련 「발긔」가 여러 장 남아 있어 세자빈의 적의를 구체적으로 확인할 수 있다. 『국조속오례의보서례』에 따르면 세자빈의 적의는 흑단(黑緞)으로, 「발긔」에는 '아청금션 젹의'로 기록하고 있다.[146] 용보는 '翟衣胸背 一次'를 마련하였는데, 바탕감으로 아청한단(鴉靑漢緞)을 사용하여 적의와 색을 맞춘 것을 알 수 있다.[147] 수방(繡房)에서 작성한 「발긔」에는 수를 놓는 데 필요한 금

---

145 김소현·안인실·장정윤(2007), 앞의 논문, 95.

146 「빈궁마누라의디볼긔」, MF35-004658, 한국학 디지털아카이브, http://yoksa.aks. ac.kr

147 「東宮媽媽嘉禮時枕佩物件記」, MF35-004658, 한국학 디지털아카이브, http:// yoksa.aks.ac.kr

사(金絲)와 각종 색사(色絲)의 소요량도 자세히 기록되어 있다.[148]

조선 후기 적의가 우리 식으로 국속화된 제도였다면, 대한제국 시기의 적의는 『대명회전』을 따른 황후와 황태자비의 대례복이었다. 이시기 적의는 순종의 계비인 순정효황후(純貞孝皇后, 1894-1966)의 12등 적의와 영친왕비(英親王妃, 1901-1989)의 9등 적의가 남아 있다. 두 점의 적의는 모두 기미년(1919)에 예정되었던 영친왕의 가례를 위해 마련한 것이다.[149] 그러나 기미년 가례는 갑작스런 고종의 승하로 조선에서는 성사되지 못하였고, 다음해인 1920년 일본에서 결혼식을 올리고 1922년 영친왕과 영친왕비가 조선 왕실에 조현례를 치룰 때 이 적의를 입은 모습이 흑백 사진으로 남아 있다.[150]

두 적의는 모두 가슴과 등, 양어깨 부착한 오조룡 용보가 그대로 남아 있다. 바탕감은 적의 색에 맞춰 심청색(深靑色)을 사용하였다. 용의 모습은 정면을 바라보는 반룡으로 방향은 오른쪽 견화를 뺀 나머지가 동일하여 꼬리가 왼쪽을 향하고 있으며, 우견만 오른쪽을 향하고 있어 좌우 견화는 착용자의 전면을 향하게 부착하였다. 위치마다 본을 따로 그린 임오년 흉배본 역시 용의 방향이 유물과 일치한다. 이는 왕의 상복에 부착한 용보와 동일한 방향으로 남녀에 차이가 없었음을 알 수 있다.

〈표 11〉은 순명효황후의 임오년 흉배본과 순정효황후, 영친왕비

---

148 「嬪宮媽媽繡發記」, MF35-004658, 한국학 디지털아카이브, http://yoksa.aks.ac.kr

149 손경자의 선행연구에서 순정효황후의 심청색 적의를 '기미신조 남치적의'라 기록하였다. 문화재청(2006), 앞의 책, 48.

150 위의 책, 48-49.

의 용보를 비교한 것이다. 흉배본과 유물은 제작 시기가 30년 이상 차이가 나지만 도안의 구성은 거의 일치하고 있다. 화면 중앙에 반룡을 두고 하단에 삼산과 물결, 파도, 보문을 배치하고 빈 공간을 구름으로 채웠다. 흉배본을 보면 테두리를 두 줄로 그렸는데, 유물 역시 굵은 금사 두 올을 사용하여 테두리를 수놓아 도안과 일치한다.

〈표 11〉 적의용 용보 비교

임오년 적의 흉배본 (1882)	순정효황후 적의 용보 (1919)	영친왕비 적의 용보 (1919)
18.3cm	18cm	17.5cm
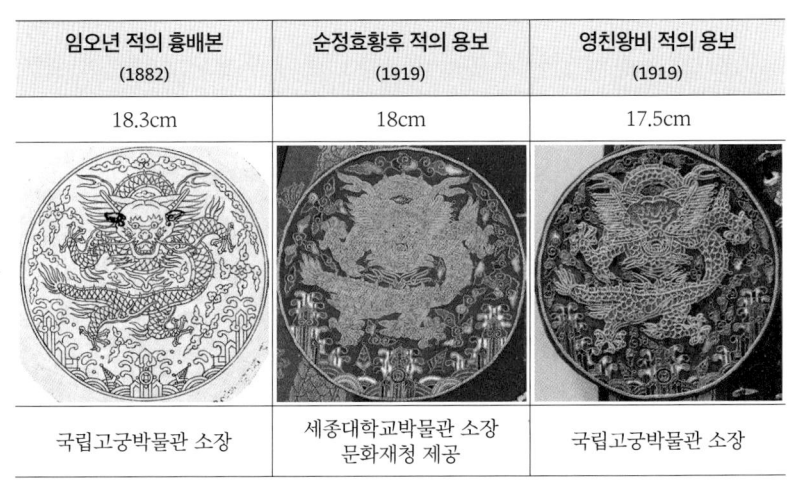		
국립고궁박물관 소장	세종대학교박물관 소장 문화재청 제공	국립고궁박물관 소장

한편, 곤룡포의 용보는 용과 구름을 모두 금사로 수놓은 것과 달리 여성의 용보는 용을 제외한 나머지 문양은 색사(色絲)를 사용하여 수놓고, 테두리는 가는 금사로 징거주었다. 구름의 모양 역시 여의형 운두에 꼬리가 있는 구름을 수놓아 곤룡포용 용보와는 차이를 두고 있다. 반면, 배경 문양의 구성만 두고 보면 국말 왕의 군복에 사용한 용보의 특징과 일치하고 있다.

<表 12> 적의용 용보의 얼굴 비교

임오년 적의 흉배본 (1882)	순정효황후 적의 용보 (1919)	영친왕비 적의 용보 (1919)
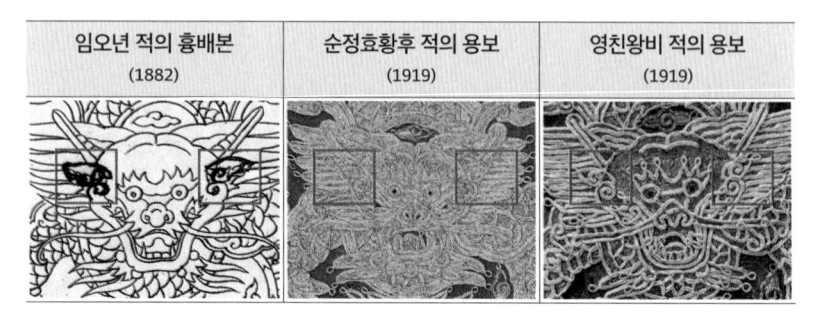		

〈표 12〉는 용의 얼굴 부분을 비교한 것이다. 임오년 흉배본을 보면
귀 부분을 위에다 수정하여 덧그렸다. 처음에는 볼에 뾰족뾰족한 수
염을 그리고 그 뒤로 귀를 그렸지만, 수염 부분을 생략하고 바로 귀를
그리는 방식으로 수정하였다. 볼과 귀 부분을 용보와 비교하면 수정
된 것과 동일한 방식으로 표현한 것을 알 수 있다. 이는 금사로 수놓
기 편한 방법으로 도안을 변경한 것으로 보인다.

크기는 임오년 흉배본이 18.3cm로 가장 크고, 영친왕비의 것이
17.5cm로 가장 작다. 임오년에 순명효황후의 나이가 10세였던 것을
고려할 때 흉배의 크기가 큰 편이다. 앞장에서 확인한 것처럼 10대 때
사용한 흉배는 성인의 것보다 크기가 작은 데 반해, 임오년 흉배본은
병술년(1886) 35세의 명성황후가 사용한 당의용 흉배본과 비슷한 크기
이다. 그리고 명성황후가 사용한 기묘년(1879) 원삼용 흉배는 지름이
20.4cm로 당의용보다 크기가 크다.

한편, 기미년(1919)에 순정효황후(1894-1966)는 이미 성인이었지만 흉
배의 크기는 임오년 본과 비슷하다. 또한, 뒤에서 살펴볼 병오년(1906)
가례 때 마련한 홍원삼에 부착된 흉배의 크기가 18.8cm로 적의용 흉

배에 비해 크다. 영친왕비의 적의와 원삼에 사용된 흉배 역시 원삼용
이 조금 더 크다. 이는 위에서 확인한 19세기 말 예복에 따른 흉배 크
기 차이와는 반대되는 부분이다. 이러한 사실들을 종합해 볼 때 조선
말기까지는 예복의 격이 높을수록 흉배의 크기가 컸던 것으로 보이지
만, 경술국치 이후 제작된 흉배들은 예복에 따른 차이를 두지 않고 앞
서 사용했던 흉배들의 크기를 참고하여 제작한 것으로 보인다.

② 원삼

원삼(圓衫)은 '둥근 형태의 맞깃'이 달린 옷으로 조선 후기 대표적
인 여성 예복 중 하나이다.[151] 왕실에서부터 민간에 이르기까지 착용
범위가 넓고, 특히 조선 후기에는 민간 혼례복으로 많이 입혀졌다.[152]

원삼에 부착한 흉배는 착용자의 신분과 의례의 종류에 따라 차등
을 두었다. 황후나 왕비가 대례복으로 착용할 경우 용보를 가슴과 등,
양어깨에 부착하였지만, 이보다 격이 낮은 소례복으로 입을 때에는
봉황을 수놓은 흉배를 가슴과 등에만 붙여 구분하였다.[153] 여러 신분
에서 착용한 원삼은 적의에 비해 다양한 유물이 남아 있지만, 용보를
부착한 것은 대한제국 시기의 것만 남아 있다. 그러나 조선 말기 원삼
에 사용한 흉배본 한 벌이 남아 있어 대한제국 시기 유물과 비교가 가
능하다.

---

151 홍나영·신혜성·이은진(2011), 앞의 책, 342.

152 임현주·조효숙(2013), 「조선시대 원삼의 시기별 특성에 관한 연구」, 『服飾』 63(2),
     30.

153 柳喜卿(1975), 앞의 책, 455.

기묘년(1879)에 만든 원삼용 흉배본은 가슴과 등, 양어깨를 각각 따로 그려 4장이 한 벌을 이룬다. 흉배본의 앞면에는 각각 '긔묘신조 원삼흉비', '긔묘신조 원삼흉비견화'라는 묵서가 있어 제작 시기와 용도를 확인할 수 있으며, 오조룡을 그려 명성황후(1851-1895)가 사용한 것으로 보인다. 등본의 지름은 약 20.4cm로 앞서 살펴본 임오년 적의용 흉배본보다 크다. 두 본의 제작 시기가 비슷한 점으로 미루어 볼 때 원삼용 흉배본의 크기가 더 큰 것은 사용자의 나이 차에 의한 것으로 볼 수 있다. 기묘년(1879)에 명성황후는 28세로 임오년(1882)에 10세였던 순명효황후보다 크기가 큰 용보를 사용한 것이다.

순정효황후의 홍원삼은 중요민속자료 제48호로 '동궁비 원삼'으로 명명되었다. 선행연구에 따르면 이 원삼은 '병오가례시 원삼'이라 밝히고 있다.[154] 병오가례는 1906년 있었던 순종과 순정효황후의 가례를 말한다. 대한제국 선포 이후 치러진 가례이기 때문에 황태자비는 홍원삼에 오조룡을 수놓은 용보를 사용하였다.

〈표 13〉은 기묘년 흉배본과 동궁비 원삼의 용보를 비교한 것이다. 도안의 구성이 거의 유사하나, 세세한 부분에 있어 차이도 나타난다. 먼저 기묘년 흉배본은 앞서 살펴본 임오년 적의용 흉배본과 달리 볼과 귀 부분의 수정이 없이 뾰족뾰족하게 그린 수염이 그대로 남아 있다. 그러나 동궁비 원삼의 용보는 임오년 흉배본처럼 수염을 생략하였다. 또한, 기묘년 본은 용 머리 뒷부분의 작은 공간에 구름을 그렸지만, 동궁비 원삼은 이 구름을 생략하고 있다. 용의 방향은 가슴과 등,

---

154 손경자의 선행연구에서 '동궁비 원삼'을 '병오가례시 원삼'이라 밝히고 있다. 문화재청(2006), 앞의 책, 33.

기묘년 원삼 흉배본 (1879)	동궁비 원삼 용보 (1906)
20.4cm	18.8cm
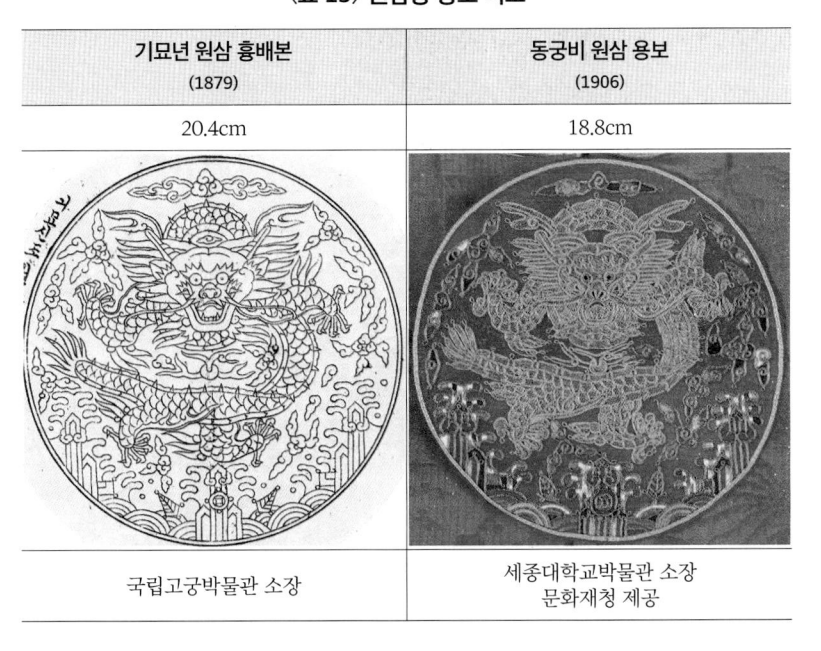	
국립고궁박물관 소장	세종대학교박물관 소장 문화재청 제공

왼쪽 어깨는 모두 꼬리가 왼쪽을 향하고 있지만, 오른쪽 어깨는 차이가 있다. 흉배본은 우견의 꼬리 방향을 오른쪽으로 그려 옷에 부착하면 착용자의 전면을 향할 수 있게 하였지만, 동궁비 원삼은 우견 역시다른 위치와 마찬가지로 꼬리가 왼쪽을 향하게 수놓았다. 그래서 오른쪽 어깨의 용보는 용의 꼬리가 착용자의 후면에 위치한다.

순정효황후의 원삼은 한 벌 더 남아 있다. 중요민속자료 제49호로 지정된 황원삼은 12등 적의와 함께 기미년(1919)에 만들었다고 전해진다.[155] 이 원삼을 착용한 순정효황후의 사진이 〈그림 86〉처럼 남아 있

---

155   손경자는 선행연구에서 '전(傳) 황후 황원삼'을 '긔미신조 황직금원삼'이라 밝히고
      있다. 문화재청(2006), 앞의 책, 39.

그림 86 | 황원삼 차림의 순정효황후
국립고궁박물관 소장

다. 가슴과 등, 양어깨에는 황색 바탕에 오조룡을 금사로 수놓은 용보를 부착하였다. 기미년 가례를 위해 준비한 원삼에는 영친왕비의 홍원삼도 있다. 단(緞)으로 만든 겨울용과 사(紗)로 만든 여름용 두 벌이 남아 있다. 모두 홍색 바탕에 오조룡을 수놓았다.

〈표 14〉[156]는 순정효황후의 황원삼과 영친왕비의 홍원삼 용보를 비교한 것이다. 도안의 구성이 〈표 13〉의 동궁비 원삼을 포함해서 모두 유사하다. 단, 황원삼과 직금단 홍원삼은 용 머리 뒤 빈 공간에 구름을 수놓았지만, 별문사 홍원삼은 동궁비 원삼과 마찬가지로 이 부분을 생략하였다. 용의 방향은 세 벌 모두 일치하여 가슴과 등, 왼쪽 어깨는 꼬리가 왼쪽을 향해 있고, 오른쪽 어깨만 오른쪽을 향하게 수

---

156 영친왕비의 별문사 홍원삼은 소장처에서 용보의 크기를 제공하지 않아 Adobe Illustrator CS6 프로그램을 이용하여 가슴에 부착한 용보의 크기를 측정한 것으로 오차가 있을 수 있다. 가로 지름이 19.8cm, 세로 지름은 19.3cm가 나왔다.

<表 14> 순정효황후와 영친왕비 원삼 용보 비교

순정효황후 황원삼 (1919)	영친왕비 직금단 홍원삼 (1919)	영친왕비 별문사 홍원삼 (1919)
18.8cm	18.5cm	19.8cm
세종대학교박물관 소장 문화재청 제공	국립고궁박물관 소장	국립고궁박물관 소장

놓아 좌우 견화가 모두 착용자의 전면을 향하고 있다.

③ 당의

당의(唐衣)는 궁중에서 크고 작은 예식과 명절, 사철 문안례 복식으로 착용한 소례복(小禮服)으로, 재료와 장식에 차이를 두어 상궁 및 내인들도 예복으로 착용하였다.[157] 옆트임이 있는 긴 저고리에서 발전된 당의는 '당저고리(唐赤古里)', '당고의(唐古衣)' 등으로 불렀으며, 이를 줄여 '당의'가 되었다.[158] 그러나 「발긔」 물목을 확인해 보면 왕실에서는 '당의' 보다는 '당고의'나 '당저고리'라는 명칭을 더 많이 사용한 것을

---

157 강순제 외(2015), 앞의 책, 223.

158 권혜진(2000), 「당의에 관한 연구: 궁중발기와 유물을 중심으로」, 이화여자대학교 대학원 석사학위논문, 10.

알 수 있다.[159]

당의는 계절에 맞춰 흰색이나 자적색을 입기도 하였지만, 가장 많이 사용한 색은 초록색이다. 유물 역시 초록당의가 가장 많이 남아 있다. 왕비나 세자빈은 직금이나 부금으로 장식한 당의에 용보를 달아 소례복으로 착용하였는데, 이 또한 모두 초록당의만 남아 있다. 용보를 부착한 당의는 대한제국 시기의 것이 남아 있지만, 이보다 이른 시기의 흉배본이 여러 벌 남아 있어 조선시대부터 대한제국까지 이어지는 변화를 확인할 수 있다.

경술년(1790) 당고의 흉배본은 당의용 흉배본 중 가장 오래된 것으로 '당고의 흉비 경술신조'라 적은 흉배 1장과 '당고의 견화 경술신조'라 적은 견화 1장이 한 벌을 이룬다. 19세기 말에 사용한 적의용이나 원삼용 흉배본이 위치별로 본을 따로 그린 것과는 달리 18세기 말까지는 흉배와 견화로 나누어 같이 사용한 것을 알 수 있다. 용의 꼬리 방향은 두 장 모두 왼쪽을 향하고 있다. 적의와 원삼의 경우 견화를 달았을 때 용의 꼬리가 착용자의 전면을 향하도록 좌우 견화의 도안을 대칭이 되도록 그렸다. 그러나 경술년 본은 한 장으로 그려 오른쪽 견화는 당의에 부착하면 꼬리가 뒤쪽에 위치하게 된다. 이보다 이른 시기에 사용한 갑자년(1744) 군복용 흉배본 역시 견화를 하나로 그려 사용하였다. 하지만 같은 시기 영조 어진을 보면 오른쪽 견화 역시 용의 꼬리가 전면을 향하고 있어 좌우 견화에 같은 도안을 썼다고 단정하기는 어렵다. 당시 한 장의 본으로 좌우 반전된 도안을 얻는 방법이 있지 않았을까 생각되며 이에 대한 추가적인 연구가 필요하다.

---

159 위의 논문.

기묘년(1819) 당고의 흉배본은 뒷면에 '긔묘신조 당고의 흉비'라 적은 흉배본 1장과 '긔묘신조 당고의 흉비견화'라고 적은 좌우 견화 2장이 한 벌을 이룬다. 가슴과 등은 한 장으로 사용하였으며, 견화는 경술년과 달리 좌우를 나누어 본을 마련하였다. 양어깨 본은 도안이 좌우 반전된 모습으로 지금까지 살펴본 것처럼 당의에 달았을 때 용의 꼬리가 착용자의 전면에 향하도록 그렸다.

도안의 구성을 보면 정면을 바라보는 반룡을 그리고 주위를 여의형 운두에 꼬리가 있는 구름으로 채웠다. 하단에는 삼산과 물결, 파도, 보문을 그리고 정원형의 테두리를 표시하였다. 도안의 구성만 보면 적의, 원삼, 당의에 사용한 용보가 모두 동일하여 묵서가 없다면 구분할 수 없다. 다만 시대에 따라 세세한 표현에 있어 변화가 있을 뿐이다.

경술년과 기묘년 도안과 매우 유사한 용보가 한 점 전해진다. 〈그림 87〉은 중요민속자료 제43호로 지정된 용보이다. 지정 명칭은 '오조

그림 87 | 오조룡 왕비보
서울공예박물관 소장, 사진 제공

룡 왕비보'로 유물 상태는 비교적 양호한 편이지만 바탕천이 삭아서 약간 갈라짐 현상이 보인다.[160] 바탕감으로 초록색 화문단을 사용하여 초록당의에 사용하였을 것으로 생각된다. 크기는 19.5cm로 20.6cm인 경술년 본보다는 작고 18.9cm인 기묘년 본보다 조금 크다.

<표 15> 당의용 용보 세부 문양 비교

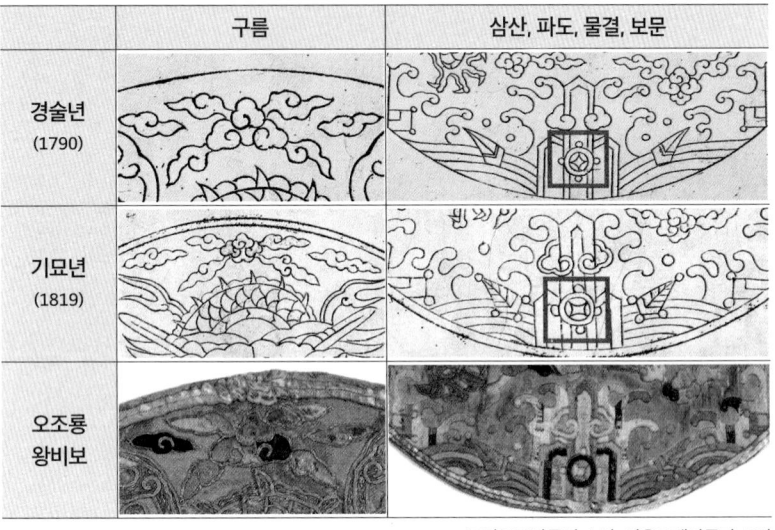

	구름	삼산, 파도, 물결, 보문
경술년 (1790)		
기묘년 (1819)		
오조룡 왕비보		

국립고궁박물관 소장, 서울공예박물관 소장

<표 15>는 용 머리 위의 구름과 하단문양을 비교한 것이다. 앞장에서 서술한 것처럼 이 위치의 구름은 시대에 따라 변화가 있다. 왕비보의 구름은 여의형 운두에 4개의 꼬리를 'X'자 모양으로 수놓고 그 사이에 작은 구름을 하나씩 두어 경술년부터 기묘년까지 이어온 특

---

160   문화재청(2006), 앞의 책, 239.

징을 따르고 있다. 하단의 삼산과 파도, 물결, 보문 역시 비슷한 양식을 유지하고 있다. 하지만 기묘년 본까지는 삼산을 중심으로 좌우 물결을 하나씩만 길게 그린 것에 비해 왕비보는 좌우 각 두 개씩 수놓아 차이를 보인다. 삼산 중앙에 있는 전보의 위치는 세 개가 모두 비슷하여 짧은 봉우리 보다 높지 않다. 그러나 전보의 방향을 기묘년 본부터는 45도 회전시켜 그렸고, 왕비보 역시 기묘년 본을 따르고 있다. 또한, 테두리를 표현하는 방식 역시 왕비보는 두꺼운 금사 두 올을 사용하여 원형으로 징거주어 두 줄로 테두리를 그린 기묘년 본과 일치한다. 이러한 특징들로 미루어 보았을 때, 왕비보는 기묘년 흉배본 이후에 제작된 것으로 생각된다.

병술년(1886) 흉배본은 가슴과 등, 양어깨를 각각 그려 4장이 한 벌을 이룬다. 앞뒷면에 '병술 당고의 신조'라고 적혀 있어 당의용 흉배본임을 알 수 있다. 그러나 부착 위치에 있어 견화와 흉배를 함께 적은 본이 있어 이 부분은 명확한 정리가 필요하다. 부착 위치는 용의 꼬리 방향과 크기를 통해 구분할 수 있다. 4장의 본은 적의나 원삼에 사용한 본과 마찬가지로 3장은 꼬리가 왼쪽을 향하고, 1장만 오른쪽으로 그렸다. 꼬리가 오른쪽을 향해 있는 본은 앞면에 '병술 당고의 신조'라고만 쓰여 있어 흉배본으로 생각할 수 있지만, 용의 방향으로 볼 때 오른쪽 어깨본으로 보아야 한다.

나머지 3장은 각각 '병술 당고의신조 흉비', '병술 당고의 견화 신조', '병술 당고의신조 견화흉비'라는 묵서가 있다. '흉비'와 '견화'가 정확히 구분된 본은 그 위치에 사용된 것이 확실하지만, '견화흉비'라 쓰여있는 본은 흉배본으로 봐야 된다. 보통 흉배는 견화를 포함하는 개념으로도 사용하였지만, 견화는 어깨에 부착하는 것을 지칭하는 용

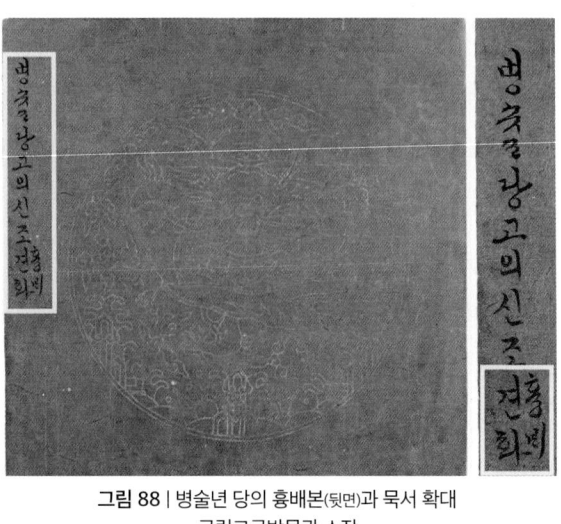

그림 88 | 병술년 당의 흉배본(뒷면)과 묵서 확대
국립고궁박물관 소장

도로만 사용되었다. 그러나 이 본은 〈그림 88〉처럼 '견화'라고 쓴 옆에 '흉비'를 다시 써서 사용 위치를 흉배로 정정한 것으로 보는 것이 맞다. 이는 도안의 크기로도 확인이 가능하다. 위에서 우견으로 판단했던 본과 '견화'라고 쓴 본은 지름이 약 17.6cm로 동일하며, '흉비'와 '견화흉비'라고 쓴 본은 18.2cm로 크기가 같다.

도안의 구성은 위에서 살펴본 당의용 본들과 거의 유사하다. 오른쪽 어깨본에는 임오년 적의에 사용한 본처럼 귀 부분을 수정하여 덧그렸다. 이 부분은 〈표 16〉을 보면 왕비보까지는 경술년 본처럼 볼의 수염을 그대로 수놓았지만, 대한제국 시기 적의나 원삼을 보면 병술년 본처럼 수염을 생략한 것을 확인할 수 있다.

당의와 함께 남아 있는 용보는 〈표 17〉과 같이 대한제국 시기 순정효황후와 의친왕비, 덕혜옹주의 것이 있다. 중요민속자료 제103호

〈표 16〉 당의용 용보 얼굴 비교

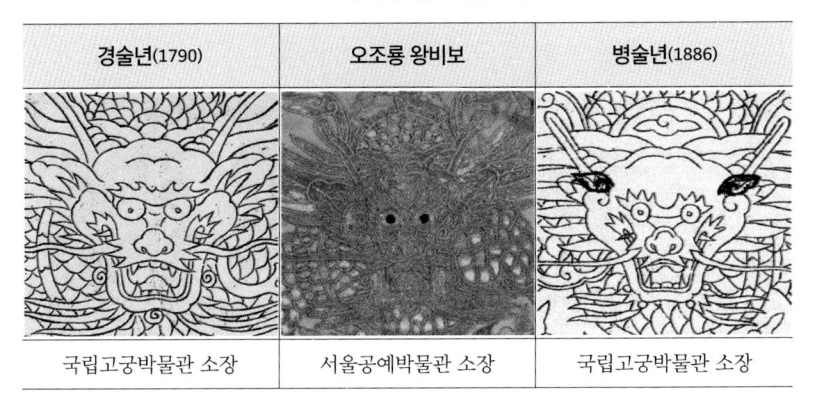

경술년(1790)	오조룡 왕비보	병술년(1886)
국립고궁박물관 소장	서울공예박물관 소장	국립고궁박물관 소장

〈표 17〉 대한제국 시기 당의 용보 비교

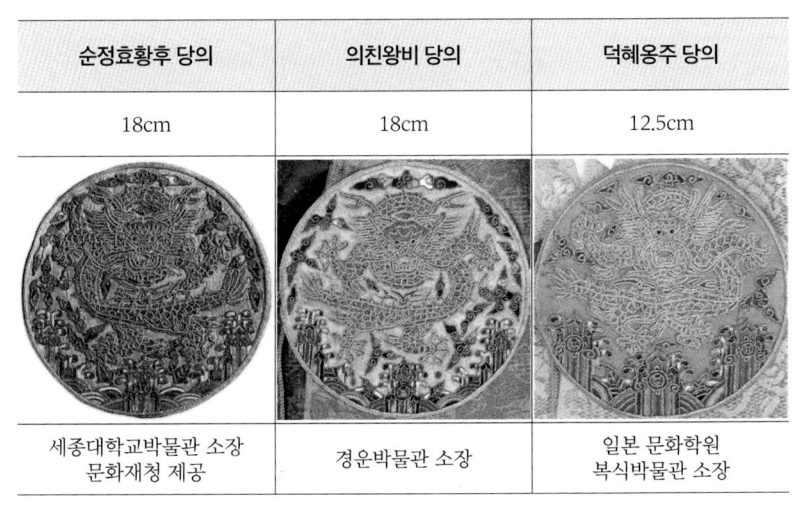

순정효황후 당의	의친왕비 당의	덕혜옹주 당의
18cm	18cm	12.5cm
세종대학교박물관 소장 문화재청 제공	경운박물관 소장	일본 문화학원 복식박물관 소장

로 지정된 순정효황후의 녹색 당의[161]는 가슴과 등, 양어깨에 오조룡
을 수놓은 용보가 달려 있다. 용보의 크기는 18cm로 병술년(1886) 본

---

161 중요민속자료 지정 명칭은 '전(傳) 왕비 당의'로 세종대학교(전 수도여자사범학교) 설
   립자가 순정효황후로부터 하사받은 유물이므로 윤황후가 착용하였던 당의로 보
   고 있다. 문화재청(2006), 앞의 책, 77.

과 비슷한 크기이며, 원삼에 사용한 용보보다 조금 작다.

〈표 18〉은 병술년 본과 당의용 용보 유물의 세부 도안을 비교한 것이다. 용 머리 위의 구름은 모두 여의형 운두에 좌우로 긴 꼬리가 달린 형태로 변화되었다. 그리고 머리 뒤로 돌아가는 몸통 사이 빈 공간에 작은 구름을 본과 같이 수놓았다. 하단의 문양을 살펴보면 삼산과 물결, 파도, 보문으로 구성된 양식은 동일하지만 왕비보에 비해 좌우 물결의 개수가 각각 4개씩으로 증가하였다. 이는 병술년 본부터 의친 왕비의 당의까지 공통적으로 나타난 변화이다.[162]

〈표 18〉 당의용 용보 세부 문양 비교

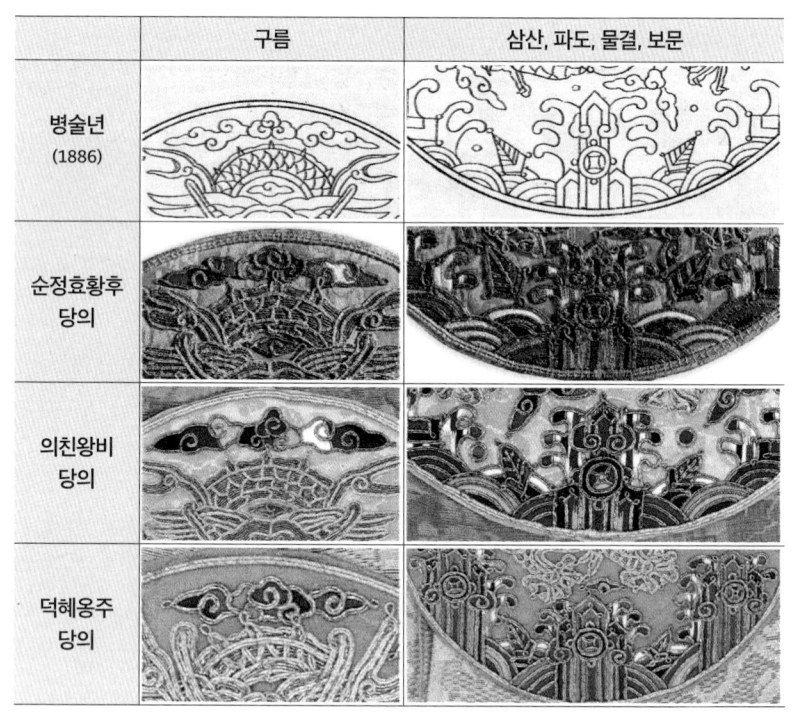

	구름	삼산, 파도, 물결, 보문
병술년 (1886)		
순정효황후 당의		
의친왕비 당의		
덕혜옹주 당의		

162 덕혜옹주의 용보는 물결을 좌우로 각각 3개씩 수놓았다. 이는 다른 용보에 비해

용의 방향을 보면 순정효황후의 당의는 이상한 점이 발견된다. 가슴에 단 용보는 지금까지 살펴본 본들과는 반대로 꼬리가 오른쪽을 향하고 있다. 등과 왼쪽 어깨는 모두 꼬리가 왼쪽에 있어 지금까지 확인한 방향을 따르고 있다. 한편, 오른쪽 어깨의 용보는 꼬리가 전면이 아닌 후면에 있어 가슴과 우견의 위치가 바뀐 것으로 생각된다. 둘의 위치를 바꾸면 가슴과 등, 왼쪽 어깨는 모두 용의 꼬리가 왼쪽을 향하게 되며, 오른쪽 어깨 역시 용의 꼬리가 전면으로 오게 되어 지금까지 살펴본 부착 위치에 따른 용의 방향과 일치하게 된다. 의친왕비의 당의는 뒷면이 공개되지 않아 확인할 수 없지만, 가슴과 양 어깨의 방향은 흉배본의 방향과 일치한다.

덕혜옹주의 당의는 돌 때 입었던 것부터 소녀 시절 입었던 것까지 유물이 남아 있고, 당의 차림의 사진도 여러 장 전해진다. 용보는 옹주의 신분으로 사용할 수 있는 것이 아니었지만, 경술국치 이후 태어난 덕혜옹주는 어지러운 시대 상황 속에서 고종의 지극한 사랑을 받고 자라 제도에서 벗어난 용보를 사용한 것으로 보인다. 앞장에서 살펴본 것처럼 '계튝신조 좌견'은 돌 때 입었던 당의에 사용한 것으로 금박용 목판이다.

〈표 17〉의 용보는 일본 문화학원 복식박물관에 소장되어 있는 당의에 부착된 것으로 품(28cm)과 화장(62.5cm)으로 볼 때 10대 초반에 착용한 것으로 생각된다. 용보의 지름은 12.5cm로 순종이 5살 때 사용한 상복용 용보가 14.1cm인 것에 비해 작다. 돌 때 당의와는 달리 용보는 금사와 오색 견사를 사용하여 수놓았다. 도안의 구성은 성인이

크기가 작아 공간에 맞추어 수놓았기 때문으로 보인다.

사용한 것과 동일하며 견화 역시 승룡이 아닌 정면을 바라보는 반룡을 수놓았다. 하지만 〈표 18〉의 다른 용보들과 달리 중앙에 위치한 삼산 뿐만 아니라 좌우 삼산의 중심에도 전보를 수놓아 색다르다. 보통 원형의 보에는 좌우 삼산의 짧은 봉우리가 하나씩 생략되어 중앙에 전보를 수놓기에는 공간이 부족하다. 그러나 덕혜옹주의 당의는 좌우 삼산에도 짧은 봉우리를 생략하지 않고 그 안에 전보를 수놓아 성인의 것과 차이를 보인다.

〈그림 89〉[163]는 제작 연대와 용도, 사용자에 대한 기록이 없는 흉배본으로 4장이 한 벌을 이룬다. 가슴본과 등본에는 각각 '흉비'와 '반흉비', 양쪽 어깨본에는 '견화'라는 묵서가 있어 사용 위치는 확인할

그림 89 | 흉배본
국립고궁박물관 소장

---

163   국립고궁박물관(2014), 앞의 책, 82.

수 있다.[164] 도안의 구성은 병술년 당고의 흉배본과 거의 유사하다. 상단에는 여의형 운두에 좌우로 긴 꼬리가 하나씩 달린 구름을 그렸으며, 물결은 좌우로 4개씩 대칭을 이룬다. 테두리까지의 지름은 '흉비'에서 쟀을 때 약 16.5cm로 작은 편이다.

오조룡을 그린 이 흉배본은 덕혜옹주의 당의에 사용한 것으로 추정된다. 먼저 연대를 판단할 때 단서가 되는 특징들이 기묘년(1879) 원삼 흉배본과 일치하여 19세기 말엽 이후에 사용한 것으로 추정된다. 그보다 이른 시기 오조룡을 수놓은 용보를 사용할 수 있는 사람은 왕비와 대비뿐이지만, 크기로 볼 때 헌종과 철종 연간에 사용한 것으로 보기에는 무리가 있다. 또한, 앞장에서 살펴본 대부분의 흉배본은 연대와 용도에 대한 정확한 묵서가 있는 데 반해, 위치에 대한 내용만 있는 것은 순종이 어린 시절 사용한 본처럼 19세기 말에 나타난다.

19세기 말 사용자가 확실한 흉배본 중 비교적 어린 나이에 사용한 것은 임오년(1882) 순명효황후가 가례 때 사용한 적의 흉배본이다. 10세 때 사용한 것으로 지름이 18.3cm나 된다. 그리고 대한제국 시기 순정효황후의 가례 때 올려진 원삼의 용보 역시 지름이 18.8cm로 12세 때 사용하였다. 둘 다 10대 초반에 사용한 것으로 당의보다 격이 높은 적의와 원삼에 사용한 용보는 18cm가 넘는 크기이다. 이러한 점으로 볼 때 16.5cm의 오조룡 흉배본은 당의에 사용한 것으로 추정된다.

오조룡을 수놓은 용보를 사용한 10대 초반의 여성으로는 황태자비였던 순정효황후와 덕혜옹주가 있다. 순정효황후의 당의에 달려있는 용보는 18cm로 흉배본 보다 크다. 물론 성인이 된 이후 착용한 것

---

164 위의 책.

으로 볼 수 있지만, 1906년 가례 때 만든 홍원삼과 황후가 된 이후 기묘년(1919)에 만든 황원삼의 용보 크기가 동일한 것으로 볼 때 당의 역시 비슷한 크기의 용보를 가례 직후부터 사용했을 것이라 생각된다. 결국 그보다 크기가 작은 오조룡 흉배본은 덕혜옹주의 당의에 사용한 것으로 추정된다. 앞서 살펴본 당의와 함께 전해지는 용보보다 크기가 큰 것으로 볼 때 성장하는 덕혜옹주를 위해 새롭게 마련한 것으로 보인다.

3. 시대에 따른 특징

1) 용 문양

용은 왕을 상징하는 문양으로 조선시대 용보는 왕과 왕세자, 왕세손과 그들의 정비(正妃)만이 사용할 수 있었다. 신분에 따라 용의 발톱 개수를 달리하여 왕은 오조룡, 왕세자는 사조룡, 왕세손은 삼조룡을 사용하도록 구분하였다. 남아 있는 흉배본과 용보를 확인해 보면 왕과 왕세자의 용보는 발톱의 개수 말고는 대부분의 특징이 일치한다. 단, 사용자의 나이에 따른 크기 차이는 있다.

조선 전기 용보는 어진과 문헌 자료로밖에 확인이 불가능하다. 실록에 따르면 세종 초기까지는 사조룡의(四爪龍衣)를 입었지만, 명의 친왕이 오조룡을 사용하는 것을 확인하고 이후부터는 조선에서도 오조룡을 사용하였다. 초기 용보의 모습은 태조와 세조의 어진을 통해 확인할 수 있다. 가슴과 양어깨에 측면을 향하고 있는 승룡을 그리고, 주

위는 구름으로 채웠다. 그러나 18세기 그려진 영조 어진에서는 용의
모습이 정면을 바라보는 반룡으로 바뀌었는데, 대부분의 어진이 한국
전쟁 때 소실되어 어느 시점에 용의 모습이 바뀌었는지는 알 수 없다.
이후 대한제국 전까지 왕과 왕세자의 상복에는 가슴과 등, 양어깨에
모두 정면을 바라보는 용보를 달았다. 한편, 고종이 대한제국을 선포
하면서 왕세자는 황태자로 신분이 격상되었고 황제와 같은 오조룡보
를 사용하게 된다. 그러나 가슴과 등, 양어깨에는 승룡을 수놓아 반룡
을 수놓은 황제와 차이를 두었다.

상복에 사용한 용보는 승룡에서 반룡으로 바뀌었다면, 군복에 사
용한 용보는 반룡에서 승룡으로 바뀌었다. 군복에 사용한 용보는 흉
배본과 철종의 어진을 통해 확인할 수 있다. 가장 오래된 흉배본인 갑
자년(1744) 본은 가슴본에는 승룡을 그렸지만 등과 어깨본은 반룡을
그렸다. 견화의 반룡은 철종 어진에서도 확인된다. 그러나 고종 연간
이 되면 모든 위치에 승룡을 그려 변화가 생긴다.

왕비와 세자빈이 역시 오조룡보와 사조룡보를 신분에 맞춰 사용하
였다. 용의 형태는 가장 이른 시기 여성용 흉배본인 경술년(1790) 본부
터 신축년(1901) 본까지 부착 위치에 상관없이 모두 정면을 바라보는
반룡을 그렸다.[165] 남아 있는 용보 역시 모든 위치에 반룡을 수놓았다.

용의 얼굴은 시대에 따라 변화가 생겨 연대를 판단하는 단서가 된

---

165 한 가지 예외로 덕혜옹주가 돌 때 입은 당의가 있다. 가슴과 등에는 반룡을, 양어
깨에는 승룡을 금박으로 찍은 용보를 부착하였고, 그중 좌견 흉배판이 남아 있다.
그러나 테두리를 24개의 곡선으로 표현하였고, 좌견만이 남아 있는 점으로 미루
어 왕자 아기시를 위해 만든 금박판을 그대로 사용하고 좌견만 새로 제작했을 가
능성도 있다. 이후 덕혜옹주의 자수 용보는 모두 견화에 반룡을 사용하였다.

다. 〈표 19〉는 갑자년(1744)부터 무술년(1838)까지 반룡을 그린 흉배 도안의 얼굴을 비교한 것이다. 머리 갈기는 위로 뻗어 휘날리는 모습으로 묘사하였고, 입꼬리와 볼에는 뾰족하게 수염을 그렸다. 갑자년과 무술년 본은 왕의 군복용이고, 경술년은 왕비의 당의에 사용한 본이지만, 성별과 용도에 구분 없이 용을 묘사하는 방식은 유사하다.

〈표 19〉 갑자년·경술년·무술년 반룡 얼굴 비교

갑자년(1744)	경술년(1790)	무술년(1838)
군복	당의	군복

국립고궁박물관 소장

〈표 20〉 기묘년·정유년 반룡 얼굴 비교

기묘년(1879)	기묘년(1879)	정유년(1897)
원삼	곤룡포	곤룡포

국립고궁박물관 소장

〈표 20〉은 기묘년(1879)부터 정유년(1897)까지 반룡의 얼굴을 비교한 것이다. 무술년 이후 가장 이른 시기의 흉배본은 기묘년 본으로 오조룡을 그린 원삼용 본과 사조룡을 그린 곤룡포용 본이 남아 있다. 머리 갈기는 〈표 19〉와는 달리 'ㅡ'자로 곧게 뻗게 그려 정형화된 모습이다. 입 꼬리와 볼의 수염은 기묘년 원삼용 본에는 남아 있지만, 곤룡포용 본에서는 모두 생략되었다. 여성용 본에 남아 있던 볼의 수염도 임오년(1882) 적의용 본에서는 생략되어 국말이 되면 얼굴 표현이 보다 정형화된 모습으로 변화된 것을 알 수 있다.

　〈표 21〉은 갑자년(1744)부터 기묘년(1879)까지 왕의 군복에 사용된 승룡의 얼굴을 비교한 것이다. 촉수처럼 길게 뻗은 수염은 갑자년 본에는 없지만 무술년부터 나타나 기묘년 이후까지 계속 보인다. 입꼬리와 볼의 수염은 무술년까지 이어지지만, 기묘년 부터는 보이지 않는다.[166] 이는 반룡 얼굴 묘사에 나타난 변화와 동일한 변화이다. 다

〈표 21〉 갑자년·무술년·기묘년 승룡 얼굴 비교

갑자년(1744)	무술년(1838)	기묘년(1879)
군복	군복	군복

국립고궁박물관 소장

166　송수진·홍나영(2019), 앞의 논문, 91-92.

만, 갑자년 본은 입꼬리의 수염이 생략되었는데, 등본과 어깨본의 반룡은 볼과 입꼬리에 모두 수염을 그려 무술년 본과는 차이가 있다.[167]

용의 꼬리 방향은 시대와 성별에 상관없이 부착 위치에 따라 나뉘었다. 가슴과 등, 왼쪽 어깨는 모두 왼쪽을 향하고 있고, 오른쪽 어깨만 오른쪽에 위치한다. 이렇게 좌우 견화에 대칭이 되는 도안을 사용하면 옷에 부착했을 때 용의 꼬리가 착용자의 전면을 향하게 된다.

2) 배경 문양

지금까지 널리 통용되는 용보의 사용자를 판단하는 기준은 몇 가지가 있었다. 사용자의 신분은 용의 발톱 개수로 구분하였다면, 성별은 테두리와 배경 문양으로 구분하였다. 배경을 구름으로 채우고 테두리를 24개의 곡선으로 표현한 것은 남성용으로, 구름과 함께 하단에 삼산과 물결, 파도, 보문 등을 수놓고 테두리를 정원형(正圓形)으로 표현한 것은 여성용으로 구분하였다. 그러나 조선 후기 용보를 위한 흉배본을 분석한 결과 일부 수정이 필요함을 밝혀냈다. 용보의 배경 문양과 테두리의 변화를 시대에 따라 정리하면 다음과 같다.

구름은 시대에 상관없이 용보의 배경을 채우는 문양으로 계속 사용되었다. 〈표 22〉는 왕의 곤룡포에 사용된 용보의 구름 모양을 비교한 것이다. 태조 어진은 여의형 운두에 빈 공간에 맞춰 꼬리를 자유롭게 그린 구름을 큼직하게 그렸다. 세조 어진 초본은 정형화되지 않은 모양의 가느다란 구름을 빼곡하게 채워 태조 어진과는 다른 분위기

---

167   위의 논문, 92.

〈표 22〉 상복용 용보 구름 비교

태조 어진	세조 어진	영조 어진	기묘년 흉배본	순종 황룡포
어진박물관 소장 문화재청 제공	국립고궁박물관 소장	국립고궁박물관 소장	국립고궁박물관 소장	세종대학교 박물관 소장 문화재청 제공

를 연출하였다. 곤룡포의 문양은 골타운, 즉 여의형 운두에 꼬리가 있는 형태로 그려 용보의 구름과 대조된다. 영조 어진은 다시 여의형 운두에 꼬리가 있는 구름으로 되돌아왔다. 이후 상복 차림의 어진은 전해지는 것이 없고, 국말 흉배본을 통해 변화를 확인할 수 있다. 기묘년(1879)에 만든 순종이 세자 시절 사용한 곤룡포용 흉배본은 꼬리가 없이 가로로 긴 작은 구름으로 배경을 채우고 있다. 이러한 변화는 실제 순종 황제의 황룡포에서도 확인된다.

구름의 형태가 바뀐 원인은 흉배의 제작 방법의 변화에서 비롯된 것이 아닐까 생각된다. 순종 황제의 자수 용보를 보면 가는 금사를 사용하여 문양을 채워 넣고 그 위에 그 보다 굵은 금사를 사용하여 테두리를 표현하는 방식을 사용하였다. 이러한 제작 방식은 섬세한 곡선으로 자유롭게 방향을 꺾어가며 그린 여의형 운두에 꼬리가 있는 구름을 수놓기에는 어려웠을 것으로 보인다. 영조 때 편찬한 『국조속오례의보서례』와 『국조상례보편』을 보면 용보를 직조한 것을 확인할 수 있어 여의형 운두에 꼬리가 있는 구름은 대체로 직조 방식에 더 적합한 것으로 생각되며, 자수로 제작 방법이 바뀌면서 구름의 모양도 바뀐 것이 아닐까 추측해본다.

한편, 군복에 사용된 구름 문양은 상복과는 다른 양상을 보인다. 〈표 23〉은 시대별 왕의 군복에 사용된 용보의 구름을 정리한 것이다. 가장 이른 시기인 갑자년(1744) 본부터 기묘년(1879) 본까지 모두 일관되게 여의형 운두에 꼬리가 있는 구름을 빈 공간에 맞춰 그렸다. 이러한 특징은 기묘년 본 이후 그려진 순종이 세자 시절 사용한 군복용 흉배본에서도 그대로 나타난다. 특이한 점은 태조와 영조의 어진 속 구름은 위에서 본 것처럼 용과 함께 전부 금색으로 채색한 것에 반해, 철종 어진 속 구름은 오색으로 칠하고 테두리만 금색으로 그려 차이를 보인다.

〈표 23〉 군복용 용보 구름 비교

갑자년 흉배본	무술년 흉배본	철종 어진	기묘년 흉배본

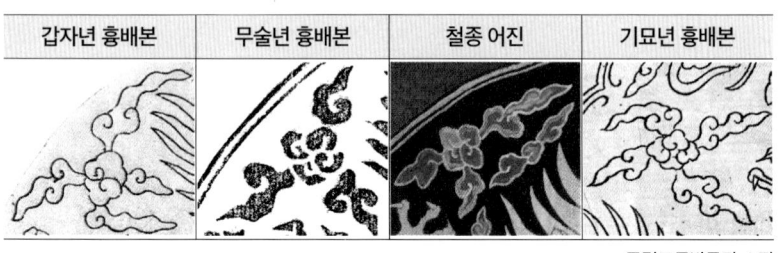

국립고궁박물관 소장

왕비와 세자빈이 사용한 용보는 용도에 관계없이 도안의 구성이 동일하다. 또한, 시대에 따른 변화가 모두 동일하게 적용되어 제작 연대를 판단하는 단서가 된다. 〈표 24〉는 당의와 원삼에 사용된 용보의 구름을 정리한 것이다. 여성이 사용한 흉배본 중 가장 오래된 것은 경술년(1790) 당의용 본으로 용 머리 위에 여의형 운두에 'X'자 모양으로 꼬리가 4개인 구름을 그렸다. 이러한 도안은 '오조룡 왕비보'를 통해 실물을 확인할 수 있다. 'X'자 구름은 1819년 기묘년 당의용 본까지 이어지지만, 1879년 기묘년 원삼용 본 부터는 좌우로 긴 꼬리로 바뀌었고, 기미년(1919)에 만든 순정효황후의 황원삼은 물론, 영친왕비의 적의, 원삼도 같은 양식을 이어갔다.

〈표 24〉 여성용 용보 구름 비교

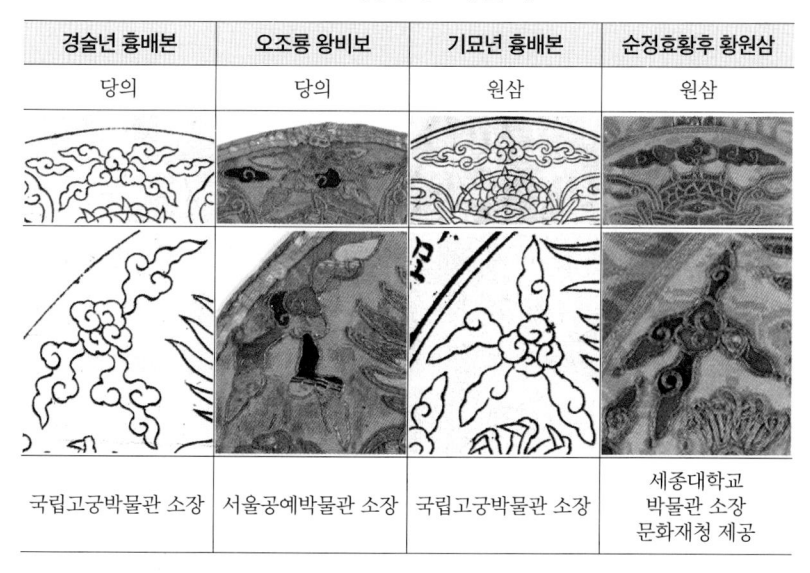

경술년 흉배본	오조룡 왕비보	기묘년 흉배본	순정효황후 황원삼
당의	당의	원삼	원삼
국립고궁박물관 소장	서울공예박물관 소장	국립고궁박물관 소장	세종대학교 박물관 소장 문화재청 제공

용 머리 위의 구름은 시대에 따라 변화가 있었지만, 다른 위치의 구름은 여의형 운두에 빈 공간에 맞춰 2-4개의 꼬리를 자유롭게 배치하는 방식을 대한제국 시기까지 그대로 이어갔다. 자수 용보를 살펴보면 오색 견사를 사용하여 수를 놓고 테두리는 금사로 징거주었는데, 철종 어진에서 구름을 표현한 방식과 동일하다. 구름의 형태와 어진의 채색방식 등으로 미루어 군복용 용보의 구름은 여성용과 동일하게 오색 견사로 수를 놓고, 금사로 테두리를 징거주었을 것으로 추정

된다.

화주(火珠)는 원하는 일을 성취시켜주는 구슬로 전지전능한 왕권과 천지조화를 상징하며 용과 함께 표현된다.[168] 여의주(如意珠), 여의보주 (如意寶珠), 화염보주(火焰寶珠)라고도 한다.[169] 용보에서 화주는 용의 형태에 따라 위치를 달리하며, 시대에 따라 화염을 표현하는 방식에 차이를 보인다. 정면을 바라보는 반룡의 경우 둥글게 말려있는 몸통과 머리 사이 빈 공간에 화주를 두어 화면 중심에 위치한다.

〈표 25〉는 반룡을 그린 흉배본의 화주를 비교한 것이다. 갑자년 (1744)부터 무술년(1838) 까지는 용의 꼬리와 반대 방향으로 휘날리는 모습으로 화염을 그렸다. 좌우 견화를 따로 그린 기묘년(1819) 본의 경우 오른쪽 어깨본은 화염의 방향을 〈표 25〉의 가슴본과는 반대로 그려 왼쪽으로 휘날리는 모습이다. 한편, 기묘년(1879) 본부터는 변화가 생겨 좌우로 날리는 화염을 위아래 이중으로 표현하고 있다. 이후 정유년(1897) 본에서는 조금 더 복잡한 형태로 진화하였다. 순정효황후의 원삼(그림 90)[170]과 순종 황제의 황룡포(그림 91)[171]에 수놓은 화주를 비슷한 시기에 만든 흉배본과 비교해 보면 화염의 형태가 거의 일치하는 것을 알 수 있다.

---

168 단국대학교 석주선기념박물관(2002), 『朝鮮時代 피륙[織物]의 무늬』, 단국대학교 석주선기념박물관, 208.

169 오하나(2008), 「15세기 이후 한·중 전통직물의 보문 연구」, 이화여자대학교 대학원 석사학위논문, 25.

170 문화재청(2006), 앞의 책, 41.

171 위의 책, 61.

〈표 25〉 반룡 용보 화주 비교

갑자년(1744)	경술년(1790)	기묘년(1819)	무술년(1838)
군복	당의	당의	군복

기묘년(1879)	기묘년(1879)	정유년(1897)
곤룡포	원삼	곤룡포

국립고궁박물관 소장

그림 90 | 순정효황후 황원삼 화주
세종대학교박물관 소장
문화재청 제공

그림 91 | 순종 황제 황룡포 화주
세종대학교박물관 소장
문화재청 제공

한편, 승룡을 그린 경우 화주는 용의 입 주위에 두어 화주를 물고 승천하기 전의 모습을 표현하였다. 〈표 26〉은 승룡과 함께 그린 화주를 비교한 것이다. 태조와 세조의 어진을 보면 화주의 화염이 위쪽으로만 뻗어 나가고 있다. 그러나 기묘년(1879) 군복용 흉배본을 보면 상하로 길게 그린 화염이 위쪽으로 휘날리는 모습으로 묘사하였다. 이는 반룡에 그린 화주의 변화 양상과 비슷하다.

태조 어진	세조 어진	기묘년 흉배본
곤룡포	곤룡포	군복
어진박물관 소장 문화재청 제공	국립고궁박물관 소장	국립고궁박물관 소장

왕의 상복인 곤룡포에 사용한 용보는 용의 주위를 구름으로 채운 것에 반해 군복에 사용한 용보는 하단에 삼산과 물결, 파도, 보문을 넣어 차이를 두었다. 용보에 구름 이외의 문양을 넣은 것은 여성용으로 알려졌지만 무술년(1838)에 제작한 흉배본을 통해 여성용과 동일한 도안이 19세기 중엽 군복에 사용된 것을 확인하였다.

〈표 27〉은 무술년(1838)과 기묘년(1879) 군복용 흉배본 중 등본의 하단 문양을 비교한 것이다. 무술년 본은 반룡을 새겨 승룡을 그린 기묘년 본과는 차이가 있지만 하단 배경 문양의 구성은 동일하다. 중앙에 위치한 삼산에는 전보를 두었는데 좌우 짧은 봉우리를 넘지 않는 높이에 위치한다. 물결은 좌우로 하나씩만 새겼고 그 위에 서각을 두었는데, 전보의 위치와 물결의 개수는 무술년 본부터 가장 시기가 늦은 무자년(1888) 본까지 변화 없이 동일하게 유지된다.

〈표 27〉 군복용 용보 하단 문양 비교

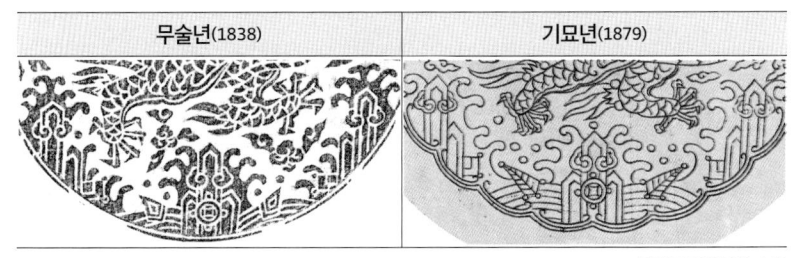

무술년(1838)	기묘년(1879)

국립고궁박물관 소장

　여성용 용보 역시 하단에 삼산과 물결, 파도, 보문을 그려 군복용과 동일한 구성을 갖는다. 하지만 군복에 사용한 흉배본은 문양의 세세한 부분까지 큰 변화 없이 국말까지 이어온 것에 비해 여성용 용보에서는 시대에 따라 전보의 위치와 물결의 개수에 변화를 보였다. 〈표 28〉은 경술년(1790)부터 기묘년(1879)까지 당의와 원삼에 사용된 흉배본의 하단 문양을 비교한 것이다. 먼저 경술년 본을 보면 삼산 중앙에 위치한 전보는 군복용 본과 마찬가지로 좌우 짧은 봉우리와 나란한 높이에 위치한다. 물결은 좌우로 길게 하나씩만 그리고 그 위에 서각을 두었다. 1819년 기묘년 본에서도 전보의 위치와 물결의 개수는 경술년과 유사하다. 하지만 전보를 45도 회전시킨 모습으로 변화가 있다. 이후 1879년 기묘년 본에서는 전보의 위치가 짧은 봉우리보다 높아졌고, 물결의 개수도 많아져 좌우로 각각 4개의 물결을 그렸다.

　같은 1879년에 그린 본이지만 군복용 본과 원삼용 본은 전보의 위치와 물결의 개수에 차이가 있다. 즉, 19세기 중반까지는 남녀의 차이가 없었지만, 이후 여성용은 전보의 위치가 위로 올라갔고, 물결의 개수가 증가하여 군복용과는 확실히 구분되는 특징을 갖게 되었다.

〈표 28〉 여성용 용보 하단 문양 비교

경술년(1790)	기묘년(1819)	기묘년(1879)
당의	당의	원삼

국립고궁박물관 소장

　지금까지 용보의 테두리는 사용자의 성별을 구별하는 기준으로 사용되었다. 남성용은 24개의 곡선으로 이루어진 원형으로, 여성용은 정원형으로 알려졌다. 그러나 용도와 시기에 따라 변화가 있었음을 확인하였다. 먼저 왕의 상복에 사용된 용보는 조선 초기에는 별도의 테두리 없이 문양을 원형으로 배치하였다. 태조 어진에는 용보의 경계를 표시하지 않아 따로 부착한 것이 아닌 직성필료를 사용한 것으로 볼 수 있다. 18세기 영조의 어진까지도 별도의 테두리는 없었던 것이 확인된다. 다만 태조 어진과는 달리 용보의 경계를 표시하여 별도로 제작하여 부착한 것을 알 수 있다. 이후 남아 있는 유물은 고종 연간에 사용한 흉배본과 용보로 24개의 곡선으로 테두리를 만들었다.

　군복용 용보는 영조 연간부터 확인이 되는데 1744년 흉배본을 보면 상복과 동일하게 별도의 테두리를 그리지 않았다. 이후 1838년 본에서는 두 줄로 정원(正圓)을 새겨 넣었고, 철종 어진에서도 정원의 테두리를 두 줄로 그렸다. 이후 고종 연간에 그린 흉배본에서는 상복과 마찬가지로 24개의 곡선으로 이루어진 테두리로 바뀌었다.

한편, 여성용 용보 중 가장 이른 시기에 사용된 경술년(1790) 본은 원형의 테두리를 한 줄로 그렸지만, 기묘년(1819)년 본에서는 두 줄로 바뀌었다. 이후 고종 연간에 사용된 흉배본은 모두 테두리를 두 줄로 그리고 있다. 대한제국 시기 제작된 용보 역시 굵은 금사 두 올을 사용하여 정원의 테두리를 수놓았다.

이러한 변화를 종합해 볼 때 영조 연간까지도 용보에 별도의 테두리를 그리지 않던 것으로 보인다. 테두리를 표현하기 시작한 것은 정조 연간으로 정원의 테두리를 한 줄로 표시하였다. 이후 한 줄이 두 줄로 바뀌었고 남녀 구분 없이 철종 연간까지 유지된 것으로 보인다. 하지만 고종 연간에는 남녀의 구분이 생겨 곤룡포와 군복에 사용한 용보는 24개의 곡선으로 이루어진 테두리를 굵은 금사 두 올로 수놓았고, 여성용은 그대로 정원형을 유지하였다.

흉배의 크기는 연대가 올라갈수록 커진다. 용보 역시 관리들의 것과 같은 변화 과정을 거쳤다. 18세기 중반에는 지름이 28cm 정도였던 것이 19세기 말이 되면 19cm까지 작아지는데, 약 한 세기 반 동안 지름이 30% 이상 줄어든 것으로 볼 수 있다.[172] 한편, 같은 시기에 제작된 흉배본도 용도에 따라 크기가 달랐다. 순종이 세자 시절 사용한 흉배본 중 임오년(1882)과 정해년(1887) 본은 각각 상복용과 군복용이 함

172　송수진·홍나영(2019), 앞의 논문, 90.

께 남아 있는데, 둘 다 군복용이 상복용 보다 크다.

여성이 사용한 용보의 경우 예복의 격이 높을수록 크기가 큰 것으로 보인다. 오조룡을 그린 흉배본의 크기를 비교해 보면 기묘년(1897) 원삼용 본은 등본을 기준으로 지름이 약 20.4cm 정도 되지만, 병술년 (1886) 당의용 본은 18.2cm로 원삼용 본에 비해 크기가 작다.[173]

흉배와 견화의 크기를 비교해 보면 대체로 견화가 흉배보다 작았다. 대부분 본에는 사용 위치가 묵서로 적혀 있지만, 일부 본에서는 혼란을 주기도 한다. 이 경우 크기와 용의 꼬리 방향을 통해 정확한 사용 위치를 추정할 수 있었다.

크기는 연대를 가름하는 중요한 단서 중 하나이지만, 같은 크기라도 사용자의 나이에 따라 연대가 달라질 수 있다.[174] 무술년(1838) 흉배 본은 순종의 황룡포에 부착한 용보와 크기가 비슷하지만, 도안의 특성을 분석했을 때 1898년이 아닌 1838년 무술년으로 추정되어 11세의 헌종이 사용한 것으로 볼 수 있다. 또한, 사용자가 성장하면서 흉배 본도 점점 크기가 커지는 것을 순종이 세자 시절 사용한 본들을 통해 확인할 수 있었다.[175]

흉배본의 크기 변화를 확인할 수 있도록 실물 크기의 육분의 일로 축소한 흉배본을 부록으로 정리하였다. 〈부록 1〉에서는 군복용 흉배의 가슴본과 등본을, 〈부록 2〉는 상복용 흉배본을, 〈부록 3〉은 여성용

---

173 그러나 대한제국 시기 영친왕비의 적의에 달린 용보는 원삼에 있는 것에 비해 크기가 작다. 이는 어지러운 왕실 상황을 반영한 것이 아닐까 생각된다.

174 송수진·홍나영(2019), 앞의 논문, 90.

175 위의 논문, 93.

흉배본을 제작 연대순으로 정리하였다.

　용보는 조선 초부터 왕의 상복에 사용되었다. 이에 대한 기록은 세종 때부터 나타난다. 세종은 사조룡보를 사용하다가, 명(明)의 제도를 확인하고 왕은 오조룡보를, 왕세자는 사조룡보를 사용하는 것으로 제도를 정비하였다. 〈표 29〉는 남아 있는 상복에 사용한 용보의 시기별 특징을 정리한 것이다. 용의 형태, 화주의 화염과 구름의 모양, 테두리의 유무와 모양, 제작 방식 등이 시대 감정의 단서가 된다.

　왕은 군사복식(軍事服飾)인 융복과 군복에도 용보를 사용하였다. 〈표 30〉은 군복에 사용한 용보의 시기별 특징을 정리한 것이다. 융복에 사용한 흉배는 남아 있는 유물이 전혀 없어 모습을 확인할 수 없다. 하지만 군복에 사용한 흉배는 어진 및 흉배본이 남아 있어 변화 과정을 추적할 수 있다. 용의 형태, 배경 문양 양식, 테두리의 모양 등이 시대 감정의 단서가 된다.

　왕비와 왕세자빈이 용보를 사용하기 시작한 것은 영조 연간으로 적의와 원삼, 당의 등에 부착하였다. 〈표 31〉은 여성이 사용한 용보의 시기별 특징을 정리한 것이다. 왕비와 왕세자빈이 사용한 용보는 용도와 시기에 상관없이 모두 반룡을 그렸다. 화주의 화염, 구름의 모양, 전보의 위치, 물결의 개수, 테두리의 모양 등을 통해 제작 시기를 판단할 수 있다.

<표 29> 상복용 용보의 시기별 특징

시대	태조	세조	영조	고종	
신분	왕			왕/황제	황태자
용	승룡		반룡		승룡
화주 화염	한 방향		확인 불가	양방향	
			-		
구름	여의형 운두 + 꼬리	서기형 구름	여의형 운두 + 꼬리	작은 구름	여의형 운두 + 꼬리
테두리	-			24개 곡선 두 줄	
제작방식	직조			자수	

<표 30> 군복용 용보의 시기별 특징

시대		영조	헌종	철종	고종
용	가슴	승룡			
	등·어깨	반룡			승룡
배경 문양		구름	구름 삼산·물결 파도·보문	구름	구름 삼산·물결 파도·보문
테두리		-	정원형 두 줄		24개의 곡선 두 줄

⟨표 31⟩ 여성용 용보의 시기별 특징

시대		정조	순조	헌종·철종	고종
용		반룡			
화주 화염		한방향			양방향
구름	머리 위	'X'자 꼬리 4개			좌우 2개
	몸통 사이	-			소운
	그 외	여의형 운두 + 꼬리			
전보 위치		좌우 삼산 아래			좌우 삼산 위
물결 개수		좌우 각 1개		좌우 각 2개	좌우 각 4개
테두리		정원형 한 줄	정원형 두 줄		

원형(圓/圜) 홍보

세네강

제4장

봉황(鳳凰) 흉배

봉황(鳳凰)은 상서롭고 고귀한 뜻을 지닌 상상의 새로 고대 중국에서는 기린·거북·용과 함께 사령(四靈)의 하나로 여겼다.[1] 생김새는 문헌에 따라 조금씩 다른데 『설문해자(說文解字)』에는 "기러기의 앞모습에 기린의 뒷모습, 뱀의 목에 물고기 꼬리, 황새의 이마, 원앙의 뺨, 용의 무늬에 호랑이의 등, 제비의 턱과 닭의 부리, 오색을 갖추고 있다"고 하였다.[2] 이처럼 여러 동물의 특징을 조합한 기괴한 모습의 봉황은 이후 점차 수정을 거쳐 신성한 새가 가지는 신비한 아름다움과 위엄 있는 모습으로 변모하였다.[3]

---

1   봉황[2019. 4. 08 검색], 한국민족문화대백과사전, http://encykorea.aks.ac.kr

2   『說文解字』卷四上, 鳳神鳥也 天老曰 鳳之象也, 鴻前麐後, 蛇頸魚尾, 鸛顙鴛頭, 龍文虎背, 燕頷鷄喙, 五色

3   金炫志(2012), 「한국과 중국 鳳凰圖의 도상과 상징 연구」, 미술사연구회, 『미술사연구』26, 19.

본래 '봉(鳳)'이라는 한 글자만으로 나타냈지만 나중에 수컷을 봉(鳳), 암컷을 황(凰)으로 구분하였다. 수컷인 봉은 양(陽)을 상징하고 암컷인 황은 음(陰)을 상징하여 한 쌍의 봉황은 음양의 조화를 의미하며,[4] 분리될 수 없는 화합을 뜻해 결혼이나 부부애의 의미를 간접적으로 내포하고 있다.[5]

봉황 문양은 중국 상(商), 주(周) 시대부터 나타나기 시작했고, 한대(漢代) 이후 인도에서 전해진 공작의 화려함이 가미되어 당대(唐代)에 이르러서는 매우 화려하게 변화되었다. 송대(宋代) 이후 봉황은 자웅을 구분하여 수컷 봉은 닭벼슬 같은 관을 얹고 과장된 톱니형 꼬리를 하며, 암컷 황은 관이 없고 꼬리를 부드럽게 표현했다.[6] 우리나라에서는 삼국시대부터 봉황 문양이 보이며, 조선시대에는 태평성대를 예고하는 상서로운 새로 여겨 왕실을 상징하는 문양으로 사용하였다. 특히 고상하고 품위 있는 모습을 왕비에 비유하면서 왕실 여성의 복식과 장신구에 봉황 문양을 넣었다.[7]

국립고궁박물관은 왕실 여성이 사용하였던 봉황 흉배본 9건을 소장하고 있다. 그중 8건이 종이본이고 1건만 목판본이다. 모든 본은 한 개씩만 제작되어 가슴과 등을 함께 사용한 것으로 볼 수 있다. 용보를 위한 흉배본은 대부분 제작 연대와 용도, 사용자에 대한 묵서가 남

4   국립고궁박물관(2014), 앞의 책, 132.

5   권혜진(2009), 「활옷의 역사와 조형성 연구」, 이화여자대학교 대학원 박사학위논문, 142.

6   국립문화재연구소(2006), 앞의 책, 271.

7   위의 책.

아 있는 것에 반해 봉황 흉배본은 묵서가 있는 것이 1건에 불과하다. 나머지는 도안만 있을 뿐 사용자를 추정할 수 있는 단서가 전혀 없다. 한편, 국립민속박물관에 봉황을 새긴 목판 흉배본이 1건 남아 있는데, 연대와 용도에 대한 묵서가 있어 봉황 흉배의 변화를 추적하는 데 중요한 단서가 된다.

이번 장에서는 왕실 여성이 사용한 봉황 흉배 중 제작 시기를 추정할 수 있는 흉배 4점과 흉배본 2점에 대해 조형성을 분석하여 시대에 따른 문양의 변화를 정리하였다. 그리고 이를 바탕으로 제작시기를 알 수 없는 흉배본 8건의 대략적인 사용 시기를 추정하였다.

1. 조형성 분석

1) 18세기

① 안동권씨 당의 흉배

전해지는 봉황 흉배 중 왕실과 관련 있는 유물로 가장 오래된 것은 의원군(義原君, 1661-1722) 부인 안동권씨(安東權氏, 1664-1722) 묘에서 나온 당의에 부착된 흉배이다. 의원군은 인조(仁祖, 1595-1649)의 3세손으로 흥선대원군 이하응의 5대조가 된다.[8] 1999년 경기도 하남시에 위치한

---

8   의원군은 인조의 삼남인 인평대군(麟坪大君, 1622-1658)의 장남 복녕군(福寧君, 1639-1670)의 차남이다. 인평대군은 인조의 동생 능창대군이 후손이 없어 사후 입후되었다. 경기도박물관(2001), 『전주이씨 묘 출토복식 조사보고서』, 경기도박물관, 84.

능창대군(綾昌大君, 1599-1615)의 묘를 이장하면서 묘역에 있던 의원군과 부인 안동권씨 묘에서 복식류가 수습되었다.[9]

봉황 흉배가 부착된 당의는 소삼(小衫)[10]과 저고리 3칭, 원삼과 함께 습의(襲衣)로 사용되었다.[11] 안동권씨의 흉배(그림 92)[12]는 한 쌍의 봉황을 좌우로 마주보게 배치하고, 주위는 여의형 운두에 꼬리가 있는 구름으로 채웠다. 봉황은 둘 다 머리부터 날개까지 유사하게 묘사하여 머리에는 봉관(鳳冠)이 있고, 턱에는 봉추(鳳墜)[13]를, 목은 봉경(鳳勁)[14]이 휘날리는 모습이다. 하지만 꽁지깃에 차이가 있어 오른쪽은 길게 뻗은 톱니형 깃털 다섯 개를 수놓아 수컷으로 보이며, 왼쪽은 부드럽게 휘날리는 당초형 꽁지깃 끝부분에 톱니형 깃털 세 개를 수놓아 암컷으로 보인다. 수컷을 암컷보다 위에 배치한 이유를 유교의 영향으로 보기도 하지만[15], 음양의 조화를 나타내는 봉황에서 수컷을 위에 배치하는 것은 자연스러운 방법으로 보인다. 흉배의 크기는 23×24cm

---

9　위의 책, 232.

10　경기도박물관은 안동권씨 습의 중 가장 안에 입은 상의를 소삼(小衫)으로 명명했다. 이는 『사례편람(四禮便覽)』에서 여상(女喪)의 제일 속에 입는 것을 '소삼'이라 기록한 것을 따른 것이다. 위의 책, 237.

11　위의 책, 236.

12　위의 책, 113.

13　봉황의 턱 부분에 닭의 붉은 살 조각과 같이 표현된 부분을 봉추(鳳墜)라 한다. 송안나(2006), 「조선시대 후기와 에도시대의 직물에 표현된 봉황문양」, 이화여자대학교 대학원 석사학위논문, 44.

14　봉황의 목 부분에 가는 가시와 같은 형태나 또는 깃털과 같이 표현된 부분을 봉경(鳳勁)이라 한다. 위의 논문, 45.

15　허동화(2001), 『이렇게 좋은 자수』, 한국자수박물관 출판부, 310.

로 의원군의 단령에 부착된 단학흉배가 30.8×34cm인 것에 비해서는 많이 작다. 테두리는 금사 세 올로 징금수 하였다.[16]

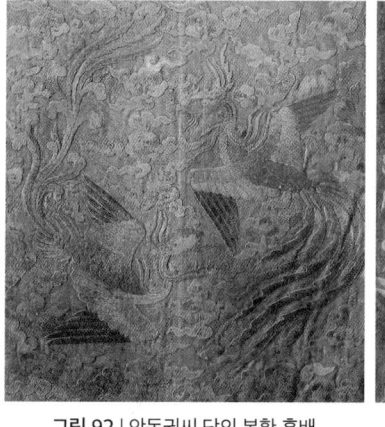

그림 92 | 안동권씨 당의 봉황 흉배
경기도박물관 소장

그림 93 | 이단하 부인 원삼 봉황 흉배
『문화재대관 중요민속자료 2』

이보다 조금 이른 시기에 반가(班家)에서 사용한 봉황 흉배가 전세 유물로 전해진다. 조선 중기의 문신 이단하(李端夏, 1625-1689)와 부인이 입었던 옷과 수식류가 중요민속자료 제4호로 지정되어 있는데, 그중 원삼의 앞뒤에 부착한 봉황 흉배가 함께 남아 있다. 정경부인 신분으로 입었던 원삼은 현존하는 원삼 중 가장 오래된 유물이지만 후손들이 오랫동안 혼례복으로 사용하면서 보수가 많이 이루어져 원형 그대로로 볼 수는 없다.[17] 〈그림 93〉[18] 흉배는 녹색 화문단에 오색 견사

---

16   경기도박물관(2001), 앞의 책, 244.

17   문화재청(2006), 앞의 책, 125.

18   위의 책.

로 수를 놓았으며 가장자리에 연금사로 테두리를 둘렀던 흔적이 남아
있다.[19] 한 쌍의 봉황을 좌우로 마주보게 배치하였고 주위는 구름으로
채웠다. 도안의 구성은 안동권씨 흉배와 유사하며 봉황은 오른쪽에
수컷을, 왼쪽에 암컷을 두었다. 정경부인의 흉배는 전세유물로 봉황
과 구름 모두 오채로 화려하게 수놓은 색상이 남아 있어 출토 흉배의
색을 짐작케 한다. 크기는 24.5×29cm로 안동권씨 흉배보다 크다. 이
후 살펴볼 조선 후기 봉황 흉배들과 비교하면 가로에 비해 세로 길이
가 많이 길다.

② 청송심씨 당의 흉배

안동권씨 봉황 흉배와 비슷한 시기의 유물로 김원택(金元澤, 1683-
1766)의 부인 청송심씨(靑松沈氏, 1683-1718) 묘에서 나온 봉황 흉배가 있
다. 청송심씨의 조부 청평위(淸平尉) 심익현(沈益顯, 1641-1683)은 효종(孝
宗)의 부마로 간택되어 1652년 숙명공주(淑明公主, 1640-1669)와 가례를
치렀다.[20] 2003년 충청북도 청주시 택지개발지구 내에 조성된 광산김
씨(光山金氏) 묘역을 이장하는 과정에서 김원택과 부인 청송심씨 등 묘
역 내 5기의 무덤에서 유물이 출토되었다.[21]

청송심씨의 묘에서는 원삼과 장옷, 당의 및 저고리, 치마 등 많은 양

---

19   위의 책, 126.

20   장인우(2008), 「청주출토 청송심씨(靑松沈氏, 1683-1718)묘 유물의 복식사적 의의 - 문
      양 중심 -」, 『韓服文化』 11(3), 168.

21   충북대학교박물관(2006), 『한성부 판윤 김원택 묘역 출토 복식』, 충북대학교박물
      관, 91.

의 복식이 수습되었다. 그중 원삼에는 '壽'자 흉배가, 당의에는 봉황 흉배가 부착되어 있었다. 〈그림 94〉[22]는 당의의 전면에 위치한 흉배로 한 쌍의 봉황을 좌우로 마주보게 배치하고, 주위는 여의형 운두에 꼬리가 있는 구름으로 채웠다. 〈그림 95〉 도안을 보면 봉황의 배치와 형태는 앞서 살펴본 안동권씨 흉배와 유사하다. 다만, 오른쪽에 위치한 수컷 봉의 꽁지깃을 네 개만 수놓아 다섯 개씩 수놓은 안동권씨와 이단하 부인의 봉황 흉배와는 차이를 보인다. 흉배의 크기는 21.5×25cm로 원삼에 부착된 '壽'자 흉배가 28×31.5cm인 것에 비해서는 많이 작다.

그림 94 | 청송심씨 당의 봉황 흉배
충북대학교박물관 소장

그림 95 | 청송심씨 봉황 흉배 도안
연구자 그림

---

22 충북대학교박물관 사진 제공.

③ 전(傳) 화순옹주 흉배

〈그림 96〉[23] 봉황흉배는 화순옹주(和順翁主, 1720-1758)가 사용하였다고 전해진다.[24] 화순옹주는 영조의 서녀(庶女)로 1732년 김한신(金漢藎, 1720-1758)에게 하가(下嫁)하였다. 녹색 화문단에 수놓은 한 쌍의 봉황은 좌우 배치 방법을 사용하였고 여백은 구름으로 채웠다. 전체적인 분위기는 이단하 부인의 흉배와 비슷하지만 봉황의 날개를 세 단으로 표현하는 등 조금씩 차이가 보인다. 크기는 24.5×24.5cm로 정사각형에 가까워 앞에서 살펴본 봉황 흉배들이 세로로 긴 직사각형 형태인 것과는 차이가 있다. 그동안 왼쪽 흉배만이 화순옹주의 흉배로 알려

그림 96 | 전(傳) 화순옹주 봉황 흉배
서울공예박물관 소장, 사진 제공

---

23   서울공예박물관 사진 제공.

24   화순옹주가 사용한 것으로 전해지는 봉황흉배는 1979년 수림원에서 발행한 『朝鮮王朝의 繡 胸背』에서 처음 확인된다. 한상수자수박물관에서 소장하고 있던 이 흉배는 이후 한국자수박물관에서 소장하다 서울공예박물관에 기증된 것으로 보인다. 한국자수박물관에서 발행한 여러 도록에 실린 봉황 흉배 사진을 『朝鮮王朝의 繡 胸背』의 도판과 비교해보면 자수 문양은 물론 바탕 직물의 문양까지 모두 일치하고 있다. 이와 더불어 허동화는 『우리가 정말 알아야 할 우리 규방문화』에서 화순옹주 흉배를 한국자수박물관 소장품으로 소개하고 있다.

저 왔으나, 실제로는 한 쌍이 남아 있다. 〈그림 96〉처럼 두 흉배의 도안은 거의 일치하며 구름의 배색 방식에 있어 조금씩 차이가 있을 뿐이다.

2) 19세기

① 숙선옹주 흉배

〈그림 97〉[25]은 숙선옹주(淑善翁主, 1793-1836)의 원삼에 사용한 봉황 흉배이다. 숙선옹주는 정조의 서녀로 순조의 동복 동생이며, 1804년 홍현주(洪顯周, 1793-1865)에게 하가하였다. 2010년 경기도 양주시에 위치한 풍산홍씨(豊山洪氏) 일가의 묘를 이장하면서 숙선옹주 묘에서 봉황 흉배가 수습되었다.

숙선옹주의 흉배는 앞서 살펴본 봉황 흉배들과는 도안의 구성과 수법에서 큰 차이를 보인다. 먼저 좌우로 배치한 봉황의 구도가 상하 배치로 변화하였다. 톱니형 꼬리를 다섯 가닥으로 수놓은 수컷 봉(鳳)을 위에, 암컷 황(凰)을 아래 배치하여 서로 마주보게 하고 그 사이에 화염을 내뿜는 화주를 두었다. 여백을 구름으로만 채웠던 이전 시기 봉황 흉배와는 달리 하단에 삼산과 물결, 파도, 보문을 수놓아 배경 문양에도 큰 변화가 생겼다. 또한, 수법(繡法)에도 변화가 생겨 봉황을 금사를 사용하여 징금수로 수놓았고, 색사로 수놓은 배경 문양의 테두리를 금사로 징거주어 전형적인 왕실 흉배의 모습을 갖추었다. 크

---

25   경기도박물관(2011), 『이승에서의 마지막 치장』, 경기도박물관, 24.

기는 20.2×23cm로 화순옹주 흉배보다 작아졌다.

원삼의 정확한 제작 시기를 알 수는 없지만 옹주가 하가하였던 1804년에서 1836년 사이에 만든 것으로 추정할 수 있다.[26] 하단에는 중앙과 좌우에 삼산을 각각 하나씩 두었는데, 보통 좌우 삼산은 반씩만 표현하는 것에 반해 옹주 흉배는 온전한 형태를 갖추고 있고, 중심 봉우리에는 모두 전보를 수놓았다. 용보에서 전보의 위치는 연대 추정의 단서가 되었다. 그러나 봉황 흉배에서는 일정한 변화의 흐름을 찾기 어렵다.

숙선옹주의 묘에서는 모두 두 종류의 봉황 흉배가 수습되었다. 〈그림 98〉[27]은 수의용 당의에 부착되었던 것으로 위쪽에 황을, 아래쪽에 봉을 두어 원삼용 흉배와 확연히 구분된다. 크기는 21.3×23cm로

그림 97 | 숙선옹주 원삼 봉황 흉배
경기도박물관 소장

그림 98 | 숙선옹주 당의 봉황 흉배
경기도박물관 소장

---

26 『명온공주방상장례등록』을 보면 초혼(招魂)에 가례 때 입은 원삼을 사용하였다는 기록이 있으며, 소렴제구에도 포함되어 있다. 이를 근거로 숙선옹주의 원삼은 가례가 있었던 1804년에서 졸한 1836년 사이에 만든 것으로 추정하였다.

27 경기도박물관(2016), 『衣紋의 조선 : 무늬』, 민속원, 54.

원삼 흉배보다 가로가 조금 길다.[28] 지금까지 확인된 상하 배치 봉황 흉배는 모두 꽁지깃이 5개인 봉을 위에, 3개인 황을 아래 배치하여 원삼 흉배의 도안을 따르고 있다. 그러나 봉황의 위아래가 바뀐 당의 흉배가 출토되어 봉과 황의 위치가 고정된 것이 아니었음을 알 수 있다.

당의 흉배는 원삼 흉배에 비해 주 문양인 봉황을 더 크게 수놓아 화면이 꽉 차 보인다. 봉황 사이에 공간이 좁아져 화주의 화염은 가로로만 길게 뻗은 모습이다. 하단에는 삼산과 물결, 파도, 보문을 수놓았는데, 보문의 종류와 파도의 형태 등이 원삼 흉배와는 차이를 보인다. 도안의 구성이 섬세한 원삼 흉배에 비해 당의 흉배는 전체적으로 조금 투박한 모습이다. 당의보다 격이 높은 원삼에 더 좋은 흉배를 사용한 것으로 생각된다.

한편, 소장처에 따르면 숙선옹주 묘에서 출토된 두 건의 봉황 흉배는 모두 가슴과 등, 양어깨에 부착되어 있었다고 한다. 〈그림 99〉[29]는 발굴 당시 사진으로 원삼의 가슴과 어깨에 방형 흉배가 부착되어 있는 것을 볼 수 있다. 흉배와 견화의 도안은 두 건 모두 동일하다고 한다. 방형 흉배가 견화로 사용된 것은 숙선옹주의 원삼과 당의에서 처음 발견된 것으로, 지금까지 가슴과 등에만 부착하는 것으로 알고 있었던 학계의 정설을 뒤집는 발견이다.[30]

---

28 위의 책, 317.

29 정미숙(2012. 11. 20), "박물관 보존과학〈6〉 정조의 유일한 딸 '숙선옹주'와의 화려한 만남", 중부일보, [2019. 5. 1 검색], http://www.joongboo.com

30 위의 기사.

그림 99 | 숙선옹주 원삼 발굴 사진
경기도박물관 소장

② 정미년(1847) 흉배

봉황 흉배를 제작하기 위한 수본이 여러 점 남아 있는데 그중 〈그림 100〉[31]은 제작 시기와 용도를 명확히 밝히고 있는 유일한 흉배본이다. 국립민속박물관 소장품으로 목판에 양각으로 문양을 새겼으며, 뒷면에는 '뎡미가례시 홍댱삼 흉비판 견화동'이라고 적은 묵서가 있다.

도안의 구성은 숙선옹주의 봉황 흉배와 유사하게 한 쌍의 봉황을 상하로 배치하고 주위를 여의형 운두에 꼬리가 있는 구름으로 채웠다. 마주 보는 봉황 사이에는 화주를 두고 하단에는 삼산과 물결, 파도, 보문을 새겼다. 흉배의 테두리는 두 줄을 양각으로 표현하였다. 목판의 크기는 19×21cm 이다.

정미년에는 1847년 헌종과 경빈김씨(慶嬪金氏, 1831-1907)의 가례 이외에도 1787년 정조와 수빈박씨(綏嬪朴氏, 1770-1822)의 가례가 있었다.

---

31   흉배판[2019. 5. 1 검색], 국립민속박물관, http://www.nfm.go.kr

둘 다 왕실의 후사를 보기 위해 간택 절차를 거쳐 들어온 후궁과 치른 가례라는 공통점이 있다. 이 중 정미년 흉배판은 1847년 헌종의 가례 때 사용한 것으로 추정된다. 정조의 후궁 수빈박씨는 순조와 숙선옹주의 모친으로 1787년 가례 때 사용한 것이라면 숙선옹주의 흉배보다 커야 되지만 흉배판의 크기는 이보다 작기 때문이다.

그림 100 | 정미 가례시 홍장삼 흉배판(앞·뒤)
국립민속박물관 소장

헌종과 경빈김씨의 가례는 절차와 소요 물목을 적은 『뎡미가례시일긔』가 남아 있어 가례를 위해 준비된 복식을 확인할 수 있다. 『뎡미가례시일긔』를 보면 〈그림 101〉[32]처럼 경빈김씨의 가례용 의복으로 '초록직금원삼'과 '직금홍장삼'이 마련되었는데 원삼에는 봉황 흉배를 견화와 함께 갖추었다. 초록원삼은 조현례 때, 홍장삼은 동뢰연에서 입는 것으로 기록되어 있다.

이 중 홍장삼은 흉배에 대한 내용이 따로 없지만 흉배판의 묵서를

---

32   뎡미가례시일긔[2019. 5. 1 검색], 한국학 디지털 아카이브, http://yoksa.aks.ac.kr

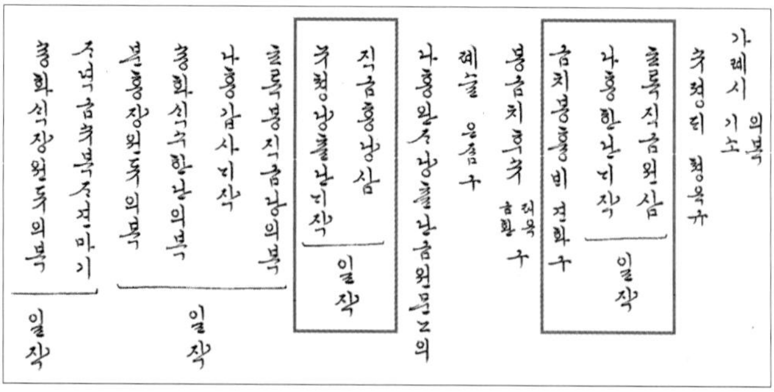

그림 101 | 『뎡미가례시일긔』 중 경빈김씨 가례 시 의복
한국학중앙연구원 장서각 소장

통해 원삼뿐만 아니라 홍장삼에도 흉배를 갖춘 것을 알 수 있다. 『뎡
미가례시일긔』의 예복 절목을 보면 동뢰연에서 입는 홍장삼과 조현
례 때 입는 초록원삼은 모두 패옥과 수정대, 청옥규가 함께 나오지만
실제 준비 물목은 〈그림 101〉처럼 처음 나온 원삼에만 이들을 포함시
켜 옷을 제외한 나머지는 따로 마련하지 않고 함께 사용한 것으로 보
인다. 그렇다면 봉황 흉배 역시 함께 사용하였을 가능성이 있지만, 조
선 말기 유물을 보면 흉배의 바탕감은 부착되는 옷과 같은 색으로 맞
추는 것이 일반적이라 초록원삼용 흉배를 홍장삼에 사용하였을지 의
문이 남는다.

　『뎡미가례시일긔』를 보면 조현례 의복 말고도 대왕대비가 내린
초록직금당의[33]와 무신년(1848) 진연에 마련한 자적직금원삼[34]에도
'금치봉흉비 견화'가 포함되어 있다. 정미가례일기의 한문본을 보면

33　『뎡미가례시일긔』, 동뢰의셔ᄒ오신 의대 의복 기소 …(중략)… 금치봉흉비 견화구
　　초록 주련문사 직금 당져고리

34　『뎡미가례시일긔』, 무신츈진연밋치사의복 …(중략)… 금치봉 흉비견화구 ᄌᆞ뎍 닌
　　화문사 직금 원삼

금치는 금체(金體)로 표기하고 있어 봉황을 금사로 수놓은 것을 짐작할 수 있다. 빈(嬪)의 내명부 품계는 정1품으로 왕실의 적통을 잇는 중전과 세자빈 이외 후궁과 공주·옹주도 금사로 수놓은 흉배를 사용한 것을 알 수 있다. 정미년 흉배본은 숙선옹주의 흉배와 도안의 구성이 유사하여 완성된 모습 역시 닮았을 것으로 생각된다.

문양판의 묵서를 다시 살펴보면 왼쪽 하단에 '견화동'이라 쓰여 있는데, 소장처인 국립민속박물관에서는 '견화동'을 제작처로 보고 있다. 즉, '견화동'에서 제작하였다고 해석한 것이다.[35] 그러나 견화는 어깨에 부착하는 흉배를 뜻하는 것으로 견화를 갖추라고 할 때 '견화구(肩花具)'라고 하는 것처럼 '견화동'은 '肩花同', 즉 흉배판을 견화에도 동일하게 사용하였다는 의미로 해석할 수 있다. 이 경우 방형 흉배를 가슴과 등뿐만 아니라 어깨에도 사용한 것이 된다. 앞에서 확인한 숙선옹주의 흉배 역시 방형 흉배를 견화로 사용하여 정미년 흉배판 또한 견화를 겸하였다고 볼 수 있다. 지금까지 견화는 원형으로 짐작되었지만, 이 두 건을 통해 신분과 의례 따라 방형 흉배에 맞춘 방형 견화도 사용하였음을 알 수 있다.

③ 기사년(1869) 흉배

봉황 흉배용 종이 수본은 8건이 남아 있는데 그중 묵서가 있는 것은 단 한 점뿐이다. 〈그림 102〉[36]는 앞면 좌측 '긔사신조'라는 묵서가

---

35 국립민속박물관(2000), 『흉배』, 국립민속박물관, 58.

36 국립고궁박물관(2014), 앞의 책, 140.

있어 제작 연대를 알 수 있다. 도안의 구성은 정미년 본과 유사하다. 한 쌍의 봉황을 상하로 배치하고 주위는 여의형 운두에 꼬리가 있는 구름으로 채웠다. 마주보는 봉황 사이에 화염이 화려하게 뻗어 나가는 화주를 두고 하단에는 삼산과 물결, 파도, 보문을 그렸다. 그러나 테두리를 표시한 정미년 본과 달리 별도의 테두리를 그리지 않고 본을 흉배 크기에 맞춰 잘라냈다. 크기는 20×21.6cm이다.

기사년의 후보로는 1809년과 1869년을 들 수 있는데, 그중 고종 6년인 1869년으로 보인다. 먼저 흉배본의 크기를 보면 숙선옹주의 것보다 작다. 또한, 흉배의 가로, 세로 비율이 서로 달라 옹주의 흉배는 기사년 본에 비해 세로 길이가 더 긴 편이다. 숙선옹주 흉배의 제작 시기는 아무리 올라가도 가례가 있었던 1804년 이전으로 보기는 어렵다. 기사년을 불과 5년 후인 1809년으로 보기에는 크기와 비율에 차이가 갑작스레 커졌다.

그림 102 | 기사년 봉황 흉배본과 묵서 확대
국립고궁박물관 소장

 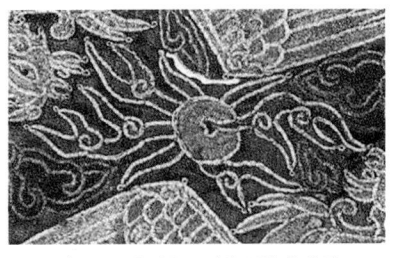

그림 103 | 기사년 흉배본 화주
국립고궁박물관 소장

그림 104 | 숙선옹주 원삼 봉황 흉배 화주
경기도박물관 소장

제작 연대에 대한 정보가 전혀 없는 7건의 봉황 흉배본을 비교해 보면 화주에서 뻗어 나가는 화염 문양이 몇 가지 패턴을 보이며 변화한 것을 알 수 있다. 기사년 흉배본의 화주(그림 103)는 숙선옹주 흉배의 화주(그림 104)에 비해 상하좌우로 뻗어 나가는 화염을 길고 섬세하게 그렸다. 앞 장에서 살펴본 용보의 경우 화주의 화염이 국말로 갈수록 복잡하게 변화한 것으로 볼 때, 봉황 흉배 역시 비슷한 과정을 거쳤을 것으로 추정된다. 따라서 기사년 흉배본은 1809년보다는 1869년에 제작한 것을 보는 것이 타당해 보인다.

2. 시대에 따른 특징

봉황 흉배는 정확한 사용자를 알 수 있는 유물이 적고, 남아 있는 흉배본 역시 대부분 용도와 제작 연대에 대한 기록이 없다. 그러나 몇 가지 유형으로 도안을 분류할 수 있어 연대가 확실한 흉배를 기준으로 나머지 흉배본의 제작 순서를 유추하고, 변화 과정을 정리하였다.

1) 봉황 문양

봉황 흉배는 수컷인 봉(鳳)과 암컷인 황(凰)을 한 쌍으로 수놓았다. 송대(宋代) 이후 자웅을 구분하여 수컷은 머리에 닭벼슬 같은 봉관을 얹고 톱니형 꼬리를, 암컷은 관이 없고 부드러운 꼬리를 하였다고 한다. 하지만 조선시대 봉황 흉배는 암수 모두 머리에 봉관이 있고 목과 날개까지 거의 같은 형태로 묘사하고, 꽁지깃 모양만 다르게 표현하였다. 수컷 봉은 보통 다섯 가닥으로 길게 뻗는 톱니형 꽁지깃을, 암컷 황은 자유롭게 날리는 부드러운 당초형 깃털 끝에 세 가닥의 톱니형 꽁지깃을 짧게 수놓아 차이를 두었다.

사용자가 밝혀진 봉황 흉배 중 가장 이른 시기 유물은 이단하 부인의 원삼에 부착된 것으로 한 쌍의 봉황을 좌우로 마주 보게 배치하였다. 이후 19세기 초에 제작한 숙선옹주의 흉배 이전까지 좌우 배치 구성은 이어진다. 〈표 32〉는 이단하 부인과 안동권씨[37], 화순옹주의 봉황 문양을 비교한 것이다. 한 흉배 안에서 꽁지깃을 제외하면 암수의 차이는 크지 않다. 시대에 따라 봉관이나 봉추, 봉경의 묘사 방법에 조금씩 차이는 있지만 기본 구성에는 변화가 없다. 시대에 따른 변화는 날개에서 발견할 수 있다. 안동권씨 흉배까지는 날개깃을 두 단으로 표현했지만, 화순옹주 흉배에서는 세 단으로 바뀌었다. 이러한 변화는 이후 살펴볼 흉배본에서도 동일하게 적용되었다.

암수를 구분하는 꽁지깃은 공간에 맞춰 길게 뻗어 나가게 묘사하

---

37   경기도박물관(2001), 『전주이씨 묘 출토복식 문양집 : 광주 고읍 인평군파 의원군 일가』, 경기도박물관, 32.

〈표 32〉 좌우 배치 봉황 흉배 봉·황 비교

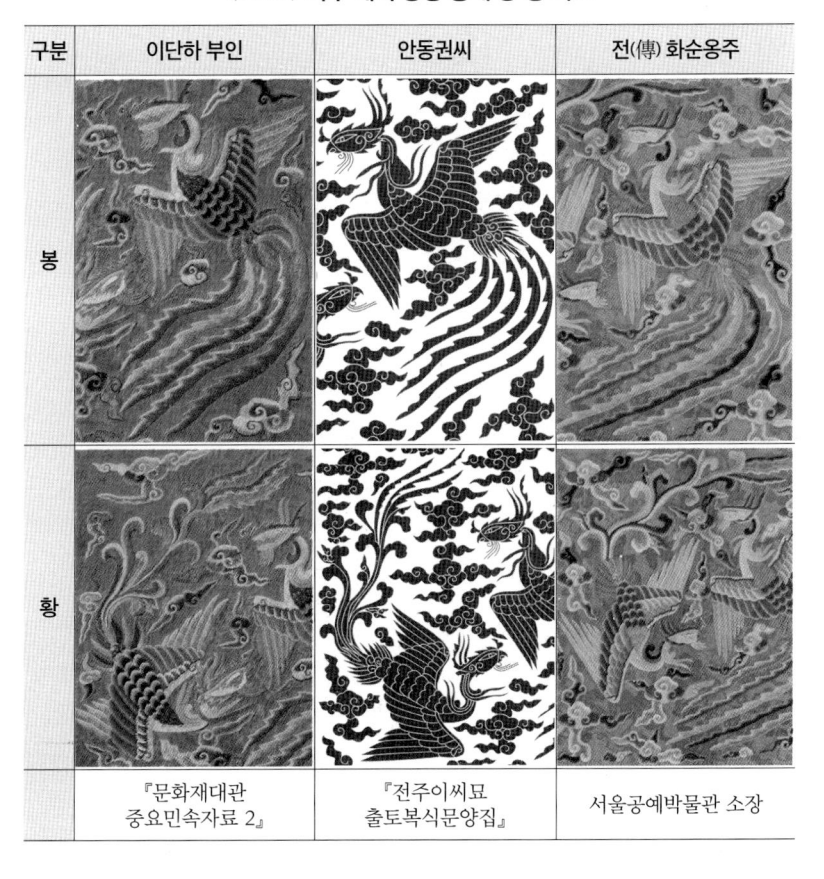

구분	이단하 부인	안동권씨	전(傳) 화순옹주
봉			
황			
	『문화재대관 중요민속자료 2』	『전주이씨묘 출토복식문양집』	서울공예박물관 소장

였다. 이단하 부인의 흉배는 가로에 비해 세로가 5cm 가량 길기 때문에 위아래로 길게 뻗고 있다면, 가로·세로 길이가 거의 같은 화순옹주 흉배는 옆으로 급격히 휘어져 길게 뻗는 형태를 하고 있다. 수컷은 톱니형 깃털을 5개씩 수놓았고, 암컷은 유려한 곡선으로 수놓은 당초형 깃털 아래 짧은 톱니형 깃털을 3개씩 수놓았다. 세세한 묘사는 차이가 있지만 기본 구성은 세 점 모두 동일하다. 꽁지깃은 좌우로 펼친 날개를 넘어 길게 뻗어 나가 흉배에서 넓은 공간을 차지한다.

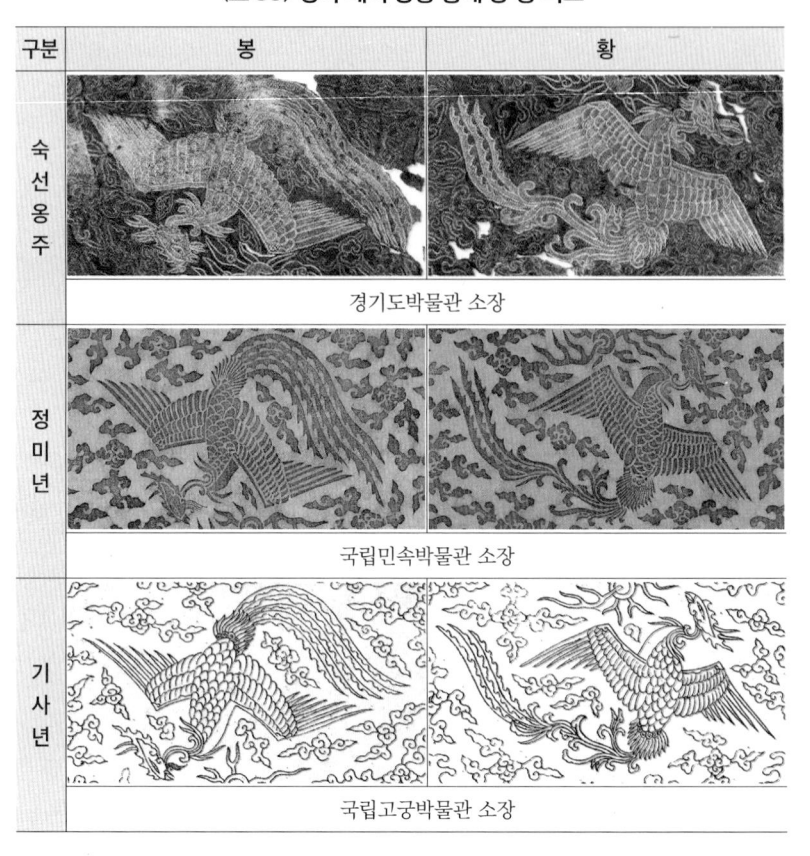

구분	봉	황
숙선옹주		
	경기도박물관 소장	
정미년		
	국립민속박물관 소장	
기사년		
	국립고궁박물관 소장	

18세기 중반까지 봉황은 좌우로 배치하였으며, 왕실과 반가에서 동일한 구도를 사용하였다. 그러나 19세기부터 봉황의 구도에 변화가 생겨 좌우 배치에서 상하 배치로 바뀌었다. 이러한 변화는 하단에 삼산과 물결, 파도, 보문이 추가되면서 자연스럽게 나타난 변화로 보인다. 또한, 국말로 갈수록 흉배의 크기가 작아지고, 배경 문양이 복잡해지면서 봉황이 차지하는 면적이 상대적으로 줄어들었다. 〈표 33〉은 19세기 봉황 흉배 중 대략적인 사용 시기를 추정할 수 있는 숙선옹주

흉배부터 기사년 본까지 봉황 문양을 비교한 것이다. 『뎡미가례시일긔』를 보면 봉황 흉배를 '금치봉'이라 기록하고 있어 19세기 왕실 봉황 흉배는 숙선옹주 흉배처럼 봉황을 금사로 수놓은 것을 알 수 있다. 봉황의 모습은 이전 시기 특징이 그대로 나타나 머리에는 봉관을, 턱에는 봉추를, 목에는 봉경을 묘사하였다. 단, 봉황 모두에게 보이던 턱 밑에 그린 봉추는 정미년 흉배본부터 수컷 봉에게서만 보이고 암컷 황에서는 생략되었다. 하지만 기사년 본 이후 제작된 것으로 추정되는 흉배본에서 다시 나타난다. 봉황의 날개는 화순옹주 흉배처럼 3단으로 묘사하고 있다.

미려한 곡선을 그리며 길게 뻗어 나간 꽁지깃은 좌우 배치 봉황 흉배에 비해 길이도 짧아지고 서로 가깝게 뭉쳐 있다. 〈표 33〉을 보면 시대에 따른 봉황의 꽁지깃 묘사의 변화를 알 수 있다. 숙선옹주와 정미년 본은 비슷한 양식으로 수컷 봉의 꽁지깃은 날개보다 길며 가운데를 향해 모이는 형태이고, 암컷 황 역시 가운데 깃털을 가장 길게 표현하였다. 반면 기사년 본은 봉의 꽁지깃은 날개를 넘지 않으며 끝이 나란하고, 황 역시 3개의 깃털 끝이 나란한 모습이다. 꽁지깃의 묘사 방법은 상하 배치 봉황 흉배본의 연대를 판단할 때 기준으로 삼을 수 있다.

〈표 34〉, 〈표 35〉, 〈표 36〉[38]은 용도나 제작연대에 대한 아무런 정보가 없는 봉황 흉배본 8점의 꽁지깃을 비교한 것이다. 꽁지깃의 모양에 따라 유형을 나누고, 크기와 뒤에서 살펴볼 화염의 패턴 등을 근거

---

38 앞뒷면에 어떠한 묵서도 없기 때문에 각 유물을 구분하기 위해 유물 번호를 사용하였다.

로 대략적인 제작 시기를 추정하여 순서대로 정리하였다.

〈표 34〉 상하 배치 봉황 흉배 꽁지깃 유형 1

창덕 18413	창덕 18415	창덕 18414
20.5×22.1	19.8×21.5	19.4×20.8

국립고궁박물관 소장

〈표 35〉 상하 배치 봉황 흉배 꽁지깃 유형 2

창덕 18411	창덕 18408	창덕 7724
19.0×21.0	15.1×16.2	17.5×19.0

국립고궁박물관 소장

창덕 18410	창덕 18409
18.7×20.0	18.1×19.4

국립고궁박물관 소장

'창덕 18414'까지는 정미년(1847) 본과 유사한 양식을 이어간다(유형 1). 봉의 꽁지깃은 날개보다 길고 가운데로 모이는 형태이며, 황은 톱니형 깃털 중 가운데를 가장 길게 그렸다. 그러나 '창덕 18411'부터는 기사년(1869) 양식과 비슷하다. 봉의 꽁지깃은 날개를 넘지 않으며 5개의 깃털 끝이 나란하다(유형 2). 황 역시 3개의 깃털 끝을 나란하게 그렸다. 한편, '창덕 18410'과 '창덕 18409'는 수컷 봉의 꽁지깃이 6개로 늘어났다(유형 3). 이 두 본은 뒤에서 살펴볼 화주와 하단 문양 역시 다른 양식으로 분류된다.

2) 배경 문양

봉황 흉배의 배경 문양은 한차례 변화가 있었다. 17세기 이단하 부
인 흉배부터 18세기 중반 전(傳) 화순옹주 흉배까지는 여의형 운두에
꼬리가 있는 구름으로 여백을 채웠다. 꼬리의 개수는 〈그림 105〉, 〈그
림 106〉처럼 빈 공간에 맞춰 2개부터 5개까지 자유롭게 배치하였으
며, 오색 견사로 수를 놓고 테두리는 대비가 뚜렷한 색을 사용하여 표
현하였다.

그림 105 | 이단하 부인 봉황 흉배 구름
『문화재대관 중요민속자료 2』

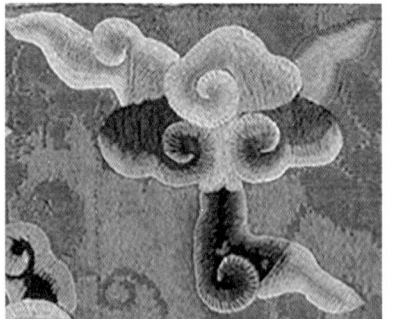
그림 106 | 화순옹주 봉황 흉배 구름
서울공예박물관 소장, 사진 제공

이후 19세기 초반 숙선옹주 흉배를 보면 봉황의 배치 방법이 좌우
에서 상하로 바뀌면서 하단에 삼산과 물결, 파도, 보문을 두고, 한 쌍
의 봉황 사이에는 화주가 생겼으며 빈 공간은 구름으로 채웠다. 이러
한 배경 문양의 구성은 중전과 세자빈이 사용한 용보와 비슷하다.

〈표 37〉은 사용자나 제작 시기가 밝혀진 19세기 봉황 흉배의 구름
을 비교한 것이다. 이전 시기와 마찬가지로 여의형 운두에 꼬리가 있

는 구름을 빈 공간에 맞춰 배치하였다. 그러나 자수 방법에는 변화가 생겼다. 숙선옹주의 흉배를 보면 봉황을 금사로 수놓으면서 견사로 수놓은 구름의 테두리를 금사로 징금수 한 것을 확인할 수 있다. 주 문양은 금사로, 배경 문양은 오색 견사로 수놓고 테두리만 금사로 징 거주는 방식은 왕실 자수의 특징으로 19세기 이후 봉황 흉배에도 적 용된 것으로 볼 수 있다.

<표 37> 봉황 흉배 구름 비교

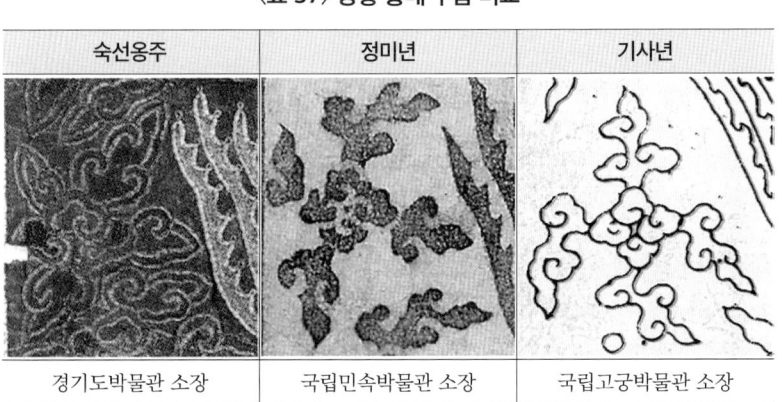

숙선옹주	정미년	기사년
경기도박물관 소장	국립민속박물관 소장	국립고궁박물관 소장

19세기 봉황 흉배에 새롭게 나타난 화주는 상하로 마주보는 봉황의 머리 사이에 위치한다. 제작 연대를 알 수 없는 흉배본을 비교해본 결과 화주에서 뿜어내는 화염을 4가지 유형으로 나눌 수 있었다. 화염 패턴은 용보와 마찬가지로 제작 연대를 추정하는 단서가 된다. <표 38>은 1번 유형으로 숙선옹주 흉배에서 볼 수 있는 패턴이다. 좌우로 길게 뻗어 나가는 화염 사이에 'X'자 모양으로 작은 화염들을 그렸다.

숙선옹주	창덕 18413
경기도박물관 소장	국립고궁박물관 소장

〈표 39〉는 2번 유형으로 정미년(1847) 흉배본이 포함된다. 화염 패턴은 1번 유형과 비슷하지만 'X'자 모양으로 뻗어 나간 작은 화염 중 오른쪽 윗부분이 생략되었다. 두 유형에서 가장 큰 차이는 1번 유형은 화주의 앞쪽에서 뿜어 나오는 화염이 오른쪽을 향하고 있지만, 2번 유형은 왼쪽을 향해 나가는 것이다.

〈표 39〉 봉황 흉배 화염 유형 2

창덕 18415	정미년	창덕 18414
국립고궁박물관 소장	국립민속박물관 소장	국립고궁박물관 소장

〈표 40〉은 3번 유형으로 기사년(1869) 흉배본이 해당된다. 2번 유형과 비교해서 좌우로 길게 뻗어 나가는 긴 화염은 큰 변화가 없다. 하지만 위아래로 그린 화염은 변화가 생겨 모두 'Y'자 형태로 벌어지는 가지 모양으로 바뀌었고, 2번 유형에 비해 길이도 길어졌다. 화주 앞면에서 뿜어내는 화염은 2번 유형과 마찬가지로 왼쪽을 향하고 있다. 한편, 화주의 표현 방식에 변화가 생겨 기사년 본까지는 안에 작은 원을 하나 더 그렸지만 '창덕 18411'부터는 안쪽에 그린 원이 생략되었다.

〈표 40〉 봉황 흉배 화염 유형 3

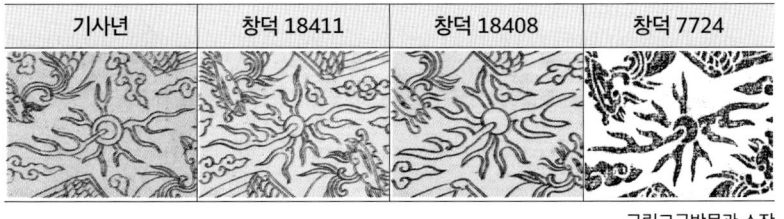

기사년	창덕 18411	창덕 18408	창덕 7724

국립고궁박물관 소장

〈표 41〉은 마지막 유형으로 정확한 연대를 알 수 있는 유물이 없다. 4번 유형 역시 좌우로 뻗어 나간 긴 화염은 비슷한 구조를 하고 있다. 그러나 위아래로 2개씩 그렸던 화염을 하나로 합쳐 3번 유형에 비해 복잡한 가지 형태로 바뀌었다. 화주는 3번 유형과 마찬가지로 하나의 원으로 그렸다. 흉배의 크기와 뒤에서 살펴볼 하단의 문양 등을 종합해볼 때 4번 유형은 3번 이후에 나타난 것으로 생각된다.

〈표 41〉 봉황 흉배 화염 유형 4

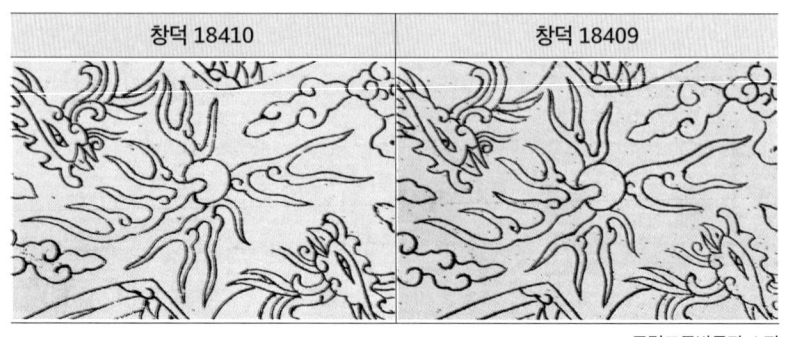

창덕 18410	창덕 18409

국립고궁박물관 소장

4개의 유형을 비교하면 〈표 42〉와 같다. 1번부터 3번 유형까지는 연대를 판단할 수 있는 유물이 포함되어 있어 화염 패턴의 발달 과정을 시대순으로 확인할 수 있다. 화주가 처음 나타난 19세기 초에는 앞쪽에서 뻗어 나간 화염이 오른쪽을 향했다면, 중반부터는 왼쪽을 향하고 있다.

〈표 42〉 화염 유형 비교

유형 1	유형 2	유형 3	유형 4
창덕 18413	정미년	기사년	창덕 18410
국립고궁박물관 소장	국립민속박물관 소장	국립고궁박물관 소장	국립고궁박물관 소장

한편, 좌우로 길게 뻗어 나간 화염의 기본 구조는 변화가 없지만 후대로 갈수록 섬세하고 화려한 모양으로 발전하였다. 상하로 그린

화염은 유형 1에서는 짧고 납작하게 그렸다면 유형 4에서는 위아래로 길게 뻗어 나가고 있어 전체적으로 화염이 복잡한 형태로 발전한 것을 알 수 있다. 국말로 갈수록 봉황의 크기가 작아지면서 상대적으로 공간에 여유가 생겨 화염이 복잡하게 진화된 것으로 보인다.

숙선옹주 흉배부터 나타나기 시작한 하단의 삼산과 물결, 파도, 보문은 물결의 개수에 따라 좌우에 각각 2개씩 그린 유형 1과 3개씩 그린 유형 2로 분류할 수 있다. 물결을 2개씩 그린 유형 1은 〈표 43〉과 같이 다시 두 종류로 나눌 수 있다.

'창덕 18413'은 숙선옹주 흉배와 함께 '화염 유형 1'에 속하는 흉배본으로 왼쪽 삼산 뒤에 그린 파도를 보면 높은 봉우리 위로 한 단의 물보라를 그렸다. 그러나 기사년 본을 보면 삼산 위로 두 단의 물보라를 그려 전체적인 파도의 높이가 더 높아졌다. '화염 유형 2와 3'에 속한 본이 모두 기사년 유형에 속한다. 물결 속에는 서보와 서각, 위에는 산호를 그리고 삼산에는 모두 전보를 그렸는데 보문의 종류와 개수, 위치는 유형 1에 속하는 모든 흉배가 동일하다.

〈표 43〉 봉황 흉배 하단 문양 유형 1

①전보(錢寶) ②서보(書寶) ③산호(珊瑚) ④서각(犀角)

국립고궁박물관 소장

삼산 사이에 물결을 3개씩 그린 유형 2는 〈그림 107〉과 같다. '화염 유형 4'에 속한 2점의 흉배본에서 같은 양식이 발견되었다. 좌우 삼산 뒤에 그린 파도의 높이가 유형 1에 비해 더 높아졌고, 삼산 위 물보라는 세 단으로 한 단 더 추가되었다. 보문의 종류는 유형 1과 동일하지만, 물결 속에 있던 서보와 서각은 산호와 함께 모두 물결 위에 나란히 그렸다. 유형 1에서 가로 방향으로 누워있던 서보와 서각은 세로 방향으로 바뀌었다.

원형의 용보에서는 좌우 삼산을 그릴 때 가장자리의 짧은 봉우리는 생략하지만 방형인 봉황 흉배에서는 좌우 삼산도 세 개의 봉우리를 모두 묘사하고, 중앙에 전보까지 그렸다. 이러한 양식은 하단 문양이 표현된 모든 흉배본과 숙선옹주 흉배에서 동일하게 적용되었다. 용보에서는 후대로 갈수록 전보의 위치가 위로 올라갔지만, 봉황 흉배에서는 아래로 내려가는 양상을 보인다. 〈표 43〉을 보면 전보가 좌우 짧은 봉우리보다 위에 있지만, 〈그림 107〉에서는 짧은 봉우리보다 아래에 있다.

숙선옹주의 봉황 흉배는 금사 두 올로 테두리를 징금수 하였다. 그러나 화주와 하단 문양에서 같은 양식에 포함되는 '창덕 18413'은 테

그림 107 | 봉황 흉배 하단 문양 유형 2
국립고궁박물관 소장

두리 없이 종이본에 문양을 꽉 차게 그렸다. 그리고 '화염 유형 2'에 속한 3점 중에서는 목판에 새긴 정미년(1847) 본에서만 두 줄로 양각한 테두리를 볼 수 있다. 한편, '화염 유형 3'에 속한 4점에서는 기사년(1869) 본에만 테두리가 없고, 나머지 3점은 모두 테두리를 표시하였다. 이 중 종이본 2점(창덕 18411, 창덕 18408)은 세 줄로 테두리를 그렸는데, 안쪽부터 두 줄은 금사로 수놓는 테두리를, 마지막 줄은 흉배의 크기를 나타내는 것으로 보인다. 목판본(창덕 7724)은 두 줄을 양각하였다. '화염 유형 4'는 모두 세 줄로 테두리를 그렸다.

흉배의 크기 역시 시대를 판단하는 중요한 단서가 된다. 17세기 이단하 부인의 흉배는 24.5×29cm이지만 19세기 초 숙선옹주의 원삼 흉배는 20.2×23cm로 작아졌다. 묵서가 전혀 없는 흉배본의 크기를 비교해본 결과 '화염 유형 3(이하 유형 3)'을 제외한 나머지는 같은 유형 안에서 너비 차가 0.5-1cm 정도였다. '화염 유형 2(이하 유형 2)'에 속한 정미년 본은 19×21cm이고, '화염 유형 4(이하 유형 4)'에서 크기가 작은 '창덕 18409'는 18.1×19.4cm이다.

한편, 유형 3에 속한 4점의 흉배는 크기가 제각각이며 차이도 크다.[39] 크기로만 본다면 '창덕 18408(15.1×16.3cm)'과 '창덕 7724(17.5×19.0cm)'는 유형 4보다 작아 더 후대에 그린 것으로 보인다. 하지만 화염 패턴이나 하단 문양으로 볼 때 기사년(1869) 본과 같은 유형으로 분류된다.

---

39 '화염 유형 3'에 속한 흉배의 크기는 다음과 같다.

기사년(1869)	창덕 18411	창덕 18408	창덕 7724
20.0×21.6cm	19×21cm	15.1×16.3cm	17.5×19.0cm

유달리 크기가 작은 흉배본은 10대 초반의 여성이 사용했을 가능성이 있다. 유형 3에 속한 본은 아무리 이른 시기로 보아도 유형 2의 정미년(1847) 본 이후 제작된 것으로 볼 수 있다. 그렇다면 헌종 연간 이후 10대 초반에 왕실 여성으로 봉흉배를 사용할 수 있는 사람은 철종의 서녀 영혜옹주(永惠翁主, 1859-1872)가 있다. 영혜옹주는 숙의범씨(淑儀范氏, 1838-1883) 소생으로 고종 3년에 옹주로 봉해졌고, 1872년 박영효(朴泳孝, 1861-1939)에게 하가하였다. 유형 3에 속한 본 중 영혜옹주의 가례를 위해 마련된 본이 있지 않을까 추측해 본다.

지금까지 살펴본 봉황 흉배의 조형적 특징 중 가장 많은 변화를 보여준 화주 유형을 기준으로 연대 판단의 단서로 볼 수 있는 다른 요소들을 정리하면 〈표 44〉와 같다. 다섯 개의 톱니형 깃털로 표현한 수컷 봉의 꽁지깃은 가운데 깃을 가장 길게 그리고 바깥으로 갈수록 짧아져 중심으로 모이는 모습을 유형 2까지 유지하였다. 하지만 유형 3부터는 다섯 개의 깃털 끝이 가지런한 모습으로 바뀌었다. 꽁지깃의 개수는 유형 3까지는 5개로 유지됐지만, 유형 4에서는 6개로 늘어났다. 하단의 물결 수 역시 유형 3까지는 좌우로 각각 2개씩 그렸지만, 유형 4는 3개씩으로 늘어났다. 보문의 종류는 전보, 산호, 서각, 서보로 모두 동일하지만, 서각과 서보의 위치는 변화가 있다. 유형 3까지는 물

〈표 44〉 화주 유형에 따른 특징

화주		유형 1	유형 2	유형 3	유형 4
꽁지깃 (鳳)	형태	가운데 깃이 긴 형태		일자로 나란한 형태	
	개수	5개			6개
물결 개수		2개			3개
서각·서보		물결 속			물결 위

결 속에 가로로 누워있는 모습이라면, 유형 4에서는 물결 위에 세로로 서있는 형태로 그렸다.

역대『가례도감의궤』를 살펴보면 봉황 흉배는 왕비의 적의와 겹장삼, 노의, 세자빈의 겹장삼에 부착하였다. 그러나 왕실 여성의 예복이 적의와 원삼, 당의 등으로 간소화되면서 남아 있는 봉황 흉배는 주로 원삼에서 확인할 수 있다. 〈그림 108〉[40]은 순헌황귀비와 의친왕비가 궁인 및 일본 여성들과 함께 찍은 사진 중 의친왕비의 모습만 확대한 것이다. 촬영 시기는 1904년에서 1907년 사이로 밝히고 있다.[41]

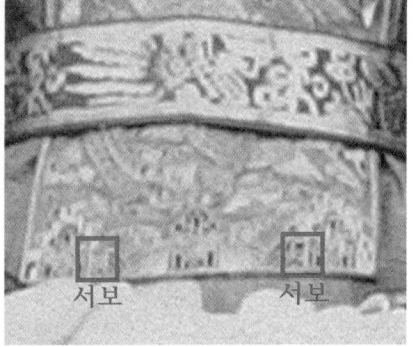

그림 108 | 원삼 차림의 의친왕비와 봉황 흉배
국립고궁박물관 소장

---

40   순헌황귀비 외 10인 사진[2019. 5. 1 검색], 국립고궁박물관, http://www.gogung. go.kr

41   위의 글.

의친왕비는 봉황 흉배를 달은 원삼을 입고 있는데 소매의 색동으로 볼 때 자적원삼으로 추정된다. 경운박물관에는 의친왕비의 녹원삼이 소장되어 있는데, 소매에 홍색과 황색 순서로 색동을 달았다. 그러나 사진을 보면 소매쪽 색동의 색이 더 밝고, 한삼에 붙은 색동이 더 진해 녹원삼으로 보기 어렵다. 또한, 「병오십이월가례시 군부인의복볼긔」을 보면 군부인, 즉 의친왕비의 예복으로 자적원삼이 마련된 것을 확인할 수 있다.[42] 병오년은 1906년으로 순종과 순정효황후의 가례가 있었다. 이를 종합해 볼 때 사진 속 원삼은 1906년 가례 때 마련된 자적원삼으로 볼 수 있다.

봉황 흉배의 도안을 보면 위에 있는 수컷 봉의 꽁지깃을 나란하게 수놓았다. 하단에는 삼산과 파도, 물결 등을 수놓았는데, 물결 안에 네모난 서보가 흐릿하게 보인다. 화주의 형태는 대대(大帶)에 가려 확인할 수 없지만, 위의 두 가지 요소로 봤을 때 의친왕비의 봉황 흉배는 '화염 유형 3'에 속한다. 기사년(1869)부터 사용된 양식이 대한제국 시기까지 그대로 이어진 것이다.

〈그림 109〉[43]는 의친왕의 장남 이건(李鍵, 1909-1990)과 그의 일본인 부인을 촬영한 사진에서 부인 부분을 확대한 것이다. 이건은 1931년 마쓰다이라 요시코와 결혼했으며, 이 사진은 결혼 이후 오래지 않아 촬영된 것으로 보고 있다.[44] 이건의 부인은 큰머리에 원삼을 입고 하피(霞帔)를 하였으며, 손에는 홀을 들고 있다. 원삼의 가슴에는 봉황 흉

---

42 「병오십이월가례시 군부인의복볼긔」, ㅈ뎍 별문단 부금 원삼

43 이건부부[2019. 5. 1 검색], 국립고궁박물관, http://www.gogung.go.kr

44 위의 글.

배를 달았다. 하피와 홀 때문에 흉배가 많이 가려졌지만, 윗부분에 수놓은 봉(鳳)은 확인할 수 있다. 의친왕비의 흉배에 비해 꽁지깃이 엉성한 모양새이며 개수도 4개밖에 없다. 하단 문양은 가려져 확인할 수 없다.

그림 109 | 원삼 차림의 이건 부인
국립고궁박물관 소장

그림 110 | 녹원삼 봉황 흉배
이화여자대학교박물관 소장

이처럼 꽁지깃을 4개만 수놓은 봉황 흉배를 중요민속자료 제63호 '왕비 녹원삼'에서 확인할 수 있다(그림 110).[45] 금사로 봉황을 수놓고, 배경 문양은 견사로 수놓은 뒤 테두리만 금사로 징거준 전형적인 왕실 흉배의 모습이다. 하지만 가늘고 섬세하게 표현했던 봉황의 꽁지깃은 두껍고 투박해진 모습이다. 화주의 화염은 상하좌우로 길게 뻗고 있지만, 흉배본에 비해 도안의 섬세함이 떨어진다. 주목할 점은 하

---

45 이화여자대학교 담인복식미술관(2017), 『조선시대 刺繡』, 이화여자대학교 담인복식미술관, 17.

단 문양의 구성이다. 의친왕비의 흉배까지도 물결을 각각 2개씩 수놓은 '하단 문양 유형 1'(표 43)의 양식이었다면, 녹원삼의 봉황 흉배는 물결을 3개씩 수놓은 '하단 문양 유형 2'에 속하는 양식이다. 물결 속에 누워있던 서보와 서각 역시 〈그림 107〉과 같이 물결 위로 올라왔다.

'하단 문양 유형 2'에 속한 흉배본 2점은 모두 묵서가 전혀 없어 대략적인 제작 연대를 파악하기 어렵다. 하지만 흉배본의 크기를 비교해 보았을 때, '하단 문양 유형 1'보다 나중에 사용한 것으로 생각된다. 의친왕비의 봉황 흉배를 병오가례 때 만든 것으로 볼 때, 녹원삼의 봉황 흉배는 1906년 이후 만든 것으로 생각된다. 또한, 이건 부인의 봉황 흉배 역시 하단 문양이 녹원삼 봉황 흉배 같은 유형이 아닐까 추정해 본다.

지금까지 사진과 유물을 통해 확인한 봉황 흉배는 모두 네모난 형태[方形]로 가슴과 등에 부착하였다. 그러나 『가례도감의궤』에 따르면 왕비는 적의(翟衣)의 가슴과 등, 양어깨에 봉흉배를 달았으며, 정미가례 때 마련한 경빈김씨의 홍장삼 역시 견화까지 갖추었음을 확인하였다. 한편, 순정효황후의 본방나인[本房內人]이었던 김명길(金命吉, 1894-1983) 상궁의 기록에 따르면 가례 날 적의 아래 입은 당의에 금사로 수놓은 원형의 봉황 흉배를 가슴과 어깨[46]에 달았다고 한다.[47]

병오년(1906) 가례 때 마련한 흉배는 「발긔」 문서가 남아 있어 구체적인 확인이 가능하다. 「嬪宮媽媽繡發記」를 보면 흉배는 총 5건으로

---

46   원문에는 '소매 옷부분'이라고 되어 있다.

47   김명길(1977), 『樂善齊周邊』, 중앙일보, 72.

남색 용보 1건과 다홍색 용보 2건, 초록색 용보 2건이 마련되었다.[48] 이 중 초록한단(草綠漢緞)에 수놓은 것은 당의용으로 보이며, 금치반룡(金雉盤龍)이라 하여 용을 수놓은 것으로 볼 수 있다. 하지만 김명길 상궁은 당의에 원형의 봉황 흉배를 하였다고 증언하여 「발긔」 내용과는 차이를 보인다. 이는 병오년 가례 때 작성한 「발긔」가 모두 남아 있는 것이 아니기 때문에 봉황 흉배에 대한 문서가 빠진 것으로도 생각해 볼 수 있다.

결국 증언과 기록을 종합해 보면 순정효황후는 당의에 용보뿐만 아니라 봉황 흉배도 사용한 것으로, 상황에 따라 흉배의 격을 달리하여 사용 것이 아닐까 생각된다. 가례 때 적의 안에 입은 당의에 봉황 흉배를 사용한 것으로 볼 때, 겉으로 드러나지 않는 경우 용보보다 격이 낮은 봉황 흉배를 달은 것으로 보인다. 그리고 당의를 소례복으로 입는 경우 용보를 달아 왕실의 위엄을 드러냈던 것이 아닐까 추정해 본다.

한편, 가슴과 등, 양어깨에 봉황 흉배를 갖춘 사진이 한 장 남아 있다. 〈그림 111〉[49]은 덕혜옹주의 생모 귀인양씨(貴人梁氏, 1882-1929)의 사진으로 1917년경 촬영된 것이다.[50] 원삼 차림의 모습으로 색동의 배색으로 볼 때 자적원삼으로 생각된다.[51] 원삼의 가슴과 양어깨에 봉황

---

48 「嬪宮媽媽繡發記」, MF35-004658, 한국학 디지털아카이브, http://yoksa.aks.ac.kr
藍別紋緞金雉盤龍胸褙一次 多紅漢緞金雉盤龍胸褙二次 草綠漢緞金雉盤龍胸褙二次

49 귀인양씨 사진[2019. 5. 31 검색], 국립고궁박물관, http://www.gogung.go.kr

50 위의 글.

51 사진의 색동 부분을 보면 소매 쪽에 밝은 색상이, 한삼 쪽에 진한 색상이 사용되

그림 111 | 원삼 차림의 귀인양씨와 봉황 흉배
국립고궁박물관 소장

흉배를 달았는데, 방형이 아닌 원형의 흉배를 사용하였다. 봉황을 상하로 배치하고 하단에 삼산과 물결 등을 넣어 방형 흉배와 유사한 구성을 보여준다. 이 사진은 김명길 상궁이 증언한 원형의 봉황 흉배를 보여주는 유일한 자료로, 황태자비는 당의에 사용하였지만 그보다 신분이 낮은 후궁은 가장 격이 높은 예복인 원삼에 원형의 봉황 흉배를 사용한 것을 알 수 있다.

었다. 녹원삼은 여러 점이 남아 있는데, 모두 소매 쪽에 홍색, 한삼 쪽에 황색이 오도록 배색하여 사진 속 원삼과는 차이가 있다. 한편, 홍원삼은 조선시대 왕비가 착용하던 것으로, 귀인 신분의 복녕당 양씨가 착용했다고 보기 어렵다. 또한, 경빈김씨가 가례 후 자적원삼을 입은 기록이 있어 사진 속 원삼은 자적원삼으로 보는 것이 타당해 보인다.

기타 흥미

제5장

기타 흉배

1. 기린(麒麟) 흉배

기린(麒麟)은 용·봉황·거북과 함께 사령(四靈) 중 하나로 훌륭함을 상징하는 상상의 동물이다. 이마에는 뿔이 하나 있으며, 사슴의 몸에 소의 꼬리, 말의 발굽과 갈기를 가졌으며 빛깔은 오색(五色)이라 하였다.[1] 그러나 후대로 갈수록 형태가 변화하여 온 몸에 용과 같은 비늘이 덮이고 얼굴은 완전히 용의 형상을 지니게 되었다.[2]

기린 흉배는 흉배 제도를 처음 제정했던 단종 2년(1454)부터 대군(大君)의 흉배로 사용되었다. 이후 『경국대전』에서 명문화되었으며, 『대전회통』까지 변화 없이 이어진다. 착용 신분이 한정적이며 효종(孝

1 　기린[2019. 5. 3 검색], 두피디아 백과사전, http://www.doopedia.co.kr
2 　국립고궁박물관(2014), 앞의 책, 144.

宗, 1619-1659) 대부터 대군에 봉해진 왕의 적자(嫡子)가 없어 남아 있는 유물도 많지 않다. 남아 있는 기린 흉배 관련 유물은 국립고궁박물관 소장 흉배본 1건과 흥선대원군이 사용한 것으로 알려진 기린 흉배 2점 및 초상화가 있다.

〈그림 112〉[3]는 종이에 그린 기린 흉배본으로 왼쪽 상단에 '신묘신조 긔린초'라는 묵서가 있어 제작 시기를 알 수 있다. 중앙에 고개를 돌려 오른쪽을 바라보는 기린을 그리고 머리 위에는 구름 속에 떠있는 해[日]를 그렸다. 기린의 주위는 관리들의 흉배에서 볼 수 있는 가로로 긴 구름으로 채웠으며, 하단에는 삼산과 물결, 파도, 보문을 그렸다. 종이의 크기는 21.7×22.8cm이며, 한 줄로 그린 테두리까지 크기는 약 16.2×18.2cm 정도 된다.

흉배의 크기를 고려하여 신묘년의 후보로 1771년, 1831년, 1891년을 가정하고 기린 흉배를 사용할 수 있는 대군 및 왕자군을 확인하였다. 1771년은 영조 47년으로 대군은 물론 왕자군도 없었다. 그 밖에 왕손(王孫)으로는 사도세자(思悼世子, 1735-1762)의 서자인 은언군(恩彦君, 1754-1801), 은신군(恩信君, 1755-1771), 은전군(恩全君, 1759-1778)이 있었다. 왕손(王孫)의 흉배 제도는 정확히 규정된 것은 없으나, 『국혼정례』에 따르면 세자의 적자는 대군 가례를, 서자는 왕자 가례를 따른다고 한 것으로 볼 때, 흉배 역시 대군과 왕자군의 제도를 따랐을 가능성이 있다. 또한, 영조는 연잉군 시절 치른 관례 때 기린 흉배를 사용하였으므로, 사도세자의 서자들도 기린 흉배를 사용하였을 가능성이 있다. 그러나 앞 장에서 살펴본 용보의 크기와 비교하면 11세의 헌종이 사용

---

3   위의 책.

한 무술년(1838) 본이 약 19cm이므로 이보다 작은 신묘년 본의 사용자
는 10세 미만이여야 된다. 그러나 가장 어린 은전군 역시 12세로 신묘
년 본의 사용자로 보기 어렵다. 결국 1771년에 기린 흉배본을 사용할
만한 왕자나 왕손은 없는 것이다.

그림 112 | 신묘년 기린 흉배본과 얼굴·보문·묵서 확대
국립고궁박물관 소장

1831년은 순조 31년으로 역시 대군은 물론 왕자군과 왕손도 없었
다. 결국 신묘년은 1891년으로 볼 수 있다. 1891년은 고종 28년으로
기린 흉배를 사용했을 가능성이 있는 사람은 의화군(義和君, 1877-1955)
과 흥선대원군(興宣大院君, 1820-1898)이 있다. 의화군은 고종의 서자로
1891년 봉작되었고, 1892년 관례를, 1893년 가례를 치렀으며, 이와 관
련된 『의화군가례등록』과 「발긔」 문서가 남아 있다. 그중 「계스십월
길례시의화군의복볼긔」를 보면 친영(親迎) 의복으로 홍색 단령과 금탁
흉배 한 쌍이 마련되었다. 당시 왕자군이었던 의화군은 금사로 수놓
은 백택(白澤) 흉배를 사용한 것이다. 하지만 연잉군이 기린 흉배를 사

용했던 것을 볼 때, 1891년 의화군에 봉해질 때 기린 흉배를 마련했을 가능성도 남아 있다.

한편, 고종의 사친(私親)인 흥선대원군 역시 기린 흉배를 사용하였다. 〈그림 113〉[4]은 흥선대원군의 초상으로 1863년 44세 때 그린 초본을 1869년에 이모한 것이다.[5] 가슴에는 기린 흉배를 금색으로 그려 금사로 수놓은 흉배를 묘사한 것으로 보인다. 대원군은 왕의 친아버지에게 내리는 벼슬로,[6] 생전에 대원군에 봉해진 사람은 흥선대원군이 유일하다. 그동안 대원군의 흉배를 마련할 필요가 없었기 때문에 이에 대한 규정이 없었고, 흥선대원군은 대군의 흉배인 기린 흉배를 사용하였다.

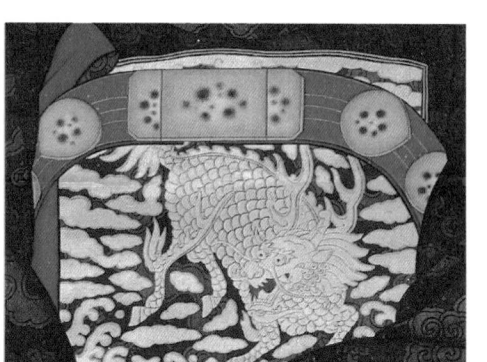

그림 113 | 흥선대원군 초상과 기린 흉배
서울역사박물관 소장

---

4   위의 책, 145.

5   흥선대원군[2019. 5. 4 검색], 한국민족문화대백과사전, http://encykorea.aks.ac.kr

6   대원군[2019. 5. 4 검색], 국립국어원 표준국어대사전, https://stdict.korean.go.kr

1891년은 대원군과 부대부인(府大夫人)이 혼례를 치른 지 육십 돌 되는 해로, 고종은 잔치를 열어 이를 축하하였다.[7] 신묘년 흉배본은 이 때 흥선대원군의 흉배를 제작하기 위해 사용했을 수도 있다. 그러나 고종 22년(1885) 대원군의 존봉의절(尊奉儀節)을 마련하면서 흉배는 거북[龜] 문양으로 정하여[8] 1891년에는 거북 흉배를 사용했어야 한다.

이처럼 의화군과 흥선대원군 모두 신묘년 흉배본의 사용자로 확정하기에는 조금씩 의문을 남긴다. 그러나 흉배본의 크기와 착용 대상자를 한정해 봤을 때, 신묘년은 1891년으로 보는 것이 타당하다.

초상화 외에도 흥선대원군이 사용한 것으로 전해지는 기린 흉배

그림 114 | 흥선대원군 기린 흉배
국립중앙박물관 소장

그림 115 | 흥선대원군 자적단령 기린 흉배
단국대학교 석주선기념박물관 소장

---

7   『승정원일기』, 고종 28년(1891) 4월 10일.

8   『승정원일기』, 고종 22년(1885) 9월 10일.
     大院君尊奉儀節別單
     一 轎子以八人低擔, 一 胸褙以龜

두 건이 남아 있다. 〈그림 114〉[9]는 흥선대원군이 관복에 달았던 흉배로 1개만 남아 있다. 국립중앙박물관 소장품으로 중요민속자료 제65호로 지정되었다. 기린은 정면을 보며 발굽을 모아 달려가는 모습으로, 주위는 구름을 빈틈없이 채웠다. 하단에는 삼산과 물결, 파도를 두었으며, 보문은 산호만 보인다. 아청색 운문단(雲紋緞)에 금사와 은사(銀絲)만 사용하여 수놓았고, 기린의 눈만 견사로 표현하였다. 테두리는 가는 연금사 8줄을 2줄씩 징거주었다. 흉배의 크기는 23.8×25.7cm이며, 자수 부분은 21.5×25cm이다.[10]

〈그림 115〉[11]는 흥선대원군이 착용했던 자적색 단령에 달려 있는 기린 흉배로 한 쌍이 남아 있다. 석주선기념박물관 소장으로 중요민속자료 제214호로 지정되었다.[12] 기린은 정면을 바라보며 앞으로 달려가는 모습으로, 주위는 구름으로 채웠다. 하단에는 삼산과 파도, 물결을 두어 도안의 구성은 〈그림 114〉와 유사하다. 그러나 도안과 수법(繡法)이 모두 정교하지 못해 완성도가 떨어진다. 크기는 17.5×19cm이다.

이 두 점의 흉배를 신묘년 흉배본과 비교해 보면 몇 가지 차이점이 있다. 먼저 기린의 자세를 비교해 보면 흥선대원군 흉배는 모두 앞을 보며 달려 나가는 모습이지만, 신묘년 본은 앉아서 머리 위 해를 바라보는 모습이다. 배경 문양에서도 차이를 보여 신묘년 본은 기린 아래 서각과 화주, 여의, 보(黼)를 그렸으며, 물결 위에 산호를, 삼산에는 전

---

9   문화재청(2006), 앞의 책, 113.

10   위의 책, 113-114.

11   위의 책, 103.

12   위의 책, 102-103.

보를 두었다. 그러나 〈그림 114〉는 물결 위에 산호만 있고, 〈그림 115〉는 보문이 생략되었다.

한편, 흥선대원군 초상화의 기린 흉배와 비교해 보면 기린의 방향이 바뀐 것을 알 수 있다. 초상화에서는 머리가 오른쪽 하단에, 꼬리가 왼쪽 상단에 있어 마치 흉배 밖으로 달려 나올 것 같은 모습이다. 기린의 얼굴은 모두 용의 모습을 본떴는데, 초상화에서는 머리에 뿔을 하나만 그렸지만, 흉배본과 유물에서는 두 개씩 묘사하여 차이를 보인다. 하단 문양은 소매에 가려 온전히 확인할 수는 없지만 신묘년 본에서 나타난 여러 종류의 보문 중 물결 위로 산호만 보여 〈그림 114〉의 기린 흉배와 맥을 같이한다.

연대가 정확한 초상화와 흉배본을 통해 기린 흉배의 변화를 정리하면 다음과 같다. 먼저, 기린의 뿔은 하나에서 두 개로 늘어났고, 머리 위에 해가 생기면서 앞쪽을 향에 달려가던 자세에서 고개를 돌려 해를 바라보는 자세로 바뀌었다. 그리고 흉배에서 기린이 차지하는 면적이 줄어들면서, 하단에 생긴 공간에 여러 종류의 보문이 추가되었다. 변화의 과정으로 미루어 볼 때 두 점의 흉배는 1891년 이전에 사용한 것으로 생각된다.

2. 백택(白澤) 흉배

백택(白澤)은 백룡(白龍)이 낳은 신성한 동물로[13] 인간의 말을 할 수

---

13   국립고궁박물관(2014), 앞의 책, 146.

있고 만물의 이치를 아는 상서로운 신수(神獸)이다. 『삼재도회(三才圖會)』에 따르면 덕망 있는 왕이 통치하는 시대에 나타난다. 얼굴 주변의 갈기, 둥근 눈동자, 길게 돌출된 주둥이와 큰 입, 날카로운 송곳니, 털송이 꼬리, 갈고리 발톱을 가지고 있어 생김이 사자와 비슷하며, 몸에서 서기(瑞氣)를 뿜고 있다.[14]

백택 흉배는 왕자군의 흉배로 규정되었으며, 인조 4년(1626) 기록을 보면 1품관도 사용하였다.[15] 왕실에서 사용한 백택 흉배는 국립고궁박물관 소장 흉배본 4건이 남아 있다. 그리고 연잉군의 초상화와 의화군 사진에서 백택 흉배를 확인할 수 있다. 남아 있는 백택 흉배본은 모두 제작 시기나 용도에 대한 묵서가 전혀 없어 사용자를 추정하기 어렵다. 다만 도안의 조형성과 크기를 분석하여 대략적인 제작 시기를 추론해 보고자 한다.

대체로 비슷한 분위기를 풍기는 4건의 흉배본은 갈기와 보문의 묘사 방식에 따라 두 가지 유형으로 분류할 수 있다. 첫 번째 유형(그림 116)[16]은 머리 갈기를 하나하나 선으로 그려준 것으로 3건이 여기에 속한다. 백택의 앞다리 쪽에는 화주, 꼬리 아래에는 서보, 삼산 위에는 여의, 중심에는 전보, 물결 위에는 산호를 그렸다. 유형 1에 속한 3건 중 2건은 한 줄로 그린 테두리까지의 크기가 약 19×21.2cm로 거의 동일하다. 나머지 1건은 도안의 구성은 거의 동일하지만 테두리를 3줄

---

14   이경희·이은주(2014), 「백택기(白澤旗) 사용자와 형태 및 재료에 관한 고찰」, 『韓服文化』 17(3), 58.

15   『인조신록』 권13, 인조 4년(1626) 6월 14일.
     則一品所用白澤仙鶴中 隨所得用之之意

16   국립고궁박물관(2014), 앞의 책, 149.

그림 116 | 백택 흉배 유형 1
국립고궁박물관 소장

그림 117 | 백택 흉배 유형 2
국립고궁박물관 소장

로 그렸다. 그리고 크기가 많이 작아져 테두리까지 약 14.9×16.1cm 정
도 된다.

두 번째 유형(그림 117)[17]은 머리 갈기를 몇 개의 덩어리로 그려 유
형 1과는 차이를 보인다. 앞다리 쪽에는 화주, 삼산 위에는 여의, 중
심에는 전보를 그렸으며, 물결 위에 산호도 그래도 남아 있지만, 꼬리
아래 그렸던 서보는 사라지고 물방울로 채워 넣었다. 테두리는 한 줄
로 그렸으며, 크기는 약 16.4×18.3cm 정도 된다.

한편, 〈그림 118〉[18] 의화군 사진 속 백택 흉배를 흉배본과 비교해
보면 유형 2에 속하는 도안임을 알 수 있다. 먼저 화주를 보면 화염을
위쪽으로만 표현하여 상하좌우로 그린 유형 1과는 차이가 있다. 꼬리
아래는 서보 대신 물방울만 5개 수놓아 이 역시 유형 2의 양식과 동일

그림 118 | 단령 차림의 의화군과 백택 흉배
『Souvenir de Séoul, Corée』
프랑스 국립도서관 제공

---

17   위의 책, 150.

18   프랑스 국립도서관 사진 제공.

하다. 그리고 구름의 위치와 개수까지 거의 정확히 유형 2 흉배본과 일치하고 있다.

의화군은 1891년 봉작되어 1892년 관례를 치르고 이듬해 가례를 올렸다. 가례 시 친영 의복으로 홍색 단령에 '금탁 흉배'를 마련하였다. '금탁'은 '金澤'으로 추정되어 금사로 수놓은 백택 흉배로 볼 수 있다. 유형 2의 흉배본은 앞 장에서 살펴본 신묘년(1891) 기린 흉배본과 크기가 거의 동일하다. 또한, 머리 갈기를 덩어리로 표현한 점과 삼산 위 여의를 묘사한 방식 등이 서로 닮아 있다. 이러한 정황들로 볼 때 유형 2 흉배본(그림 117)은 신묘년 즈음에 제작한 것으로 추정되어 의화군의 친영 의복에 사용한 것으로 볼 수 있다.

한편, 유형 1 흉배본은 크기와 도안의 구성으로 미루어 볼 때 고종의 서자들이 사용하였을 것으로 보인다. 조선 후기 왕자와 왕손은 숙종의 서자 연잉군과 연령군, 사도세자의 서자 은언군, 은신군, 은전군이 있으며, 이후 고종의 서자 완화군과 의화군이 있다. 연잉군의 백택 흉배는 초상화를 통해 확인할 수 있는데, 흉배본과는 많은 차이를 보인다. 또한 18세기 중후반에 가례를 올린 은언군 형제들이 사용한 것으로 보기에는 흉배의 크기가 작다.

고종의 서장자(庶長子) 완화군은 1877년 관례를 올리고 가례를 치르기 전인 1880년 12세로 사망하였다. 유형 1의 흉배본 중 크기가 같은 두 점(19×21.2cm)은 의화군 가례 시 사용했을 것으로 추정되는 유형 2(16.4×18.3cm) 보다 크다. 12세로 요절한 완화군이 사용하였다고 보기에는 무리가 있다. 결국 유형 1 흉배본 역시 의화군이 사용한 것으로 볼 수 있어 유형 2보다 나중에 그려진 것으로 추정된다.

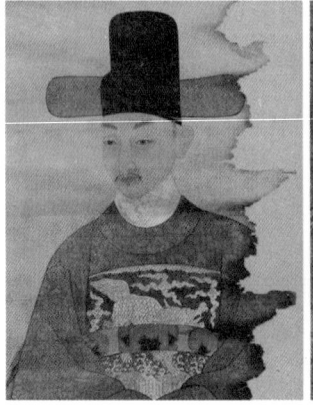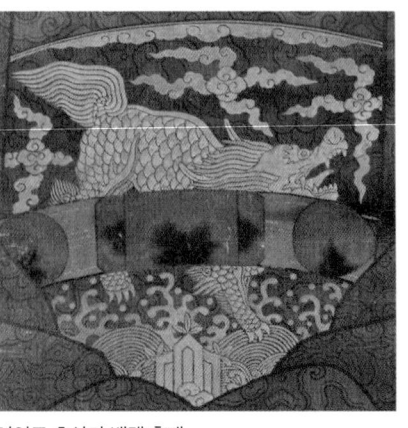

그림 119 | 연잉군 초상과 백택 흉배
국립고궁박물관 소장

〈그림 119〉[19]는 영조의 연잉군 시절 초상으로 21세인 1714년에 그렸다. 사모에 단령 차림으로 가슴에 금으로 화려하게 채색한 백택 흉배를 그렸다.[20] 백택의 모습을 흉배본과 비교하면 자세와 얼굴 묘사 방법 등에 있어 차이가 있다. 초상화 속 백택은 오른쪽을 향해 걸어가는 모습으로 얼굴은 옆모습을 그렸다. 〈표 45〉를 보면 머리에는 뒤로 휘날리는 갈기와 그 속에 뿔을 2개 그렸으며, 눈썹과 긴 주둥이, 코를 묘사하는 방식이 기린의 얼굴과 닮아 있다.[21] 몸통은 비늘로 덮여 있으며, 발굽이 아닌 발톱을 그려 백택으로 볼 수 있다.

한편, 흉배본의 백택은 앞발을 모으고 앉아 있는 모습으로 고개를

---

19   연잉군초상[2019. 5. 5 검색], 국립고궁박물관, http://www.gogung.go.kr

20   위의 글.

21   기린은 용의 얼굴을 하고 있다고 하니 결국 연잉군 초상화 속 백택은 용의 얼굴을 닮았다.

돌려 뒤쪽을 바라보고 있다. 〈표 45〉를 보면 연잉군 흉배와 달리 눈, 코, 입의 묘사가 호랑이에 가깝고, 이마와 볼에 줄무늬가 있다. 머리 갈기와 꼬리털 시작 위치에는 나선형으로 말린 털을 그렸는데, 이는 사자 흉배에서 나타나는 특징으로 백택이 사자의 모습을 닮았다는 것에서 유래한 것으로 보인다. 머리에는 뿔을 두 개 그렸으며, 몸통은 비늘로 덮여있고, 발에는 발톱을 그렸다.

〈표 45〉 백택 흉배 얼굴 비교

백택 흉배	기린 흉배	백택 흉배	쌍호 흉배

국립고궁박물관 소장

연잉군 초상화 속 백택은 용을 닮은 얼굴 때문에 기린 흉배와 비슷해 보인다. 만일 발톱 부분이 서대(犀帶)로 가려졌다면 충분히 기린으로 오해할 수 있다. 한편, 『연잉군관례시등록초건』을 보면 초가복으로 흑단령에 금린(金麟) 흉배를 마련한 것으로 기록하였으나, 11년 뒤에 그린 초상화에는 백택 흉배를 그렸다. 또한, 영조는 즉위 후 대군과 왕자군의 흉배를 기린으로 통일하고자 하였다. 이러한 점들로 미루어 18세기에는 백택과 기린의 모습을 정확히 구분하지 않고 뒤섞인 모습으로 사용한 것이 아닐까 생각된다. 당시 왕자군만 있었을 뿐 대군이 없었기 때문에 기린과 백택을 나누어 신분을 구분할 필요가 없었기 때문이다.

3. 수자(壽字) 흉배

국립고궁박물관 소장 왕실 흉배본 중에는 '壽'자를 주 문양으로 그린 것이 있다. 화면 가운데 '壽'자를 큼지막하게 쓰고, 주위를 구름으로 채웠다. 하단에는 삼산과 물결, 파도, 보문을 그려 봉황 흉배와 구성이 유사하다. 흉배본은 모두 3건으로 종이본이 2건, 목판본이 1건이다.

헌종과 경빈김씨의 가례를 기록한 『뎡미가례시일긔』를 보면 삼간택 의복으로 '초록금슈복ㅈ원삼'에 '초록단부금슈ㅈ흉비'를 준비하였다. '壽'자를 금박으로 찍은 흉배를 원삼의 가슴과 등에 부착한 것으로, 〈그림 120〉[22]과 같은 목판을 사용하여 금박을 찍었을 것으로 보인

그림 120 | 수(壽)자 흉배판과 건탁
국립고궁박물관 소장

---

22   국립고궁박물관(2013), 앞의 책, 52.

다. 흉배판의 크기는 19.3×19cm로 거의 정사각형에 가깝다. 제작 시기나 용도 등에 대한 묵서가 전혀 없지만, 정미년 가례 때 사용한 봉황 흉배판의 크기가 19×21cm이므로 비슷한 시기에 사용되었을 것으로 추정된다.

도안의 구성은 3건의 흉배본이 모두 유사하지만, 목판에 새긴 흉배판은 하단 문양이 종이본에 비해 단순하고 투박하다. 삼산에는 전보를 새겼는데 'X'자 모양으로 동그라미를 두어, '十' 모양으로 배치했던 다른 본들과 차이를 보인다. 보문으로는 '壽'자 좌우로 '卍'자를 두고, 하단에는 서각만 새겨 넣었다.

전보를 표현한 방식이 흉배판과 유사한 '壽'자 흉배(그림 121)[23]가 청송심씨(靑松沈氏, 1683-1718) 묘에서 출토되었다. 2003년 충청북도 청주시

그림 121 | 청송심씨 원삼 수(壽)자 흉배
충북대학교박물관 소장

그림 122 | 청송심씨 수(壽)자 흉배 도안
연구자 그림

---

23   충북대학교박물관 사진 제공.

택지개발지구 내에 조성된 광산김씨(光山金氏) 묘역을 이장하는 과정에서 김원택(金元澤, 1683-1766)과 부인 청송심씨 등 묘역 내 5기의 무덤에서 유물이 출토되었다.[24] 청송심씨는 심정보(沈廷輔)의 외동딸로 친조모는 효종의 둘째 딸인 숙명공주(淑明公主, 1640-1669)이다.[25] 청송심씨의 신분으로 볼 때 '壽'자 흉배는 왕실과의 연관성이 있어 보인다.

'壽'자 흉배는 원삼에 부착된 상태로 나왔으며, 크기는 28×31.5cm로 함께 출토된 당의에 부착한 봉황 흉배가 21.5×25cm인 것에 비해 많이 크다. 도안(그림 122)을 보면 하단에 삼산과 전보를 묘사하는 방식이 〈그림 120〉의 흉배판과 동일하다. 물결의 개수 역시 각각 3개씩으로 동일하고 좌우 삼산 뒤에 파도의 모양 역시 매우 닮았다. 물결 위에는 서각과 보주(寶珠)를 3개씩 수놓았는데, 흉배판에서는 보주가 생략되었다. 자수 기법을 보면 '壽'자와 그 양 옆에 위치한 '卍'자는 금사로 수놓았다. 그 외 나머지 배경 문양은 견사로 수놓았으며, 테두리는 금사 두 올로 징거주었다.

한편, 종이 흉배본 2건은 하단 문양의 묘사 방법이 조금 변하였다. 〈그림 123〉[26]을 보면 흉배판에서는 반씩만 묘사했던 좌우 삼산을 온전한 형태로 그린 것을 볼 수 있다. 또한, 삼산 뒤에 그린 파도의 모양 역시 좌우 대칭형으로 바뀌었는데, 이러한 구성은 앞장에서 보았던 봉황 흉배와 동일하다. 물결은 좌우로 각각 2개씩 그리고, 물결 속

24   충북대학교박물관(2006), 『한성부 판윤 김원택 묘역 출토 복식』, 충북대학교박물관, 91.

25   장인우(2008), 「청주출토 청송 심씨(靑松沈氏, 1683-1718)묘 유물의 복식사적 의의 – 문양 중심 –」, 『韓服文化』 11(3), 168.

26   국립고궁박물관(2014), 앞의 책, 155.

그림 123 | 수(壽)자 흉배본
국립고궁박물관 소장

에는 서보, 위에는 산호와 서각을 그렸다. 세 개의 삼산에는 모두 전보를 그렸는데, 흉배판과 달리 동그라미를 '十'자 모양으로 배치하였다. 테두리는 3줄로 그렸으며, 테두리까지의 크기는 약 18.7×20.1cm 정도된다.[27] 도안의 구성과 크기로 보았을 때 종이본이 목판본보다 나중에 사용된 것으로 볼 수 있다.

『뎡미가례시일긔』 이후 '壽'자 흉배는 「발긔」 문서에서 확인된다. 정사년(1917) 8월에 순정효황후의 탄일(誕日)을 맞아 '壽字 흉븨板' 1건이 올려졌다.[28] 다른 의대는 소고의, 치마, 단니의, 봉디 등 평상복으로 구성되어 흉배판을 어디에 사용했는지는 정확히 알 수 없지만, 탄일을 맞아 장수를 상징하는 '壽'자 흉배를 올린 것으로 생각된다.

---

27 도안의 구성이 거의 동일한 나머지 종이본은 크기가 약 17.8×19.4cm로 조금 작다.

28 「탄일의디불긔」, MF35-004658, 한국학 디지털아카이브, http://yoksa.aks.ac.kr

제6장

굴렁쇠

제6장

결론

본 연구는 문헌을 통해 조선 왕실의 흉배 제도를 신분에 따라 고찰하고 흉배본과 흉배, 초상화를 분석하여 시대에 따른 변화 과정을 정리한 것이다. 신분을 상징하는 주 문양과 길상 의미가 담긴 배경 문양의 조형성을 비교분석하여 제작 연대를 육십갑자로 표기한 흉배본의 정확한 제작 시기와 사용자를 추정하였다. 그리고 이를 근거로 연대 추정의 단서가 전혀 없는 유물의 제작 시기를 추론하였다.

용(龍)은 왕을 상징하는 문양으로 왕권을 잇는 자와 그 배우자만이 사용할 수 있었다. 조선 전기 왕과 왕세자의 흉배는 실록을 통해 확인할 수 있다. 상복(常服)과 융복(戎服), 군복(軍服)에 용보를 부착하였으며, 세종 때부터 발톱 수를 달리하여 왕은 오조룡(五爪龍), 왕세자는 사조룡(四爪龍)을 사용하였다. 한편, 왕비와 왕세자빈은 조선 전기까지 용보를 사용하지 못하였다. 임진왜란 전까지는 명에서 사여받은 적계문(翟雞紋) 흉배를, 이후로는 봉황 흉배를 직접 만들어 사용하였다. 왕비와 왕세자빈의 흉배는 영조 때 편찬한 『국조속오례의보서례』에서 처음 제도화되어, 왕비는 오조룡보를, 왕세자빈은 사조룡보를 적의(翟衣)의 앞뒤[前後]에 부착하는 것으로 정하였다. 그러나 『국혼정례』에서는 적의에 흉배 4개를 마련한 것으로 볼 때, 흉배와 견화를 함께 갖춘 것으로 보인다.

용보는 사용자와 용도에 따라 용의 형태와 배경 문양을 달리하였다. 상복인 곤룡포에 사용한 용보는 세조 어진까지는 흉배와 견화 모두 측면을 바라보는 승룡(昇龍)을 그렸지만, 영조 어진에서는 정면을 바라보는 반룡(盤龍)으로 바뀌었고 이는 국말까지 이어진다. 용의 주위는 시대 구분 없이 모두 구름으로 채웠다. 테두리는 영조 어진까지는 없었지만, 기묘년(1879)부터는 24개의 곡선으로 이루어진 원형을 두 줄로 그렸다.

협수(挾袖)와 전복(戰服)으로 구성된 왕의 군복은 조선 후기 이후 착용되었다. 전복은 앞 중심에 트임이 있는 대금(對衿)형으로 가슴에는 원형을 반으로 가른 두 개의 흉배를 부착하였다. 가장 이른 시기 유물은 갑자년(1744) 본으로 가슴에는 승룡을, 등과 어깨에는 반룡을 그렸고, 주위는 구름으로 채웠다. 무술년(1838) 본에서는 배경 문양에 변화가 생겨 하단에 삼산과 물결, 파도, 보문이 나타났고, 두 줄로 양각한 정원형(正圓形)의 테두리가 생겼다. 부착 위치에 따른 용의 형태는 철종 어진까지 동일하게 이어지다 기묘년(1879)부터는 등과 어깨 모두 승룡으로 바뀌었다. 또한, 테두리의 형태가 상복용과 동일하게 24개의 곡선으로 이루어진 원형으로 다시 바뀌었다.

왕비와 왕세자빈의 용보는 적의와 원삼, 당의에 부착하였는데 용도에 따른 차이는 없다. 흉배와 견화 모두 반룡을 그렸으며, 용의 주위는 구름으로 채우고 하단에는 삼산과 물결, 파도, 보문을 넣었다. 용 머리 위에 그린 구름은 시대를 판단하는 중요 단서로, 여의형 운두에 달린 꼬리의 형태가 'X'자 모양에서 좌우로 길게 뻗은 모양으로 바뀌었다. 하단의 물결 개수는 1개에서 4개로 늘어났고, 삼산에 그린 전보의 위치는 점점 높아졌다. 경술년(1790)에는 한 줄로 그린 테두리가 기묘년(1819)부터는 두 줄로 바뀌었다.

시대 판단의 단서가 되는 용의 갈기와 수염은 용도에 상관없이 시대에 따른 변화의 흐름을 함께하였다. 반룡의 머리 갈기는 위로 뻗어 휘날리는 모습이 무술년(1838)까지 이어지다 기묘년(1879)부터는 '一'자로 곧게 뻗는 형태로 정형화되었다. 입꼬리와 볼에 뾰족하게 그린 수염은 반룡과 승룡 모두 기묘년(1879)부터 사라지기 시작하였다. 화주(火珠) 역시 시대에 따른 변화의 흐름을 공유했다. 무술년까지는 화주에서 뻗어 나온 화염이 한 방향으로 날리는 단순한 패턴이었지만, 기묘년(1879)부터는 좌우로 길게 뻗어 나가는 복잡한 형태로 바뀌었다.

용보의 테두리는 지금까지 잘 알려진 성별에 따른 구분 방법보다 조금 복잡한 변화 과정을 거쳤다. 갑자년까지는 상복과 군복에 구분 없이 별도의 테두리를 그리지 않았으며, 경술년(1790)에는 한 줄로, 기묘년(1819)에는 두 줄로 그린 테두리가 나타났다. 이후 철종 어진까지 남녀의 구분 없이 정원형의 테두리를 두 줄로 그렸다. 테두리에서 남녀 구분이 생긴 것은 고종 연간으로 남자는 24개의 곡선으로 이루어진 원형을 두 줄로, 여자는 정원형을 두 줄로 그리기 시작하였고, 대한제국 시기 용보에서도 그대로 적용된 것을 확인할 수 있다.

봉황(鳳凰)은 용과 더불어 왕실의 권위를 상징하는 문양으로 주로 여성이 사용하였다. 봉황 흉배는 임진왜란 이후 예복을 직접 만들어 입으면서 『가례도감의궤』에 나타난다. 용보를 사용하기 전까지 왕비와 왕세자빈의 흉배로 법복(法服)인 적의 및 노의, 장삼에 부착하였다. 이후 용보 제도가 확립되면서 적의를 상복(常服)으로 착용할 경우 용보 대신 봉황 흉배를 사용하였다. 또한, 제도에는 없지만 왕의 후궁과 왕녀가 사용한 기록이 남아 있다.

봉황 흉배는 시대에 따라 봉황의 배치 방법과 배경 문양의 구성을 달리하였다. 18세기까지는 봉황을 좌우로 배치하고 주위를 구름으로 채웠다. 남아 있는 유물은 모두 자수 흉배로 봉황과 구름을 전부 견사(絹絲)로 화려하게 수놓았다. 19세기가 되면 봉황의 배치 방법에 변화가 생겨 좌우 배치에서 상하 배치로 바뀌었다. 이와 더불어 하단에는 용보에서 보았던 삼산과 물결, 파도, 보문이 나타나 이전 시기와는 확연히 차이를 보인다. 또한, 봉황은 금사로 수놓고, 배경 문양은 견사를 사용하고 테두리만 금사로 징거주는 왕실 자수의 특징을 따르게 된다.

봉황 흉배에서 시대 판단의 중요 단서가 되는 것은 꽁지깃의 모양과 화주에서 뻗어 나온 화염 패턴이다. 길고 화려하게 뻗어 나간 수컷 봉의 꽁지깃은 가운데 깃털이 가장 길며 가장자리로 갈수록 짧은 형태였지만, 시대가 흐를수록 끝이 나란한 형태로 바뀌었다. 화주에서 뻗어 나간 화염은 용보와 마찬가지로 길고 복잡한 패턴으로 바뀌었다. 하단의 문양 역시 물결의 개수와 보문의 위치에 변화가 있다.

남아 있는 봉황 흉배와 흉배본은 모두 방형(方形)으로 가슴과 등에만 부착하는 것으로 알려졌다. 그러나 문헌에 따르면 견화도 갖춘 경우가 있는데, 숙선옹주의 흉배와 정미년 흉배판을 통해 방형 흉배도 견화로 사용한 것을 확인하였다. 또한, 덕혜옹주의 생모인 귀인양씨의 사진을 통해 원형의 봉황 흉배도 견화와 함께 사용되었음을 알 수 있다.

기린(麒麟)과 백택(白澤) 문양은 대군과 왕자군의 흉배로 사용되었다. 흉배 제도가 처음 마련되었을 때 대군과 왕자군의 흉배도 정해졌으며, 국말까지 제도의 변화 없이 이어졌다. 하지만 『가례등록』을 보면 영조는 관례 때 기린 흉배를 사용하였으며, 이후 그린 초상화에서는 백택 흉배를 그린 것으로 보아, 제도에 따라 정확히 시행되지는 않았던 것으로 추정된다. 국말 흉배본을 보면 기린은 용의 얼굴에 말의 발굽을 갖고 있으며, 백택은 사자 얼굴에 발톱을 그려 차이가 있다. 그러나 연잉군 초상에서는 백택의 얼굴을 용의 얼굴과 유사하게 그리고 발에는 발톱을 그려 기린과 백택의 특징이 함께 공존한다. 이는 당시 대군이 없이 왕자군만 있는 상태에서 둘을 정확하게 구분할 필요가 없었기 때문으로 보인다. 이후 대원군이 기린 흉배를 사용하면서 왕자군의 것과 명확한 구분을 위해 도안이 세분화된 것으로 생각된다.

그 밖에 '壽'자 흉배가 여성용으로 사용된 것도 주목할 만하다. 후궁 간택 시 삼간택 의복으로 초록원삼에 부금수자흉배가 마련되었으며, 순정효황후의 「탄일 발긔」에서도 '壽'자 흉배가 확인된다. 탄일을 맞아 장수를 상징하는 '壽'자 흉배를 올린 것으로 볼 수 있다. 도안의 구성을 보면 주 문양으로 '壽'자를 흉배 중앙에 배치하였다. 주위는 구름으로 채우고 하단에는 삼산과 물결, 파도, 보문 등을 넣어 전형적인 왕실 흉배의 구성을 따르고 있다.

본 연구는 어진과 초상화, 흉배본과 자수 흉배 등 남아 있는 왕실 흉배를 포괄적으로 분석하여 육십갑자로 기록한 흉배본의 정확한 제작 시기와 사용자를 추론하였다. 그리고 이 결과를 바탕으로 왕실 흉배의 시대 판단을 위한 새로운 단서를 정리하였다는 점에서 의의가 있다. 그러나 대부분의 유물이 조선 후기 이후, 특히 고종 연간에 몰려 있어 조선시대 전반에 걸친 변화를 확인하지 못한 한계가 있다. 또한, 신분에 따라 남아 있는 유물의 수가 다르며, 용보를 제외한 나머지 흉배본은 제작 시기와 용도에 대한 기록이 거의 없어 조형성 분석에 의지하여 대략적인 시대를 확인하는 정도에 머물렀다.

지금까지 왕실 흉배는 용보 위주로 재현되었다. 특히 시대와 용도에 관계없이 대부분 국말 유물을 참고하여 성별에 따라 구분하는 모습으로 반복되는 아쉬움이 있었다. 이 연구를 통해 다양한 문화 콘텐츠에서 단순한 이분법적 구분을 벗어나 시대와 용도, 성별에 맞춰 왕실 흉배를 재현할 수 있으리라 기대한다. 또한 이 연구가 유물의 진위(眞僞) 및 연대를 감정하기 위한 기초 자료로 활용되길 바라 마지않는다.

참고문헌

1. 고문헌

『嘉禮都監儀軌』

『經國大典』

『國朝喪禮補編』

『國朝續五禮儀』

『國朝續五禮儀補』

『國朝續五禮儀補序例』

『國婚定例』

『궁중볼긔[宮中件記]』

『內外進宴謄錄』

『뎡미가례시일긔』

『大明會典』

『大韓禮典』

『明溫公主房喪葬禮謄錄』

『尙方定例』

『說文解字』

『承政院日記』

『延齡君嘉禮謄錄 冠禮附』

『延礽君冠禮時謄錄草件』

『完和君冠禮謄錄』

『園幸乙卯整理儀軌』

『義和君嘉禮謄錄』

『朝鮮王朝實錄』

『增補文獻備考』

2. 단행본

강순제·김미자·김정호·백영자·이은주·조우현·조효숙·홍나영(2015), 『한국복식사전』, 민속원.

경기도박물관(2001), 『전주이씨 묘 출토복식 문양집 : 광주 고읍 인평군파 의원군 일가』, 경기도박물관.

경기도박물관(2001), 『전주이씨 묘 출토복식 조사보고서』, 경기도박물관.

경기도박물관(2011), 『이승에서의 마지막 치장』, 경기도박물관.

경기도박물관(2016), 『衣紋의 조선 : 무늬』, 민속원.

국립고궁박물관(2013), 『궁중문양판』, 국립고궁박물관.

국립고궁박물관(2014), 『궁중복식 본』, 국립고궁박물관.

국립고궁박물관(2015), 『조선 왕실의 어진과 진전』, 국립고궁박물관.

국립문화재연구소(2006), 『우리나라 전통 무늬1 직물』, 눌와.

국립민속박물관(2000), 『흉배』, 국립민속박물관.

김명길(1977), 『樂善齋周邊』, 중앙일보.

김소현(2017), 『조선왕실 여인들의 복식』, 민속원.

단국대학교 석주선기념박물관(2002), 『朝鮮時代 피륙[織物]의 무늬』, 단국대학교 석주선기념박물관.

문화재청(2006), 『문화재대관 중요민속자료 2 복식·자수 편』, 문화재청.

박성실(2016), 『어진에 옷을 입히다』, 민속원.

山東博物館(2012), 『孔府旧藏服飾』, 山東博物館.

석주선(1979), 『胸背』, 檀國大學校附設 石宙善紀念民俗博物館.

繡林苑·韓尙洙(1979), 『朝鮮王朝의 繡 胸背』, 知慧社.

柳喜卿(1975), 『한국복식사연구』, 이대출판부.

이화여자대학교 담인복식미술관(2017), 『조선시대 刺繡』, 이화여자대학교 담인복식
　　　미술관.

조선미(2012), 『왕의 얼굴 : 한·중·일 군주 초상화를 말하다』, 사회평론.

조선미(2019), 『어진, 왕의 초상화』, 한국학중앙연구원출판부.

周汛·古春明(1997), 『中國歷代婦女裝飾』, 學林.

충북대학교박물관(2006), 『한성부 판윤 김원택 묘역 출토 복식』, 충북대학교박물관.

홍나영·신혜성·이은진(2011), 『동아시아 복식의 역사』, 교문사.

황문환·김주필·박부자·안승준·이욱·황선엽(2010), 『정미가례시일기 주해』, 한국학
　　　중앙연구원출판부.

한국자수박물관(1987), 『Crafts of the Inner Court』, 한국자수박물관.

허동화(2001), 『이렇게 좋은 자수』, 한국자수박물관 출판부.

3. 학위논문

권혜진(2000), 「당의에 관한 연구: 궁중발기와 유물을 중심으로」, 이화여자대학교 대
　　　학원 석사학위논문.

권혜진(2009), 「활옷의 역사와 조형성 연구」, 이화여자대학교 대학원 박사학위논문.

김규영(2013), 「朝鮮後期 王女 婚禮服 - 『嘉禮謄錄』을 中心으로 -」, 단국대학교 대학
　　　원 석사학위논문.

김민자(1969), 「李朝時代 胸背에 對하여」, 이화여자대학교 대학원 석사학위논문.

김서연(2000), 「胸背에 表現된 刺繡 技法 硏究」, 동덕여자대학교 대학원 석사학위논문.

김숙영(1986), 「조선 왕조 흉배에 나타난 문양의 조형성 분석」, 이화여자대학교 산업미술대학원 석사학위논문.

김연미(2011), 「조선시대 자수 흉배 연구 : 출토 유물을 중심으로」, 단국대학교 대학원 석사학위논문.

김영선(2017), 「조선시대 왕실여성의 흉배제도 변화에 관한 연구」, 안동대학교 한국문화산업전문대학원 석사학위논문.

김영신(1979), 「조선조 보와 흉배의 문양연구」, 홍익대학교 대학원 석사학위논문.

김용숙(1974), 「朝鮮宮中風俗의 硏究」, 숙명여자대학교 대학원 박사학위논문.

노수정(2007), 「임백령묘 출토 직금흉배 보존처리에 관한 연구」, 단국대학교 대학원 석사학위논문.

백은희(1994), 「朝鮮朝 常服의 胸背紋樣과 그 象徵性에 관한 硏究」, 東亞大學校 敎育大學院 석사학위논문.

송수진(2013), 「한국과 중국의 흉배 연구」, 이화여자대학교 대학원 석사학위논문.

송안나(2006), 「조선시대 후기와 에도시대의 직물에 표현된 봉황문양」, 이화여자대학교 대학원 석사학위논문.

오경미(1999), 「朝鮮後期 胸背變化에 관한 硏究」, 東亞大學校 大學院 석사학위논문.

오하나(2008), 「15세기 이후 한·중 전통직물의 보문 연구」, 이화여자대학교 대학원 석사학위논문.

元和卿(1980), 「補와 胸背에 나타난 紋樣의 造型分析」, 이화여자대학교 대학원 석사학위논문.

이명은(2003), 「『궁중불긔』에 나타난 행사 및 복식연구 - 장서각소장품을 중심으로-」, 단국대학교 대학원 석사학위논문.

이목근(2014), 「청주출토 청송심씨 출토원삼(圓衫)의 보존적 고찰 - 의복구성과 보존상태 중심 -」, 인천대학교 대학원 석사학위논문.

이주미(2019), 「조선 후기 왕자 관례·가례 복식 고증 연구」, 이화여자대학교 대학원 박사학위논문.

이지영(1994), 「朝鮮時代胸背文樣 變化에 관한 考察 : 文武官 胸背를 中心으로」, 明知大學校 大學院 석사학위논문.

최연주(2008), 「조선시대 袞龍袍의 着用例 硏究」, 단국대학교 대학원 석사학위논문.

하명은(2004), 「조선시대 문관 흉배의 조형성에 관한 연구」, 안동대학교 대학원 석사학위논문.

4. 학회지

권혁산(2012), 「조선시대 무관초상화와 흉배에 관한 연구」, 미술사연구회, 『미술사연구』 26, 165-191.

김소현·안인실·장정윤(2007), 「조선시대 적의의 용례와 제작에 대한 고찰」, 『服飾』 57(6), 87-100.

김소현(2008), 「『상방정례』로 보는 조선왕실의 복식구조 - 착용사례를 중심으로 -」, 『服飾』 58(3), 149-162.

김영란(2013), 「한국 자수의 유형과 변천사」, 국립고궁박물관, 『특별강연 아름다운 궁중자수 자료집』, 7-33.

김영재(2000), 「中國胸背와 韓國 胸背의 比較 考察」, 『韓服文化』 3(3), 45-54.

김정옥(1985), 「胸背考」, 대구대학교 산업기술연구소, 『産業技術研究』 4, 225-232.

김지연(2015), 「『화순옹주가례등록(和順翁主嘉禮謄錄)』에 나타난 가례 절차와 물목 연구」, 『服飾 65(3)』, 131-150.

金炫志(2012), 「한국과 중국 鳳凰圖의 도상과 상징 연구」, 미술사연구회, 『미술사연구』 26, 15-51.

裵貞龍(1989), 「韓·中 文官胸背楊式 比較小考 : 朝鮮朝時代와 明·淸代를 中心으로」, 단국대학교 석주선기념민속박물관, 『韓國 服飾』 7, 7-60.

송수진·홍나영(2019), 「조선 후기 왕실 군복용 용보 연구 - 국립고궁박물관 소장 흉배본과 어진을 중심으로 -」, 『服飾』 69(3), 77-95.

신재근(2017), 「국립고궁박물관 소장 〈세조어진초본〉 고찰」, 국립고궁박물관, 『古宮文化』 10, 74.

오경미·전혜숙(2000), 「조선후기 흉배변화에 관한 연구」, 『韓服文化』 3(1), 117-133.

유호선(2008), 「자수 및 직물 공예품의 보존처리」, 『服飾』 58(5), 198-210.

이강칠(1974), 「皇族用 補에 對한 小考 - 高宗朝를 中心으로 -」, 한국대학박물관협회, 『고문화』 12, 15-30.

이경희·이은주(2014), 「백택기(白澤旗) 사용자와 형태 및 재료에 관한 고찰」, 『韓服文化』 17(3), 57-72.

이미선(2015), 「조선시대 後宮의 용어와 범주에 대한 재검토」, 조선시대사학회, 『朝鮮時代史學報』 72, 57-91.

이은주(2008), 「조선시대 무관의 길짐승 흉배제도와 실제」, 『服飾』 58(5), 102-117.

이은주(2012), 「왕의 군복과 융복」, 『월간문화재』 4월 제331호, 10-11.

이은주·하명은(2007), 「날짐승흉배의 감정(鑑定)을 위한 기준 설정」, 『韓服文化』 10(3), 161-177.

이현진(2011), 「순조의 장녀 明溫公主의 喪葬 의례 -『明溫公主房喪葬禮謄錄』을 중심으로 -」, 조선시대사학회, 『朝鮮時代史學報』 56, 161-193.

임민혁(2012), 「조선시대 『謄錄』을 통해 본 왕비의 親迎과 권위」, 한국사학사학회, 『韓國史學史學報』 25, 105-143.

임민혁(2012), 「조선후기 공주와 옹주, 군주의 嘉禮 비교 연구」, 온지학회, 『溫知論叢』 33, 283-318.

임현주·조효숙(2013), 「조선시대 원삼의 시기별 특성에 관한 연구」, 『服飾』 63(2), 29-44.

장인우(2008), 「청주출토 청송 심씨(靑松沈氏, 1683-1718)묘 유물의 복식사적 의의 - 문양 중심 -」, 『韓服文化』 11(3), 167-180.

鄭惠蘭(2001), 「中國胸背와 韓國 胸背의 比較 考察」, 한국대학박물관협회, 『고문화』 57, 211-231.

趙英玉(1982), 「朝鮮朝時代의 王族 및 文武官의 補 胸背制度」, 서원대학교, 『西原大

學 論文集』11, 455-484.

趙孝順(1977), 「胸背小考 : 朝鮮時代 肖像畵를 中心으로」, 명지대학교, 『明大論文集』
　　　　10, 455-473.

최규순(2010), 「『대한예전』(大韓禮典) 복식제도 연구」, 고려대학교 아세아문제연구소,
　　　　『亞細亞硏究』53(1), 183-228.

최성희(1968), 「이조 초상화를 중심으로 한 흉배(胸背)변천에 관하여」, 梨花女子大學
　　　　校 文理大學 家政學部, 『家政』16, 137-145.

洪邢英·柳喜卿(1983), 「朝鮮王朝의 王妃法服에 관한 硏究」, 『服飾』7, 5-19.

5. 사전

국립국어원 표준국어대사전, https://stdict.korean.go.kr

두피디아 백과사전, http://www.doopedia.co.kr

한국민족문화대백과사전, http://encykorea.aks.ac.kr

6. 박물관 온라인 자료

경기도박물관, http://musenet.ggcf.kr

국립고궁박물관, http://www.gogung.go.kr

국립민속박물관, http://www.nfm.co.kr

국립중앙박물관, http://www.museum.go.kr

7. 고문헌 온라인 자료

규장각한국학원구원, http://kyu.snu.ac.kr

외규장각의궤, http://www.museum.go.kr/uigwe/

한국학 디지털 아카이브, http://yoksa.aks.ac.kr

조선왕조실록, http://sillok.history.go.kr

한국고전종합DB, http://db.itkc.or.kr

KRpia: 한국의 지식콘텐츠, http://www.krpia.co.kr

8. 기타 인터넷 사이트

문화재청 국가문화유산포탈, http://www.heritage.go.kr

중부일보, http://www.joongboo.com

〈부록 1〉 군복용 흉배 크기 비교

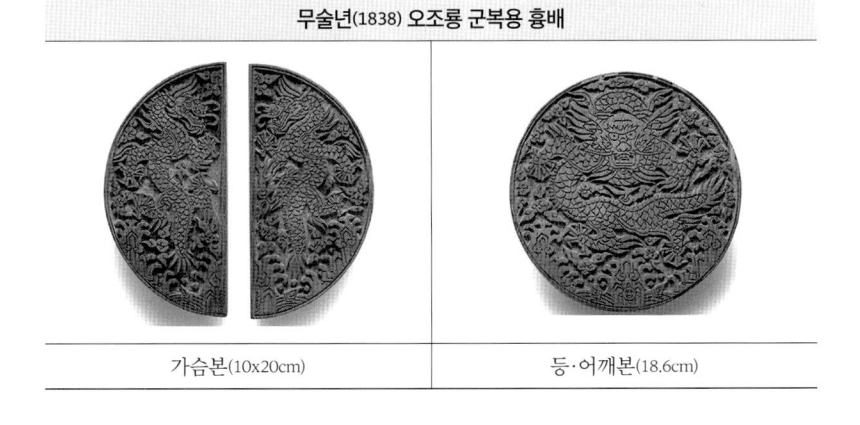

갑자년(1744) 오조룡 군복용 흉배

| 가슴본(31.8×25cm) | 등본(27.8cm) |

무술년(1838) 오조룡 군복용 흉배

| 가슴본(10x20cm) | 등·어깨본(18.6cm) |

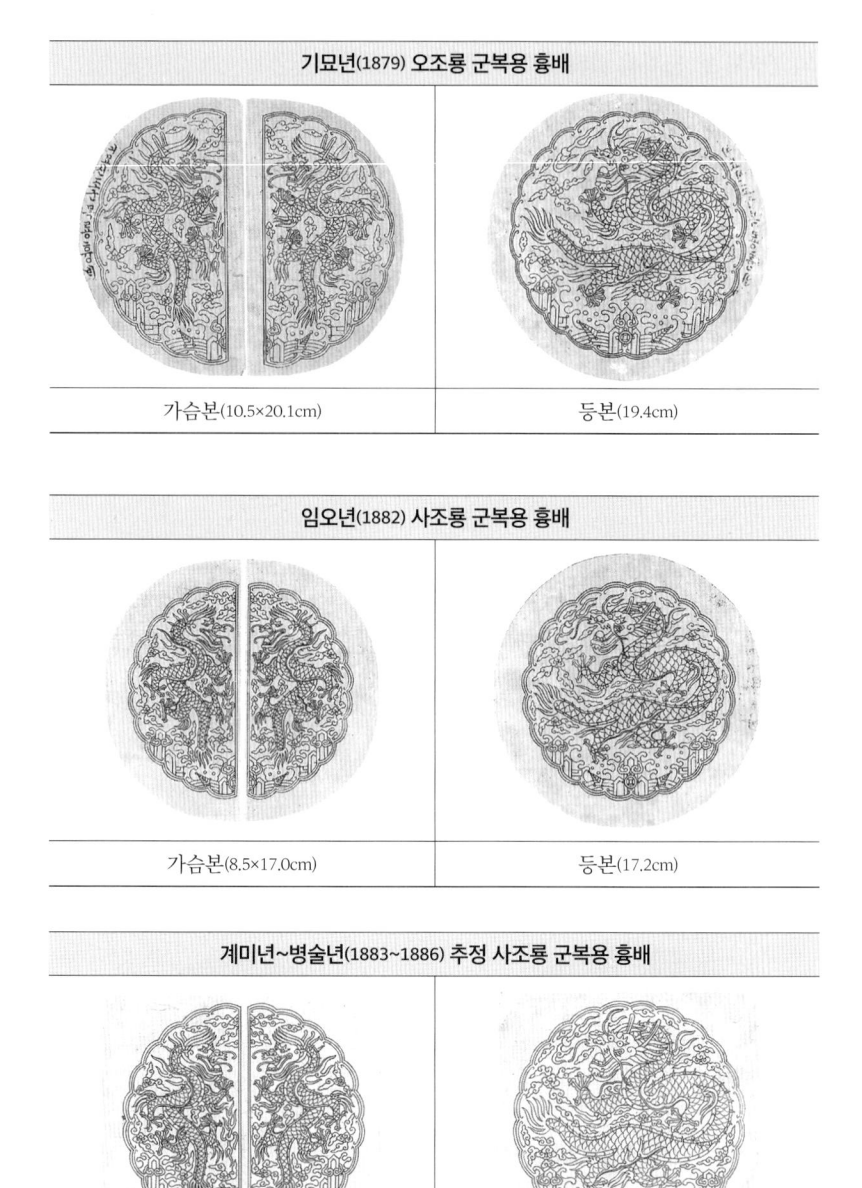

	기묘년(1879) 오조룡 군복용 흉배	
가슴본(10.5×20.1cm)		등본(19.4cm)

	임오년(1882) 사조룡 군복용 흉배	
가슴본(8.5×17.0cm)		등본(17.2cm)

	계미년~병술년(1883~1886) 추정 사조룡 군복용 흉배	
가슴본(9.5×18.5cm)		등본(18.8cm)

정해년(1887) 사조룡 군복용 흉배	
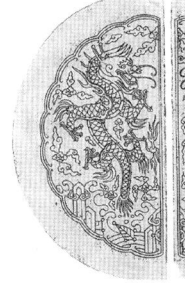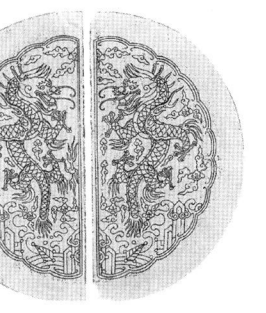	
가슴본(9.9×19.2cm)	등본(19.5cm)

무자년(1888) 사조룡 군복용 흉배	
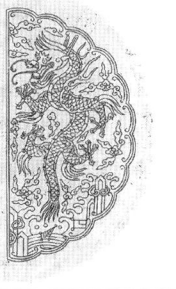	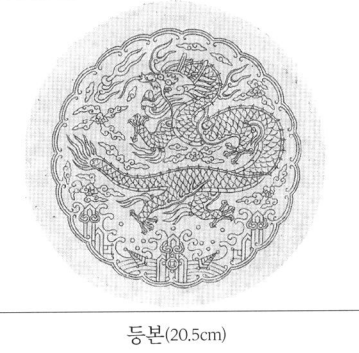
가슴본(10.4×20.2cm)	등본(20.5cm)

〈부록 2〉 상복용 흉배 크기 비교

흉배본 크기 : 1/6 축소

기묘년(1879) 사조룡 상복용 흉배	경진년~신사년(1880~1881) 추정 사조룡 상복용 흉배
흉배본(14.0cm)	흉배본(14.9cm)
임오년(1882) 사조룡 상복용 흉배	정해년(1887) 사조룡 상복용 흉배
흉배본(15.4cm)	흉배본(19.1cm)

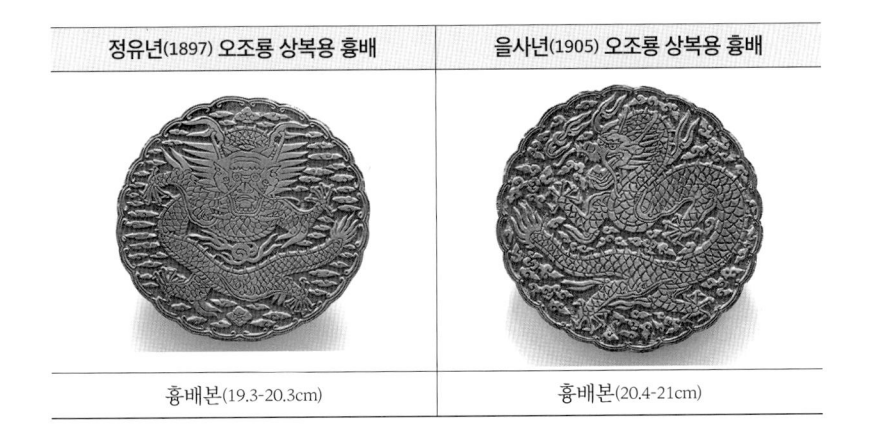

정유년(1897) 오조룡 상복용 흉배	을사년(1905) 오조룡 상복용 흉배
흉배본(19.3-20.3cm)	흉배본(20.4-21cm)

〈부록 3〉 여성용 흉배 크기 비교

흉배본 크기 : 1/6 축소

경술년(1790) 오조룡 당의용 흉배	기묘년(1819) 오조룡 당의용 흉배
흉배본(20.6cm)	흉배본(18.9cm)

기묘년(1879) 오조룡 원삼용 흉배	임오년(1882) 사조룡 적의용 흉배
흉배본(20.4cm)	흉배본(18.3cm)

병술년(1886) 오조룡 당의용 흉배	신축년(1901) 오조룡 흉배
흉배본(18.2cm)	흉배본(18.6cm)

계축년(1913) 사조룡 당의용 흉배	연대 미상 오조룡 흉배
어깨본(9.6cm)	흉배본(16.5cm)

송수진

이화여자대학교 컴퓨터학과를 졸업하고 원광디지털대학교에 편입하여 한국복식과학학과를 졸업한 후 이화여자대학교 의류학과에서 전통복식 전공으로 석사와 박사학위를 받았다. 현재 이화여자대학교박물관 담인복식미술관에서 학예연구원으로 재직하고 있다.

논문으로는 「20세기 한복용 핸드백에 관한 연구」, 「근대 한국 여성 운동복에 관한 연구」, 「조선 후기 왕실 군복용 용보 연구-국립고궁박물관 소장 흉배본과 어진을 중심으로-」, 「흉배에 사용된 합성염료에 관한 연구」 등이 있으며, 저서로는 『한눈에 보는 침선』(공저)이 있다.

이화연구총서 32

조선시대 왕실 흉배 연구

초판1쇄 인쇄 2023년 2월 17일
초판1쇄 발행 2023년 2월 27일

지은이   송수진
펴낸이   이대현
책임편집   임애정
편집   이태곤 권분옥 강윤경
디자인   안혜진 최선주 이경진
마케팅   박태훈

펴낸곳   도서출판 역락
출판등록   1999년 4월 19일 제303-2002-000014호
주소   서울시 서초구 동광로 46길 6-6 문창빌딩 2층 (우06589)
전화   02-3409-2060
팩스   02-3409-2059
홈페이지   www.youkrackbooks.com
이메일   youkrack@hanmail.net

ISBN 979-11-6742-405-1 93380